阿拉伯国家研究报告

（2019/2020）

REPORT ON SITUATIONS OF
ARAB STATES (2019/2020)

宁夏大学中国阿拉伯国家研究院

李绍先　张前进　主编

社会科学文献出版社
SOCIAL SCIENCES ACADEMIC PRESS (CHINA)

前　言

对于中东地区和阿拉伯国家来说，2019 年又是急剧动荡的一年，海湾局势、叙利亚局势和中东和平进程三大"板块"均有异动。一是 2019 年 5 月，美国结束对伊朗多个民用核项目的制裁豁免，开始对伊"极限施压"，并频频调动军事力量，引发海湾地区形势剧烈动荡；6 月 20 日，伊朗击落美军"全球鹰"无人机，由此差点酿成战争。之后商船和油轮在海湾水域连连遇袭，9 月，沙特大型石油设施遭袭，世界石油价格暴涨。二是叙利亚战场形势骤变。10 月初，美国突然宣布从土耳其与叙利亚边界撤军，土军挥师南下在叙北建立"安全区"，被美国"抛弃"的叙利亚库尔德武装急速向叙利亚政府靠拢，叙政府军在俄罗斯配合下迅速东进北上，不费吹灰之力收复大片失地，两年多来形成的叙利亚"不规则三足鼎立"（叙政府军占据西部地区、叙库尔德武装割据叙北地区、所谓反政府武装盘踞伊德利卜地区）顷刻化为乌有。三是特朗普政府事实上放弃巴以"两国方案"，炮制"世纪协议"，先后宣布耶路撒冷是以色列"首都"、戈兰高地"归属"以色列，引发巴勒斯坦新的"起义"，巴以局势剧烈动荡。展望 2020 年，中东注定仍是多事之秋。新冠肺炎疫情全球肆虐，中东也是重灾区，而海湾局势（围绕美伊对抗）和叙利亚局势又面临摊牌。

阿拉伯国家研究报告（2019/2020）就是在这样的背景下完成

的。为了展示宁夏大学中国阿拉伯国家研究院研究队伍建设的进步，本年度报告大部分为宁夏大学中国阿拉伯国家研究院老师或研究人员撰写，并在附录里刊载了梁道远老师所写《古代阿拉伯编年体史书提要》一文。本书各章具体的作者如下：第一章，阿拉伯国家的老人政治及其危机（宁夏大学中国阿拉伯国家研究院雷昌伟）；第二章，波斯湾安全局势：美伊博弈与海湾国家应对（中国现代国际关系研究院秦天）；第三章，阿拉伯国家能源发展状况及中阿能源合作（宁夏大学中国阿拉伯国家研究院冯璐璐、黄新佼）；第四章，以色列大选与巴以和平进程（中国现代国际关系研究院陈双庆）；第五章，后萨达姆时代伊拉克部落政治（宁夏大学中国阿拉伯国家研究院刘东宁）；第六章，伊拉克库尔德移民回流的实践、动机及挑战（宁夏大学中国阿拉伯国家研究院冯焱）；第七章，也门统一机会窗口日渐关闭（中国现代国际关系研究院李亚男）；第八章，对接埃及工业发展战略，拉动中国对埃投资贸易优化升级（宁夏大学中国阿拉伯国家研究院课题组，撰稿人刘东、张前进）；第九章，对接阿联酋经济发展战略，拉动中国对阿经济合作优化升级（宁夏大学中国阿拉伯国家研究院课题组，撰稿人刘东、张前进）；第十章，利比亚乱局趋于"叙利亚化"（中国现代国际关系研究院廖百智）；附录，古代阿拉伯编年体史书提要（宁夏大学中国阿拉伯国家研究院梁道远等）。

李绍先

2020 年 6 月 8 日

目 录

第一章

阿拉伯国家的老人政治及其危机

2019 年 4 月 2 日，担任阿尔及利亚总统 20 年、时年 82 岁、疾病缠身的阿卜杜勒－阿齐兹·布特弗利卡在第五次连任的幻想中，在人民"这里是共和国，不是王国""这里的人民不想要布特弗利卡"的抗议浪潮中，在军队的临阵倒戈中，被迫宣布辞职，保持了"最后的体面"。而在这 9 天后的 4 月 11 日，统治苏丹达 30 年之久、时年 75 岁的奥马尔·哈桑·艾哈迈德·巴希尔也在国家分裂、经济危机、民众怨声载道的抗议浪潮中，被他竭力笼络的军队从宝座上拉了下来，并被投入监狱。2019 年发生的这两次事件往往被外界称为"迟到 8 年的'阿拉伯之春'"或"第二次'阿拉伯之春'"。在所谓的两次"阿拉伯之春"中倒下的总统，都是年事已高、长期执政，甚至试图将总统之位传给自己家人的"老人"。"老人政治"在阿拉伯国家的长期存在及其影响值得关注。

一 普遍性、结构性的老人政治现象

总的来看，阿拉伯国家"老人政治"现象普遍。截至 2019

年，在两次"阿拉伯之春"中倒下的和仍然在位的"老人"的情况主要表现在以下三个方面：第一，执政者上台时年龄就已较大，往往由于身体欠佳而无力处理纷繁复杂的国家事务；第二，执政者上台时年龄并不大，但上台后往往是长期执政或者终身执政；第三，由于长期处在"老人"的统治之下，这些国家的政治体制和政治文化趋于保守，社会经济利益结构日益固化，统治低效且政权腐败。不管是共和制的阿拉伯国家，还是君主制的阿拉伯国家，都体现出上述一个或多个特点。所以，阿拉伯国家的"老人"当政者不仅包括国王、埃米尔、苏丹，也包括更具现代性的称呼——总统。

第一类情况，上台时就年事已高，最具代表性的是黎巴嫩总统米歇尔·奥恩、沙特阿拉伯国王萨勒曼·本·阿卜杜勒阿齐兹、科威特埃米尔萨巴赫·艾哈迈德·贾比尔·萨巴赫等，他们上台时的年龄分别是 81 岁、80 岁、77 岁。如果说黎巴嫩由于国内形势的动荡，总统高龄当政存在一定程度上的偶然性，那么沙特国王和科威特埃米尔登基时的高龄却是继承制度造成的结构性结果。以沙特阿拉伯的王位继承制度来说，现代沙特王国建立于 1932 年，到 2019 年为止，除了开国国王阿卜杜勒阿齐兹将王位传给了自己的儿子以外，其余 5 次王位传承都是以兄终弟及的方式在开国国王阿卜杜勒阿齐兹的儿子们中间进行的。老国王阿卜杜勒阿齐兹一生子嗣众多，仅具有王位继承权的儿子就有 35 个（也有 38 个、43 个等之说）之多。在继承顺序中，次序相邻的亲王间往往年龄差别不大。所以，除非特殊情况，如国王被废或遇刺等，不仅新国王登基时年事已高，而且王储也已经进入高龄。例如，前国王阿卜杜拉于 2005 年以 81 岁高龄登基时，排在第一位的王储苏尔坦和第二位的王储纳伊夫已分别 77 岁和 72 岁了，这两位王储没能等到登基就去世了；排在第三位的王储，也就是现任国王萨勒曼当时也已 70 岁高龄。而当 80 岁的萨勒曼在 2015 年登上王位时，王储穆克林也已 70 岁了。因此，阿拉伯国家存在结构性的老人政治现象。

　　第二类情况，当政者上台时年龄并不大，但上台后往往长期执政或者终身执政。就这方面而言，8 个君主制的阿拉伯国家多是实行终身制，只有少数例外。例如，阿曼苏丹卡布斯·本·赛义德就是在 1970 年通过政变迫使其父退位上台的，卡塔尔埃米尔塔米姆·本·哈马德·阿勒萨尼则是 2013 年由其父让位后上台的，而他的父亲是在 1995 年通过发动宫廷政变废黜其祖父而上台的。这种非正常继承的结果是新任君主继位时年龄较小，而在位时间更长。卡布斯上台时年仅 30 岁，截至 2019 年，其已经在位 49 年，是当时阿拉伯国家在位时间最长的"老人"（卡布斯已于 2020 年 1 月 10 日去世）。塔米姆 2013 年上台时年仅 33 岁，除非出现不可预测的情况，未来他仍将统治卡塔尔几十年。

　　即便是共和制的阿拉伯国家，总统长期执政或终身执政并试图将职位传给自己家族的想法和尝试也屡见不鲜。截至 2019 年，已经实现这种安排的是叙利亚前总统哈菲兹·阿萨德。他 1970 年通过政变上台，担任了 30 年的叙利亚总统。在位期间，先是培养其长子巴西勒·阿萨德为自己的接班人，但巴西勒在 1994 年的一次车祸中丧生，他才转而培养现任叙利亚总统巴沙尔·阿萨德。2000 年，哈菲兹·阿萨德去世后，35 岁的巴沙尔·阿萨德便在叙利亚继承了父亲的总统之位。如今，55岁的叙利亚总统巴沙尔·阿萨德已经在位20年了。其他共和制的阿拉伯国家总统在执政期间将自己的儿子或亲人作为自己接班人培养的案例也不在少数，只不过由于阴差阳错而最终没有实现罢了。如，卡扎菲生前曾培养其第五子穆塔西姆·比拉·卡扎菲为自己的接班人，埃及前总统穆巴拉克在位期间试图培养其次子贾迈勒·穆巴拉克作为自己的接班人，这一点也曾是穆巴拉克同埃及军方之间最大的矛盾之一。

　　在两次"阿拉伯之春"之间倒下的和目前仍然在位的"老人"之中，共和制国家中当政时间最长的是利比亚前领导人卡扎菲、也门前总统萨利赫、埃及前总统穆巴拉克等，他们在位时间分别为42年、33年、30年。卡扎菲1969年发动政变上台时年仅27岁，到2011年垮台时，尽管他只有69岁，但已在位42年。同样，萨利赫1978年上台时才36岁，2011年下台时也已69岁。埃及前总统穆巴拉克1981年上台时53岁，但一直当政到2011年。截至2019年，仍然当政的阿拉伯"老人"在位时间最长的是阿曼苏丹卡布斯，他已执政49年。多国的当政者在位已长达20年以上，如巴林国王哈马德·本·伊萨·阿勒哈利法、约旦国王阿卜杜拉二世·本·侯赛因、吉布提总统伊斯梅尔·奥马尔·盖莱、摩洛哥国王穆罕默德六世。2019年仍然在位的"老人"们中，年龄最大的是90岁的科威特埃米尔萨巴赫·艾哈迈德·贾比尔·萨巴赫，其次是84岁的黎巴嫩总统米歇尔·奥恩和沙特国王萨勒曼，70~80岁的"老人"有：71岁的阿联酋总统哈利法·本·扎耶德·阿勒纳哈扬、79岁的阿曼苏丹卡布斯、75岁的也门总统哈迪、72岁的吉布提总统伊斯梅尔·奥马尔·盖莱等。截至2019年，一些年龄较小，但已经执政或即将执政并预计在未来长期执政的年轻"老人"已经出现，他们是卡塔尔埃米尔塔米姆·本·哈马德·阿勒萨尼、沙特王储穆罕默德·本·萨勒曼等。塔米姆1980年出生，2013年上台时年仅33岁，目前虽然在位时间不长，但未来的执政时间会很长。穆罕默德·本·萨勒曼1985年出生，现在虽然才34岁，但已经掌握沙特国内大权，其父萨勒曼国王1935年生人，目前已经84岁，继续在位的时间恐不会长久，若穆罕默德·本·萨勒曼在近几年内上台的话，未来沙特几十年甚至半个世纪都可能处在他的统治之下。2019年倒下的两位"老人"总统是阿尔及利亚总统布特弗利卡和苏丹总统巴希尔。布特弗利卡1999年上台，执政20年；苏丹总统巴希尔1989年通过政变上台，时年45岁，之后四次连任总统，到2019年已经当政30年。

第三类情况，长期处在"老人"统治下的阿拉伯国家，往往存在体制僵化保守、利益集团日益固化、统治腐败低效、精英和民众之间关系日益紧张、代际冲突越来越激烈的情况，老人政治直接或间接地引发了"青年革命"。阿拉伯世界是世界上"民主赤字"和"治理赤字"最为严重的地方之一，这是不可否认的事实。最明显的表现是，在"人民主权"通行世界几个世纪后，今天的阿拉伯世界仍然有8个即超1/3的国家属于君主掌权的国家，有些甚至是绝对君主制国家。而在所谓的共和制阿拉伯国家中，总统权力独大，议会、政党等现代社会的政治组织和动员工具往往是为总统权力赋予合法性的橡皮图章，所以，阿拉伯国家的总统制也被称作

"总统式君主制"（presidential monarchy）。[①] 老人政治下的共和制阿拉伯国家的体制僵化、保守，最明显地体现在长期实行紧急状态法这一政策上。例如，埃及自从 1981 年萨达特总统遇刺后，穆巴拉克总统开始实行紧急状态法，直到 2012 年 6 月才解除，整整执行了 31 年。紧急状态法不仅"暂时"剥夺公民的宪法权利，而且是当局打击政治反对派的工具。自 2012 年以后，埃及又先后多次宣布国家进入紧急状态。2019 年，塞西总统分别在 4 月、7 月、11 月宣布进入新一轮为期 3 个月的紧急状态。叙利亚从 1963 年开始实施紧急状态法，直到 2011 年才解除，共执行了 48 年。突尼斯、阿尔及利亚等阿拉伯国家都曾长期实施过紧急状态法。紧急状态法成了"政治老人"阻止民众政治动员和政治参与的工具。

老人统治的阿拉伯国家，围绕权力中心形成的利益集团日益固化。在君主制国家，或者由王室直接控制国家政治经济资源，或者围绕王室和宫廷形成了控制国家权力和经济的深暗势力集团（deep state）。在共和制国家，则围绕总统家族形成了特定的利益集团。总统家族控制着国家经济的方方面面。卡扎菲家族可能是真正的世界首富，控制着利比亚的石油、电信、银行、基建、酒店、传媒等行业；穆巴拉克家族富比法老，家族资产估计有 400 亿~700 亿美元。不仅如此，围绕穆巴拉克的儿子贾迈勒·穆巴拉克还形成了埃及最富有、权力最大的小集团。突尼斯的本·阿里家族犹如黑手党，控制着国家经济的方方面面，涉及银行、酒店、房地产、运输、港口、媒体等行业。[②]

---

① Raymond Hinnebusch, *Syria: Revolution from Above*, London: Routledge, 2001, p. I.
② 《末日总统们的"惊天财富"》，《人民文摘》2011 年第 6 期。

与军方保持紧密的关系是老人政治存在重要因素。老人统治的基础是军队等国家强制力量的支持，因而其也极力维护军方的利益。但双方利益也有不一致的地方。而且军队倒戈往往是压死"老人政权"的最后一根稻草。例如，在埃及，军方是穆巴拉克政权的支柱，他本人也是军队出身，其在位 30 年始终极力维护军方的利益，试图以此换取军方的支持和忠诚。双方的利益在很大程度上是一致的，但是在穆巴拉克的继承人问题上，双方从一开始就存在根本性的矛盾，军方认为穆巴拉克家天下的企图是不可接受的，而穆巴拉克执意培养自己次子接班也是军方最终倒戈的重要原因。从两次"阿拉伯之春"中倒台的"老人政权"来看，军队的态度是至关重要的。因此，在老人政治下，军队也成了"政治老人"尽力笼络的集团，是体制内的既得利益者，在国家中形成了特权阶层。

在政治体制僵化保守、经济被裙带关系所控制、社会矛盾和群体冲突不断增强的情况下，"青年革命"也就应运而生了。两次"阿拉伯之春"最初都是"年轻人的革命"。只不过在革命的过程中，年轻人逐渐被边缘化，更具组织能力的伊斯兰主义组织，尤其是军队最终攫取了革命的果实，不同的国家走上不同的道路，利比亚、也门、叙利亚等国陷入内战，埃及等国又恢复了威权统治，只有突尼斯等少数国家维持着形式上的民主。不管"阿拉伯之春"在各个国家的具体结果怎样，长期的老人政治造成了政治僵化保守、经济停滞不前和社会矛盾加剧，这几十年的积弊未来仍将长期存在，不管是何种政府上台都很难轻易解决这些问题。

二　阿尔及利亚的老人政治
与布特弗利卡政权的垮台

当今阿尔及利亚的体制沿袭的仍然是 1962 年独立以来陈旧的、精英当政的体制。阿卜杜勒-阿齐兹·布特弗利卡是 1937 年生人，属阿尔及利亚独立战争（1954～1962 年）时代的"老人"。他自 1999 年开始担任阿尔及利亚总统，直到 2019 年 4 月在民众的抗议和军队的倒戈中被迫下台。2019 年，造成阿尔及利亚老人政治危机的导火索和触发点是新一轮的总统大选，已 82 岁高龄的总统布特弗利卡不顾自己的身体状况，不顾人民和部分军人的反对，坚持要成为下一届总统候选人，谋求第五次连任。

2019 年 1 月 18 日，布特弗利卡签署总统令，宣布新一届大选将在 4 月 18 日举行。2 月 11 日，布特弗利卡宣布将第五次参选，引发了阿尔及利亚大规模的抗议浪潮。尽管政府采取了诸如禁止媒体报道、切断互联网等压制手段，但示威游行仍愈演愈烈。3 月 3 日，布特弗利卡通过第三者正式递交了材料，成为总统候选人，并宣称做好了向民众所要求的那样为"改变制度"而承担历史责任的准备，并承诺如果自己再次赢得大选，他将提前结束第五个任期并举行大选，保证不再第六次参选。这一拖延之计，进一步激怒了人民。3 月 11 日，布特弗利卡迫于压力，宣布不再参选新一届总统，并将改组政府，以期平息民众的愤怒。但同时他又宣布将原定于 2019 年 4 月 18 日举行的大选延后（没有明确日期），将成立全国性的协商大会商定选举事宜，他将承担变革政治体制以及起草新宪法的使命，并承诺新总统选出后他立即移交权力。但这一政治路线图并未起到预期的效果，反而被反对派视作布特弗利卡试图继续掌权的诡计。因为大选无限期的延后意味着布特弗利卡在其法定的任期结束后，仍可继续行使总统职权。随着局势的动荡，阿尔及利亚军方最终倒戈逼宫，3月26日，人民军总参谋长艾哈迈德·盖德·萨拉赫（Ahmed Gaid Salah）将军发表电视讲话，称总统布特弗利卡的身体状况已使其无力履行总统职权，要求启动宪法第102条，解除布特弗利卡的总统职务，并在此后不断施压。在这种情况下，当政20年之久、82岁高龄的布特弗利卡最终于4月2日被迫"辞职"。4月9日，阿尔及利亚议会任命阿民族院（参议院）议长本·萨拉赫为临时总统。

风烛残年的布特弗利卡虽然下台了，但是20年来围绕总统形成的权力和利益集团并没有被推翻。政治权力仍掌控在执政集团手中，包括政府高官、高级军事将领和商界精英。79岁的军方领导人萨拉赫与布特弗利卡一样，都是参加过1954~1962年阿尔及利亚独立战争的"老人"。[①]因此，布特弗利卡的辞职并不能够从实质上解决"老人"执政问题。布特弗利卡虽然下台了，但能够维持老人政治的体制仍然存在。[②]

阿尔及利亚人认为，他们的国家事实上由一个政治、经济和商业领导人组成的小集团作为"当权者"（Le Pouvoir）在统治。这

[①] 阿尔及利亚前军队总参谋长艾哈迈德·盖德·萨拉赫（Ahmed Gaid Salah）已于2019年12月23日去世，享年79岁。刚刚上任四天的新总统阿卜杜勒-马吉德·特本（Abdelmadjid Tebboune）任命赛义德·成里哈（Said Chengriha）将军接任军队总参谋长一职。

[②] Zvi Bar'el, "Algeria's President for 20 Years Is Going, but Not the System That Enabled His Rule," April 5, 2019, https://www.haaretz.com/middle-east-news/.premium-algeria-s-president-is-going-not-the-system-that-enabled-his-rule-1.7088740.

个小集团既包括正式的机构，也包括非正式的机构。具体包括总统布特弗利卡的家族成员、军方和安全机构的高层领导人、政治领导层和执政党等，他们共同组建了这个"同一中心、利益交织"的统治圈。[①] 这位疾病缠身、82岁高龄的老人如此依恋权力是一方面（2012年布特弗利卡就曾公开向人民承诺，这将是他最后一次担任总统，但他食言了），但另一方面，许多阿尔及利亚人认为他只不过是军队、家族和企业家的傀儡。[②] 正是这些利益集团需要布特弗利卡在位以维持他们的特权和利益。布特弗利卡患有严重的疾病这是尽人皆知的事情。他在6年前中风后就已经瘫痪，坐上了轮椅，基本上不能说话，很少在公开场合露面，甚至关于他已经去世的消息也时有传出。自此以后，他基本上是通过发布书面声明的方式统治国家。2014年他就无力参加总统竞选活动，在大选当天也是坐在轮椅上勉强参选的。2019年3月3日，他甚至都已不能亲自递交候选人材料了。因为他于2月24日前往日内瓦进行"常规医学检查"，直到3月10日才回到阿尔及利亚。反对党派一再强调布特弗利卡已无法履行总统职务，强烈要求启动宪法第102条。但围绕在布特弗利卡周围并指望继续仰仗他获取特权和利益的权力和利益集团则称总统身体无恙，强烈反对另立总统。其中最激烈反对更换总统的就是布特弗利卡的胞弟赛义德·布特弗利卡。

总统家族由布特弗利卡的胞弟赛义德·布特弗利卡领导。2013

---

① Emily Estelle, "Algeria's Future: What Follows Bouteflika?" April 5, 2019, https://www.criticalthreats.org/analysis/algerias-future-what-follows-bouteflika.

② James Doubek, "Algerian President Abdelaziz Bouteflika Resigns Early Under Pressure," April 3, 2019, https://www.npr.org/2019/04/03/709340831/algerian-president-abdelaziz-bouteflika-resigns-early-under-pressure.

年布特弗利卡中风之后，他就成了总统的代言人。外界猜测，他可能是这些年真正统治阿尔及利亚的人，而布特弗利卡之所以疾病缠身还不肯退位，就是要培养他弟弟作为自己的接班人。以至于2015年7月总统办公室不得不声明"阿尔及利亚不是埃及"，即布特弗利卡不会像埃及前总统穆巴拉克那样培养自己的儿子（兄弟）作为自己接班人。阿尔及利亚统治集团的第二方是军队，而军队的核心当属总参谋长或军事情报负责人。时任总参谋长艾哈迈德·萨拉赫，是总统布特弗利卡长期的盟友。1999年，布特弗利长就是在军方的支持下上台的。由"老军人"所掌控的军队和"老总统"的利益是一致的，因而能够互相支持。"老军人"支持"老总统"继续执政，"老总统"则保证"老军人"的权力和非洲国家中最庞大的军费。因此，军队也是旧体制的一部分。但军队内部并非铁板一块，2018年，军队和安全机构中就曾有数位最有可能反对布特弗利卡统治的高级官员被清洗。不过，总体上看，阿尔及利亚军队一直是布特弗利卡政权强大的支持力量。统治集团的第三方是利益集团。由于老人政治下体制的僵化和腐败，经济界大亨与政权之间有着密切的"联姻"关系。政治与经济间的"旋转门现象"和裙带主义盛行。

跟"阿拉伯之春"在其他国家的情况一样，阿尔及利亚此次抗议的主体也是年轻人。但与8年前那场席卷阿拉伯国家的所谓"阿拉伯之春"不同，阿尔及利亚抗议民众相对冷静克制，但他们的要求是深层次的改革，即彻底改变当前的政治体系，包括萨拉赫将军本人在内的现政权成员应全部下台，通过民选产生新的执政集团。阿尔及利亚人不仅仅反对布特弗利卡或政府，而且也反对整个体制，包括长期执政的民族解放阵线官僚、军方高官和商界巨头等布特弗利卡背后的势力，要求新一代领导人取代整个老龄化的统治精英。因此，2019 年 12 月，当前总理阿卜杜勒-马吉德·特本（Abdelmadjid Tebboune）在具有争议性的总统选举中胜出时，同样遭到了阿尔及利亚民众的抗议。特本被认为是布特弗利卡的亲信，而且与军方领导人萨拉赫关系密切。这次由多名属于前政权的候选人参与的选举，被民众视为当局抵制变革和走回头路的表现。所以，民众抗议并抵制了这次选举，使得此次选举的投票率低于40%。[①] 未来，阿尔及利亚不管是哪方势力上台，首先，要想平衡各方的利益极其困难。其次，也不可能轻易解决 20 年来老人政治的积弊：政治体制保守僵化、经济体制封闭落后、高度依赖油气产业、社会贫富差距大、腐败横行、占人口多数的年轻人的失业率居高不下等。民众的抗议还会持续多久，以及未来阿尔及利亚的形势会如何发展还有待观察。

三 苏丹的老人政治与巴希尔政权的垮台

2019 年，巴希尔维持了 30 年的老人政权在持续 4 个月的群众抗议和军队倒戈中倒台。苏丹军队具有干政的"传统"，自 1956 年国家独立以来，已经发生 4 次成功的政变，还有很多次未遂政变。巴希尔政权就是通过政变建立的，最终也在政变中崩溃。1989 年，45 岁的巴希尔发动军事政变上台，建立了以个人集权、长期

---

① Merrit Kennedy, "Algeria Elects A New President In Controversial Election," December 13, 2019, https：//www.npr.org/2019/12/13/787789940/algeria-elects-a-new-president-in-controversial-election.

执政为特征的"老人"统治，他始终未就权力运行和权力交接制定相关制度。他上台后随即就解散了议会、内阁及地方政府，取缔一切政党，停止一切非官方新闻机构的活动。为了维持个人统治，他甚至与原全国伊斯兰阵线领导人图拉比结盟，1991 年起在全国范围内（南方部分省除外）实行伊斯兰法，进一步激化了南北方的民族宗教矛盾，并最终签署了分裂国家的协议，失去了对石油产业这一国家经济命脉的控制。通过发动军事政变上台的他，为了稳固自己的地位，防止针对自己的军事政变，在其统治的 30 年中主要采取了两种措施：一是极力提高军方待遇，据有关估计，政府预算的 70% 甚至更多都用于日益扩展的安全部门；[1] 二是建立了彼此竞争制衡的情报及安全部队、正规军及准军事组织"快速支援部队"等多种武装力量。在军队内部进行"分而治之"的策略虽然有助于他当权，却导致后患无穷。[2] 巴希尔本人先自封为救国革命指挥委员会主席，并同时担任国家元首、总理、武装部队总司令和国防部部长。后又于 1993 年改任苏丹共和国总统并兼任政府总理，1996 年 3 月、2000 年 12 月、2010 年 4 月和 2015 年 4 月四次连任苏丹总统，并准备在 2020 年继续谋求连任，这在巴希尔的统治工具——执政的全国大会党内部引起了争议。不过，还没到 2020 年，他的老人政治梦就在 2019 年 4 月 11 日折戟沉沙。

巴希尔政权倒台的导火索是 2018 年底因政府试图取消小麦和

---

① James Copnall, "Sudan's Third Revolution," *History Today*, July 7, 2019, https：//www. historytoday. com/archive/behind-times/sudan% E2% 80% 99s-third-revolution-0; El-Battahani, Atta, "The Sudan Armed Forces and Prospects of Change," *CMI Insight*, 2016, p.4.

② Katariina Mustasilta, "Three Scenarios for Sudan：From Non-violent Revolution to Democratic Reform？" European Union Institute for Security Studies, September 2019, p. 3.

燃料补贴而导致的食品价格大幅上涨一事。被称为"生命"的面包价格上涨了3倍，所以这一事件也被叫作"面包革命"。这是苏丹长期经济危机的集中爆发。自从2011年南苏丹从苏丹独立以后，苏丹的经济经历了自由落体式的下滑，因为大部分石油和由此而来的政府收入一夜之间化为乌有，加上货币贬值、通货膨胀等因素，苏丹陷入了经济危机。于是政府开启了新一轮的紧缩政策，削减在能源、电力和小麦方面的补贴。这是已经陷入经济困境的民众无法接受的。2013年就发生过民众抗议能源和面包价格上涨的动乱。所以，2018年底发生的"面包革命"实际上此前已经在苏丹预演过多次了。①

2018年12月19日，北部城市阿特巴拉首先爆发示威游行，抗议面包涨价，之后迅速蔓延全国并转为对巴希尔政权的声讨。抗议者主要是学生、青年职业人士和中产阶层。2019年1月，苏丹专业人士协会（SPA）联合全国共识联盟、"苏丹呼吁"等多个反对派团体共同发起《自由与变革宣言》，要求巴希尔政府下台，并"通过和平手段实现政权更迭"。巴希尔拒绝下台，软硬兼施力图稳局，均未能有效平息抗议活动。2019年2月，巴希尔总统宣布国家进入紧急状态，改组中央政府，并让军人执掌地方政府，包括任命亲信穆罕默德·艾哈迈德·伊本·奥夫（Ahmed Awad Ibn Auf）为副总统兼国防部部长。4月2日，统治阿尔及利亚20年的总统布特弗利卡被迫下台，这进一步鼓舞了苏丹抗议民众。4月6

---

① Magdi El-Gizouli，"The Fall of al-Bashir: Mapping Contestation Forces in Sudan," April 12, 2019, https：//www. arab-reform. net/publication/the-fall-of-al-bashir-mapping-contestation-forces-in-sudan/.

日是和平抗议推翻前总统尼迈里的纪念日，抗议者不断在陆军总部大楼前请愿，力争军方支持抗议诉求。同时，更大规模的抗议活动再次席卷全国。4月11日，国防部部长穆罕默德·艾哈迈德·伊本·奥夫领导的军方发动政变，逮捕了巴希尔及其亲信，并联合警察部队、情报及安全部队、准军事组织"快速支援部队"共同成立了过渡军事委员会代行国家权力，他本人担任主席。苏丹政府被解散，宪法暂停执行，国家进入为期3个月的紧急状态，建立为期2年的过渡政权，以图结束政治危机。

巴希尔虽然倒台了，但抗议者仍然愤怒，因为军方宣布的国家进入军管、建立过渡政权等措施与民众立即实行文官统治的要求大相径庭，抗议者无视宵禁令继续在街头示威，要求军方尽快"退场"并实行文官统治。尽管军事委员会在4月12日就声明无意永久掌权，并将尽快与除"全国大会党"外的所有政治力量协商组建文官政府，但民众并不相信。同时，担任军事委员会主席的伊本·奥夫及副主席马鲁夫因被指控曾参与巴希尔政权暴行而不得不在数小时后辞职，由军方第三号人物、争议较小的阿卜杜勒·法塔赫·布尔汉中将接任。这被认为是军方对民众抗议的一种安抚。布尔汉在4月13日发表的上任后首次电视讲话中声明，他将与反对派协商组建文官过渡政府，过渡期最长2年。13日，国家情报暨安全局局长萨拉赫·高希也辞职。但抗议仍在继续，抗议民众要求军方尽快把权力交还给文官政府，而不需要长达2年的过渡期。因此，巴希尔虽然已经下台了，但军方与民众的矛盾仍然尖锐。军队作为巴希尔老人政治统治的支柱之一，属于旧体制的一部分。在民众看来，军方过渡政府仍是"新瓶装旧酒""换汤不换药"。因此，苏丹主要反对派"自由与变革联盟"组织领导民众持续进行抗议示威活动。6月3日，安全部队暴力镇压了抗议者，据称有120人在此次袭击中身亡，袭击者是准军事组织——"快速支援部队"。过渡军事委员会还将全国的互联网关闭了5周。

在此背景下，过渡军委会和反对派一度就3年过渡期和过渡期国家权力架构达成一致，但在过渡期国家治理机构人员组成和由哪一方主导等事宜上双方难以弥合分歧，对话陷入停滞。在非盟、埃塞俄比亚、美国和阿拉伯国家盟友施压下，苏丹过渡军委会和反对派代表7月3日恢复对话，同月5日宣布达成协议，17日签署初步协议，同意组建"联合主权委员会"作为国家过渡期治理机构。8月17日，双方签署了最终的分权协议，界定了过渡期治理机构"联合主权委员会"、总理和立法委员会的权力。在此基础上于8月20日成立了由军方代表和平民代表共11名成员组成的过渡期最高权力机构"联合主权委员会"，原过渡军事委员会主席布尔汉任主席。8月21日，"自由与变革联盟"提名的阿卜杜拉·哈姆杜克就任过渡政府总理。9月8日，哈姆杜克组建的、由18名内阁成员组成的苏丹过渡政府在首都喀土穆宣誓就职。自2018年底出现的苏丹动乱终于告一段落。

不过，尽管双方间的协议满足了抗议者的关键要求，但军队仍然拥有巨大的权力，这对将来的文官政府是不小的挑战。例如，尽管成立了"联合主权委员会"，但军方领导人掌握着最高权力，尽管过渡政府中文官占多数，但内政部部长和国防部部长的人选则是由军方人士决定的。此外，之前曾残酷镇压过达尔富尔人和此次民众抗议的准军事组织"快速支援部队"领导人穆罕默德·哈姆丹·达加洛（Mohamed Hamdan Dagalo）既是先前的过渡军事委员会的副主席，也是新建立的国家最高统治机构"联合主权委员会"的成员。而这个昵称为"海麦提"（Hemeti）的军阀实际上是巴希尔30年统治的重要遗产之一。"快速支援部队"虽然是一支准军事组织即民兵队伍，却处在巴希尔直接控制之下，属于禁卫军，是苏丹武装力量中与正规军、情报及安全部队竞争制衡的第三个权力中心，甚至担负着防止军队政变的任务。①"海麦提"的继续当政显示反对派最终做出了巨大的让步。而军方与反对派的分权协议最终能否得到执行进而实现民主宪政仍然有很大的不确定性。

武装力量内部的派系斗争及其后果也值得关注。过去30年中，巴希尔为增强自己的控制力而精心设置的、相互制衡的多种武装力量，包括安全部队、正规军和民兵等，虽然有助于他当权，但是在巴希尔下台后的权力争夺中，这也可能导致政治的不稳定和武装冲突的升级，甚至导致国家陷入利比亚式的混乱或彻底崩溃，而这将是苏丹的噩梦。在2019年的抗议运动中，不同的武装力量对待抗议者的态度是不同的。镇压抗议群众和反对派最凶的主要是国家情报及安全部队、防暴警察、"快速支援部队"等，而军队总体上表现出中立观望和避免卷入的态度。军队内部尤其是下层军官对抗议者的同情日益增多，部分军人甚至因保护示威者而与"快速支援部队"发生流血冲突。苏丹军事力量内部的分裂早有端倪。外界认为，巴希尔能掌控的只是安全部队和警察，而军队保持着某种独立性。而在此次抗议活动中，情报与安全部队及"快速支援部队"

---

① Tubiana, Jérôme, "The Man Who Terrorized Darfur Is Leading Sudan's Supposed Transition," *Foreign Policy* 14, 2019, pp. 2, 5.

甚至与军方发生过交火，这也是军方最终发动政变的一个原因。在巴希尔倒台后，民兵组织"快速支援部队"部分领导及成员倒向抗议阵营，发表了与军方相冲突的声明，呼吁公平选举，要求权力过渡期不得超过 6 个月。2019 年 4 月以来，情报与安全部队与军方因为权力和利益分配不均已发生多次激烈武装冲突。过渡军事委员会和"联合主权委员会"宣布已挫败多次军事政变。

　　总的来看，苏丹的民众抗议虽然成功推翻了巴希尔政权，但争取持久性体制变革和实现民主仍然是道阻且长。尽管目前军方与反对派签订了分权协议，成立了过渡时期国家最高权力机构——"联合主权委员会"和政府，但 3 年的过渡期仍然存在很多变数。苏丹军队内部派系众多且有很强的干政传统，反对派组织涣散且其领导人缺乏治理国家的经验，却面临着改变国家政治体制和社会经济结构的巨大挑战，还有棘手的达尔富尔等地区冲突问题。苏丹未来发展存在巨大的不确定性，可能出现军政权，也可能出现民选政府，或者就像过渡时期一样出现某种文官和军人混合的政权。可以肯定的是，不管哪种势力还是哪种政府，都不可能轻易解决巴希尔 30 年老人政治留下的痼疾。因此，2019 年发生在阿尔及利亚和苏丹的所谓的"第二次'阿拉伯之春'"或"迟到 8 年的'阿拉伯之春'"，尽管推翻了各自国家统治 20 年和 30 年的老人政权，并成立了新的政府，但都是军方和反对派妥协的结果，支撑老人政权的旧体制和势力仍然存在，只不过换了新的领导人，真正的"阿尔及利亚之春""苏丹之春"不仅没有完成，反而正在孕育新的不确定性和危机。

第二章
波斯湾安全局势：美伊博弈与海湾国家应对[*]

2019 年年中以来，波斯湾一带安全事故频发，安全状况为除战时（两伊战争、海湾战争、伊拉克战争）以外最糟糕的时期。波斯湾地区最重要的玩家美国、伊朗、海湾阿拉伯国家合纵连横、激烈博弈，展现出各自的战略考量、策略技巧和深层心态。从截至 2020 年春天的情况来看，美国和伊朗互有得失，海湾国家较为被动。未来一段时期，美伊主导的波斯湾安全博弈还将继续，胜负尚难预料。此轮博弈中体现出的一些趋势，诸如伊拉克成为美伊博弈的焦点，美国、伊朗、海湾国家都不想正面打仗，美国对中东的兴趣和安全承诺下滑，伊朗在"非对称作战"方面具有优势，等等，将会进一步塑造未来的中东安全格局。

---

[*] 本文论述的波斯湾安全局势，既包括狭义的波斯湾水域的安全，也包括波斯湾沿岸国家尤其是伊拉克的安全形势。后文中，根据不同语境，波斯湾有时指的是狭义的波斯湾水域，有时是将波斯湾及其沿岸国家作为一个整体。海湾国家指沙特、阿联酋、阿曼、科威特、卡塔尔、巴林，即海合会六国。

一 恶化轨迹：从波斯湾到伊拉克

波斯湾安全局势恶化是特朗普上台后美伊关系持续紧张的结果。2019 年 4 月，美国正式认定伊朗伊斯兰革命卫队为"外国恐怖组织"，这是美国首次将他国的正规军定恐。5 月初，美国要求所有购买伊朗石油的国家完全停止进口伊朗石油，这是美国对伊制裁 40 年来首次全面封杀伊朗石油出口。两大举措都是美国往届政府考虑过但并未实施的，堪称极限施压。革命卫队是伊朗政权的支柱，石油是伊朗经济命脉，伊朗被逼至绝境，不得不进行反击。从 2019 年 5 月开始，波斯湾一带多次发生安全事件，这一趋势延续至 2020 年上半年。

波斯湾安全局势恶化可分为两大阶段。第一阶段是 2019 年 5~9 月，博弈主战场是波斯湾的水域和空域，斗争焦点与石油高度相关。主要事件如下。5 月 12 日，阿联酋富查伊拉酋长国附近海域，四艘油轮遇袭，其中两艘注册地为沙特，一艘注册地在阿联酋。遇袭油轮船体出现爆炸导致的洞窟，但无人员伤亡。6 月 13 日，还是在富查伊拉酋长国以东海域，又有两艘油轮遇袭并起火，船员获救。阿联酋对 5 月油轮遇袭事件的调查报告认为，袭击由专业潜水人员使用吸附性水雷进行，背后有国家行为体支持。美国认定袭船是伊朗革命卫队所为。无论如何，两次油轮遇袭地点相近、手法相似，显然有很强的关联性。6 月 14 日，也门胡塞武装使用无人机袭击了沙特国内东西石油管道，导致该管道暂时关闭。6 月 20 日凌晨，伊朗革命卫队使用中程地空导弹击落一架在波斯湾水域上空飞行的美军

RQ-4 型"全球鹰"无人机。伊朗指责无人机侵入其领空并从事侦察活动。美国坚称事发时无人机处于国际空域。7 月 19 日，悬挂英国国旗和由英国公司运营的两艘油轮在波斯湾遭伊朗革命卫队登临检查，一艘获释，另一艘"斯坦纳帝国"号油轮遭革命卫队查扣并被带回阿巴斯港。此前的 7 月 4 日，英属直布罗陀当局曾扣押向叙利亚运油的伊朗油轮，因而伊朗此番扣船被视为旨在报复。后经交涉，8 月中旬，英属直布罗陀当局首先放行伊朗油轮，9 月下旬伊朗释放英国油轮。9 月 14 日凌晨，沙特东方省两处重要石油设施（阿布盖格石油处理厂、胡赖斯油田）遭空袭，现场燃起大火。沙特因之损失约一半的石油产能。也门胡塞武装自称对此次事件负责。沙特初步调查认为，袭击使用的是伊朗制造的武器。美国军情部门评估认定，伊朗的无人机从其波斯湾沿岸的军事基地起飞并发射导弹，制造了此次袭击。

第二阶段是 2019 年 10 月至今[①]。这一阶段，美伊博弈的主战场转移到伊拉克，斗争焦点不再是波斯湾能源运输，而是指向美国在伊拉克的驻军。主要事件如下。2019 年 12 月 27 日，美军在伊拉克基尔库克的一处基地遭 30 余枚炮弹袭击，1 名美军承包商身亡。29 日，美军空袭伊拉克什叶派民兵"真主旅"在伊拉克、叙利亚边境一带的指挥中心和军火库，打死约 20 余名民兵。31 日，伊拉克悼念身亡民兵，亲伊朗的什叶派民兵和部分群众冲击美国驻伊拉克大使馆，一度冲入使馆接待区。2020 年 1 月 3 日凌晨，美国使用无人机空袭了巴格达国际机场附近的一个车队，打死伊朗革命卫

[①] 本文成稿日期为 2020 年 4 月上旬。

队"圣城旅"司令苏莱曼尼与"真主旅"司令穆罕迪斯等人。1月8日，伊朗向美国在伊拉克安巴尔省的阿萨德基地发射10余枚弹道导弹，造成部分设施损毁和部分美军士兵轻度"创伤性脑损伤"，美方称无人员死亡。2020年3月11日，美军在巴格达北部的塔季军营遭多枚火箭弹袭击，2名美军人员和1名英军人员死亡，10余人受伤。12日，美军空袭"真主旅"在伊拉克的5处军火库，摧毁其中的伊朗制先进常规武器，伊拉克方面称空袭造成数名军警和平民伤亡。实际上，伊拉克什叶派民兵袭击美国目标的行动已有多次，最早是2019年5月，有火箭弹打在美国驻伊拉克使馆附近，6月，有火箭弹落在埃克森美孚石油公司驻伊拉克营地附近，10月以后类似袭击更趋频繁。美军中央司令部司令麦肯齐称，自2019年10月至2020年3月，仅"真主旅"参与的类似袭击就达13次。①

　　波斯湾和伊拉克安全局势恶化的程度应该放到历史脉络中加以评估。2019年夏秋之际，波斯湾航运安全状况降至两伊战争结束以来最差。自两伊战争结束以后到2019年5月之前，尽管发生了海湾战争、伊拉克战争，波斯湾航运安全却始终得到充分的保障，这是包括美国、伊朗、沙特在内各方的共识。② 伊朗长期骚扰波斯湾水域的美国海军，不时威胁封锁霍尔木兹海峡，曾在2007年、2016年抓扣英国、美国的水兵，但均未酿成重大安全危机，也没

---

① Marine Corps General Kenneth F. McKenzie Jr., "U. S. Central Command Holds a Press Briefing on Defensive Strikes Against Iran," March 13, 2020, https：//www. defense. gov/Newsroom/ Transcripts/Transcript/Article/2112178/marine-corps-general-kenneth-f-mckenzie-jr-commander-us-central-command-holds-a/.

② 海湾战争和伊拉克战争期间，科威特、伊拉克石油生产受损，石油出口下降，国际油价上涨。但是，油价上涨主要是因为陆地油田产能受损，而非波斯湾航运受损。

有影响波斯湾沿岸国家的石油生产。同时，波斯湾油轮遇袭的烈度远远不及两伊战争末期的"油轮战"。当时，伊朗和伊拉克互相用导弹、水雷等袭击对方乃至第三方的油轮，美国最终派海军介入护航。美伊海军短暂交火，伊朗海军遭重创。

2003 年伊拉克战争后，伊拉克局势始终处在动荡不安之中，美国和伊朗在伊拉克处于既有竞争也有合作的状态。2014 年"伊斯兰国"兴起，美国和伊朗以各自方式反恐，客观上形成合作。2019 年秋以来的美伊冲突则使两国在伊拉克的矛盾放大、合作剧减，尤其是岁末年初的两周堪称近年来美伊对峙最危险的时刻，出现了美国和伊朗直接在伊拉克交手的现象。但总体来看，目前局面并未达到 2011 年美国从伊拉克撤军之前的状态。美军占领伊拉克期间，包括逊尼派、什叶派及恐怖组织在内的多股力量不断袭击美军，美军则展开"反叛乱"作战。美方认为，2003～2011 年，伊朗活动导致 608 名美军官兵死亡，占美军死亡总数的 17%，这远高于 2019 年以来美军在什叶派民兵火箭弹袭击中的死亡人数。

二　伊朗制造事端的目标、
策略演进与效果

就油轮以及美军伊拉克基地遇袭而言，伊朗是主动挑事的一方。伊朗的根本目的是化解美国极限施压带来的巨大经济和安全压力，维护政权稳定。其具体目标则是要在不引起美国全面军事打击的情况下，给美国制造足够的震动和压力，迫使美国减缓对伊制裁，并为日后可能的谈判争取一些筹码。为此，伊朗在三条战线上同时出手：一是扰乱波斯湾航运安全；二是在伊拉克等国使用代理人袭击美国利益；三是重启核研发、突破伊核协议制约。[①] 其中，第三条战线比较特殊，本文不将其纳入波斯湾安全博弈，而是着重探讨前两条战线。

在波斯湾战线，伊朗取得了显著的战术成果：击落价值高昂的美军无人机，却没有遭到报复，让美国吃了哑巴亏；伊朗武装扣押英国油轮，迫使英国释放了伊朗油轮，让英国丢脸，挑战了美国对伊朗的制裁体系；波斯湾油轮遇袭，伊朗没有让美国抓到把柄；沙特石油设施遇袭，沙特、美国都没直接还手。可以说，伊朗在波斯湾以小博大、扬长避短，成功地进行了非对称、非常规作战，让美国及其盟友欲还手却找不到合适的理由和发力点。用英国国际战略研究所专家约翰·瑞恩的话说，伊朗发起的是一场高于"敌对性竞争"而低于"常规武装冲突"的"临界点战争"（threshold war）。[②] 在这种冲突模式下，常规军力处于弱势的一方，进行"临界点战争"的成本相对更小。

但是，伊朗搅乱波斯湾安全并没有给美国造成足够的震动与威胁。波斯湾对美国的重要性有二。一是遏制敌对国家，保持战略优势。1980年美国总统卡特宣布"新波斯湾战略"，推动美军进驻波斯湾，旨在遏制当时入侵阿富汗并向波斯湾扩张影响力的苏联；1990年美国发动海湾战争，旨在遏制当时过度膨胀的地区强国伊

---

① 秦天、董冰：《中东 2019：动荡加剧与格局失衡》，《和平与发展》2020 年第 1 期，第 53~55 页。

② John Raine, "Iran: War on The Threshold," August 5, 2019, https://www.iiss.org/blogs/analysis/2019/08/iran-threshold-war.

拉克。当前，不存在威胁美国波斯湾霸权的世界性大国。伊朗作为地区大国，与美国的实力、军力差距大，不可能实质性地挑战美军在波斯湾的优势。伊朗选择打"临界点战争"恰恰说明其在常规层面处于绝对下风。伊朗扰乱航运和波斯湾国家的石油生产，令地区国家紧张，让美国难办，但总体看属于"打一枪换一个地方"，没有对波斯湾的美国驻军造成实质性的损失，也就不能打破美国在波斯湾的优势。

二是维护波斯湾石油的安全外运，确保世界石油市场稳定。波斯湾为全球石油海运要道。以 2016～2018 年计，经霍尔木兹海峡的石油流量占全球石油消费量的 21% 左右，占全球石油海运贸易量的 1/3 左右，占全球液化天然气消费量的 25.6%，[①] 其重要性不言而喻。如果世界能源市场供应偏紧，波斯湾航运受阻必然推高油价，甚或引起世界能源市场大幅波动。然而，在伊朗制造事端的这段时期，世界能源市场供大于求，波斯湾地缘冲突对能源市场未构成持久的冲击。击落无人机、沙特石油设施遇袭、美国击杀苏莱曼尼后的第一个交易日，国际油价（布伦特）分别跳涨 4%、10%、3.6%，但涨势均仅维持一天，5 月、6 月两次油轮遇袭引起的涨幅更加微弱。退一步说，即使油价出现一定幅度上涨，对已迅速成为石油出口国的美国也未必是坏事。波斯湾一度是美国石油进口的重要来源，但随着"能源独立"加速，美国对波斯湾石油的需求下降。根据美国能源信息署的数据，美国对波斯湾原油的日进口量自

---

① Andrew J. Stanley & John Schaus，"Oil Markets, Oil Attacks, and the Strategic Straits," July 19, 2019, https：//www.csis.org/analysis/oil-markets-oil-attacks-and-strategic-straits. 这里石油的定义是广义的，包括原油、凝析油和石化产品。

两伊战争结束后的 1989 年至 2018 年一直在 140 万桶以上，其中 1998~2008 年保持在 200 万桶以上的高位；[①] 但自 2001 年开始就从当年 266 万桶高位震荡下滑，到 2019 年仅为 88 万桶。波斯湾石油占美国原油进口总量的比重从 2001 年的 28.6% 降至 2011 年的 20.7%，到 2019 年已跌至 12.9%。[②] 特朗普本人也多次强调美国不在意波斯湾石油进口，在无人机被击落后称，"我们还进口一些石油，但不再真正需要霍尔木兹海峡"；在沙特石油设施遇袭后称，"不担心油价走高及其经济影响""美国石油产量大、储备多"；在 1 月 8 日伊朗报复美军基地后称，"我们能源独立，不需要中东石油"。因此，无论是从实际进口量看，还是从领导人观念看，波斯湾航运安全对美国石油进口的影响都在下降。

很可能正是因为制造波斯湾安全事故并没有真正触动美国，伊朗自 2019 年 10 月开始调整策略，将制造麻烦的重点区域由波斯湾水域转向伊拉克。[③] 在伊拉克，伊朗付出了巨大的战术代价。这主要体现于 1 月 3 日 "圣城旅" 司令苏莱曼尼之死。苏莱曼尼领导 "圣城旅" 长达 20 年，任期内他成为强化伊朗与地区什叶派军政实体联系的纽带，是伊朗协调指挥黎巴嫩、叙利亚、伊拉克、阿富

---

① 美国能源信息署对波斯湾国家的定义是海合会六国和伊拉克。
② 根据美国能源信息署数据库计算得出，查询时间为 2020 年 4 月初。
③ 《华盛顿邮报》专栏作家伊格纳修斯对伊朗策略的变化提供了另一种解读。他认为，2020 年以来伊朗的策略变化在于从威胁沙特、阿联酋等美国盟友，转向直接挑战美国；伊朗人在迫使沙特、阿联酋屈服方面取得了成功，并希望在伊拉克迫使美军撤退方面取得同样的成功。换言之，伊格纳修斯觉得伊朗第一阶段在波斯湾的挑事也是成功的。笔者认为，伊格纳修斯所认为伊朗的成功只是对沙特、阿联酋而言，但就与真正的对手美国博弈而言，还不能算成功。参见 David Ignatius，"As the U. S. and Iran Trade Attacks, Iraq is Again a Flash Point，" March 14，2020，https://www.washingtonpost.com/opinions/2020/03/13/us-iran-trade-attacks-iraq-is-again-flash-point/。

汗什叶派民兵武装的核心人物。其死必然影响伊朗对其地区代理人发号施令的效果，也可能造成上述国家什叶派军政实体内部的混乱。美中央司令部前任司令沃特尔认为，新任"圣城旅"司令加尼不会很快甚至永远不可能像苏莱曼尼那样重要，"圣城旅"不再是过去的"圣城旅"。① 此外，美军空袭伊拉克什叶派民兵，导致伊朗盟友人员伤亡、伊朗制武器被毁，这也是伊朗的损失。

然而，伊朗在伊拉克的冒险产生了战略收益。2019 年与 2020 年之交的冲突尤其是苏莱曼尼之死，在伊拉克掀起了一股反美浪潮。这股潮流有利于伊朗，不利于美国。其一，美国在伊拉克撤军问题上处境尴尬。美国 2011 年自伊拉克撤军，很快又因"伊斯兰国"崛起而重新驻军伊拉克，并未引起争议，也不存在撤军问题。2020 年以来，伊拉克部分民众和政治家反对美国在伊拉克肆意采取军事行动，伊拉克议会提出要求美国撤军的动议，这让美国很被动。如果美国撤军，等于拱手将伊拉克让给伊朗，花费巨大资源打伊拉克战争的美国对此很难接受。如果不撤，美军则将面临不断遭到火箭弹袭击的局面，人员伤亡可能增多，报不报复、如何报复都颇难处置。以史为鉴，美国被迫撤出伊拉克并非完全不可能。1983 年 10 月，据信是伊朗扶持的黎巴嫩真主党制造了贝鲁特美国军营恐袭案，致使 241 名美军官兵丧生，美军主力于 1984 年 2 月撤出黎巴嫩。其二，伊拉克内政走向重新有利于伊朗。伊拉克国内近年来反伊朗情绪颇浓，2019 年 10 月以来伊拉克因民生问题爆发抗

---

① General Joseph L. Votel, "Keynote Address: Great Power Competition in the Gulf," CSIS, p. 6, https://csis-prod. s3. amazonaws. com/s3fs-public/event/200304 _ Keynote _% 20Transcript. pdf? thKkCwh6_3NtZJiBWGl5P7LK1eWBkw3t.

议，反伊朗也是主要诉求之一，这本来对美国很有利。但美伊在伊拉克交手后，伊拉克抗议的民生性质被冲淡，反伊朗的情绪有所平息，反美的情绪抬头，对美国有利的局面消失了。借助反美的情绪，伊朗还可强化对伊拉克政坛、政府和总理人选的影响力。综上所述，伊朗在伊拉克的战略计划并不纠结于一人一时之得失，而是旨在营造对美国不利的大环境，操弄反美民意，施压美国撤军。可以说，伊朗在伊拉克找到了美国中东政策的痛点。美国战略与国际问题研究中心的中东专家科兹曼认为："美国可以忍受叙利亚、黎巴嫩和也门的失败与僵局。但如果美国在伊拉克失败，则意味着在整个波斯湾地区失败；如果美国成功打造独立而强大的伊拉克，并使之成为美国真正的战略伙伴，则可以彻底压制伊朗并确保海湾地区的安全。"[1] 显然，较之波斯湾安全以及叙利亚、黎巴嫩、也门问题，伊拉克安全局势变化对美国利益的冲击更大，也更有可能逼美国做出让步。可以预计，2020 年伊朗必将在伊拉克持续刺激美国的神经，尽可能多地获取与美国谈判的筹码。

三　美国遏制伊朗的目标、 策略演进与效果

特朗普政府的伊朗战略简言之就是极限施压，核心是通过严厉经济制裁削弱伊朗的实力和地区影响力。其如意算盘是伊朗撑不下

---

[1]　Anthony H. Cordesman, "Iraq is the Prize: A Warning About Iraq's Future Stability, Iran, and the Role of the United States," March 20, 2020, https://www.csis.org/analysis/iraq-prize-warning-about-iraqs-future-stability-iran-and-role-united-states.

去之时会向美求和，接受一个比 2015 年签订的伊核协议更严苛、更全面、对美国更有利的协议。不过，对于伊朗在波斯湾和伊拉克制造的系列安全危机，美国却处于被动反应的处境。美国的当务之急是压制伊朗的挑衅，确保美国在中东的人员和利益安全，不让伊朗拿到对美喊价的筹码。为此，美国采取的主要措施是向波斯湾一带增兵，传递威慑信号。自 2019 年 5 月起，美国增兵举动大致如下：其一，5 月 5 日，时任美国国家安全顾问博尔顿宣布，美向波斯湾派遣"林肯号"航母战斗群和一个轰炸机编队；其二，5 月 24 日，美国防部决定向中央司令部增兵 1500 人，包括一个战斗机中队、一个爱国者导弹营、一个工兵分队，以及情报侦察和预警机等，增兵针对的是 5 月 12 日波斯湾油轮遇袭，增兵规模小于媒体预期的 5000 人；其三，6 月 17 日，美国防部决定向中东增兵 1000 人，主要是预警侦察和导弹防御力量，增兵针对的是 6 月 13 日波斯湾油轮遇袭，增兵规模低于媒体预期的 6000 人；其四，9 月 20 日，美国防部决定，应沙特、阿联酋请求向中东增兵，规模为数百人，增兵针对的是 9 月 14 日沙特石油设施遇袭；其五，10 月 11 日，美国宣布向中东增兵，向沙特增派两个战斗机中队、一个航空远征团、两个爱国者导弹营，并部署一套萨德导弹防御系统，美国防部称过去一个月内总共增兵 3000 人（主要是向沙特部署），而从 5 月份算起，向中东增兵总数达 1.4 万人；其六，12 月 31 日，美国防部宣布将向伊拉克等地紧急增兵约 3500 人，针对的是美军伊拉克基地遇袭；其七，2020 年 3 月中旬，美军"艾森豪威尔"号航母战斗群抵达阿拉伯海，与同在该区域的"杜鲁门"号航母组成双航母部署。① 一般而言，美军一个航母战斗群携带兵员约达7500 人。因此，在波斯湾方向部署第二艘航母是重大增兵举措，也是 2010～2013 年之后美军首次在波斯湾部署双航母。除增兵外，美国还有两个相关动作。一是组建波斯湾护航联盟。美国最早在 6月下旬就开始推销"哨兵"计划，游说多国派军舰到波斯湾护航各自商船；11 月正式成立"国际海事安全机制"，即波斯湾护航联盟，成员国包括美国、巴林、沙特、阿联酋、英国、澳大利亚、阿尔巴尼亚，覆盖区域为波斯湾、阿曼湾、曼德海峡，目的是维护航行自由和遏制伊朗挑衅。二是发动网络攻击，阻止伊朗军情部门采取挑衅行动。

自 2019 年底开始，美国对伊朗的军事威慑策略出现小幅调整。伊拉克什叶派民兵打死美军士兵，这踩到了美国的红线，美军采取了针对伊拉克什叶派民兵以及革命卫队将军苏莱曼尼的空袭行动。以此为标志，美军在增兵之外，增加了定点清除、空袭报复等军事行动，不惜打死相当数目的敌方人员乃至高级指挥官，以期增加威慑效力。美国甚至考虑采取先发制人的军事打击。2020 年 3 月下旬，美国媒体报道称，美国防部已下达指令要求驻伊拉克美军制定摧毁"真主旅"的方案，打击目标包括"真主旅"领导人、军火库、基地以及与"真主旅"在一起的伊朗革命卫队目标。4 月初，特朗普称，情报显示伊朗欲偷袭驻伊拉克美军及设施，伊朗如果真的动手，将付出极其沉重的代价。特朗普政府内部对是否采取上述

---

① 这一双航母部署只维持了半个月。2020 年 3 月下旬，美军太平洋舰队的"罗斯福"号航母发生新冠疫情，战斗力受损，美军航母部署需要重新调配。"杜鲁门"号航母自 4 月初驶出中东海域。

军事行动有不同意见，国家安全顾问、国务卿赞成，军方持保留态度。无论如何，美国军事威慑中的战术性攻击行动有增加趋势。

美国威慑伊朗的效果不尽如人意。美军的部署和行动对伊朗产生了一定的压制作用。比如，美军增兵波斯湾并组建护航联盟后，油轮遇袭事件已鲜有发生；美国媒体报道，美军对伊朗革命卫队某关键数据库发起网络攻击，使后者暂时无法锁定并攻击波斯湾的油轮；① 美国向沙特增兵、增加部署"爱国者"导弹防御系统后，沙特重要基础设施未再遭打击。再如，美国定点清除苏莱曼尼之举，对伊朗军队和领导层产生了一定的震慑作用，打出了两个月的平静（即 1 月上旬至 3 月上旬），其间伊拉克没有出现涉及美伊的重大安全事件。

但是，美国未能实现有效威慑伊朗的根本目标。在美国的威慑下，伊朗没有停止制造事端，只是在变化制造事端的节奏，调整制造事端的具体手法和发力点。美军中央司令部司令麦肯齐在 2019 年 11 月"麦纳麦论坛"上阐述过威慑的机理："威慑指的是展示能力和意愿，从而影响潜在对手的考虑；而决定威慑成效的是，伊朗（或其他国家）是否认识到国际上存在上述能力和意愿。"② 美国固然表达了威慑的能力和意愿，但也暴露出能力和意愿中的不足。这让伊朗捕捉到了与美国继续周旋的机会，也令美国威慑的效果打了折扣。其一，美国开启战争的门槛较高，不愿意而且刻意避免与伊朗大规模开战。自阿富汗、伊拉克战争以来，美国政府和民

---

① Julian E. Barnes, "U. S. Cyberattack Hurt Iran's Ability to Target Oil Tankers, Officials Say," August 28, 2019, https：//www. nytimes. com/2019/08/28/us/politics/us-iran-cyber-attack. html.

② General Kenneth F. McKenzie, Jr., "Transcript of Gen McKenzie's remarks at the Manama Dialogue," November 23, 2019, https：//www. centcom. mil/MEDIA/Transcripts/Article/2027273/.

意都不愿卷入新一场中东战争。近10年来的中东大小战事中，诸如利比亚战争、也门内战、叙利亚内战，以及俄罗斯、沙特、土耳其在叙利亚、也门等国的军事行动，美国或介入极为有限，或不加以实质性的干预，更不会贸然与伊朗开战。特朗普任内还要考虑选举因素。特朗普一直鼓吹要把美国官兵从中东泥潭带回家，这是其争取民意、拉抬选情的重要一手，与伊朗开战会给特朗普连任增加巨大的不确定性。因此，每逢伊朗搞事，美军在增兵时总是强调旨在保护部队而非与伊朗开战；无人机被击落后，特朗普称其在最后一刻叫停了军方攻击伊朗境内目标的计划；击毙苏莱曼尼后，特朗普讲话称此举是为了"避免战争而非开战"，美国务卿蓬佩奥2天内与10余国外长通电话，强调美国致力于"降级局势"；2020年1月8日，在伊朗导弹袭击美军基地而未造成人员死亡后，特朗普第一时间发推特称"一切尚好"，后在正式讲话中对伊朗的报复轻描淡写。纵观上述关键节点的表现，美国明显希望避免与伊朗开打正面战争。在美强伊弱的结构中，美不愿打仗，伊朗就获得了相对宽裕的挑衅空间，而不必担心美国对伊朗发动大型战争。至于美国采取有限军事报复，造成伊朗及其盟友部分武装人员甚至是重要将领死亡，这是伊朗可以承受的代价。

其二，美国增兵举措与美国的整体军事战略存在不协调之处，降低了增兵本身的威慑作用。特朗普政府2017年版的《美国国家安全战略报告》明确提出，美国面临的首要威胁是中国、俄罗斯等"修正主义"大国，其次才是伊朗、朝鲜等"流氓"国家。美国军事战略也要相应地从反恐转向应对大国竞争，要将主要兵力放到印太区域。按此推理，美军在中东即使不减少军事存在，也不会大幅增加军事存在。实际上，自 2019 年以来，美军中央司令部除了在伊朗方向增兵之外，更多地采取了撤军动作。2019 年初，特朗普政府决定从叙利亚撤出 2000～2500 名驻军中的大部分，留下少量兵力把守叙利亚东北部和西南部的个别重地。美自叙撤军又因土耳其在叙北发动军事行动而一波三折，2019 年底美在叙驻军仍有约千人，但毕竟还是撤了一些。2020 年 2 月底，美国与阿富汗塔利班达成协议，美军将在第一阶段即四个半月内将驻阿富汗部队人数从 1.5 万人降至 8600 人，最终在十四个月内全部撤军。即使是在伊朗方向，美国的增兵政策也并不坚定。2020 年 3 月上旬，美军决定撤出年初向科威特增派的 1000 名士兵，后因 3 月 11 日美驻伊拉克基地遇袭而暂缓；3 月中旬，美军调整在伊拉克的军力部署，将叙伊边境的小基地移交给伊拉克政府军，将驻伊美军向几个大的美军基地集中，后又将执行培训伊拉克政府军任务的部分美军撤回国内。此次撤军有打击"伊斯兰国"胜利后收兵、减少可供伊朗袭击的目标、预防新冠肺炎疫情冲击等多种考虑，但给伊朗传递的信号显然不是增兵威慑。在美国国家安全战略调整的背景下，美国在叙利亚、阿富汗两线撤军虽然犹豫反复，却更代表其长期的、战略性的趋势；美国在伊朗方向增兵虽然来势汹汹，却更像是临时的、战术性的安排。这种内在矛盾，伊朗也看在眼里。伊朗领导人不断放出不惧美国增兵、不怕与美国开战的豪言，就是看到了美国增兵举措中虚的一面。

2019 年 5 月以来，伊朗与美国在波斯湾安全领域激烈博弈，各有得失，但都未实现主要战略意图。伊朗希望给美国制造足够大的麻烦，逼美国减缓制裁，但美国尚未松动。美国希望以军事威慑按住伊朗，一方面想展示美硬实力，另一方面又没有使用美硬实力的决心，给了伊朗不断挑事的时间与空间，还暴露出美军事威慑手段的失灵。[①] 未来一段时期，伊朗和美国还会为实现各自的战略意图继续博弈，博弈的战场与焦点会动态调整，主战场最可能在伊拉克。无论如何，双方完全实现战略意图是不可能的，一方全胜、一方服输的可能性似乎也不大，波斯湾安全局势的真正降温只有在双方调低战略目标的情况下才会出现。

四　海湾阿拉伯国家的因应

海湾阿拉伯国家地处波斯湾，紧邻伊拉克，切身利益受本区域安全局势影响很大。海湾六国的石油和天然气出口在很大程度上依赖波斯湾航运，而伊朗在美国封杀下基本无法出口石油，因此波斯湾安全局势的恶化对海湾国家的经济影响最大。在利益受到明显威胁的情况下，这些国家并没有采取积极进取的政策，更多的是明哲保身。

面对波斯湾的紧张局面，海湾国家没能采取一致和强有力的行动。多边层面，5 月底，沙特在利雅得召开海湾合作委员会、阿拉伯国家联盟、伊斯兰合作组织"三合一"峰会，主打反伊朗牌，不过只是逞口舌之快而已。巴林 8 月中旬加入美国牵头的波斯湾护航联盟，沙特、阿联酋 9 月中旬（即沙特石油设施遇袭后数日）也宣布加入，但这并非沙特等国主导的行动。国别层面，各国颇为

---

① 牛新春：《美国中东战略：转型期的迷惑》，《当代世界》2020 年第 3 期，第 16 页。

谨慎。沙特 2015 年出兵也门、2016 年断交伊朗，可谓遏伊急先锋。但是，沙特对波斯湾油轮遇袭、本国油田遇袭只是进行了口头谴责，却没有还击、报复，还流露出避战心态。9 月底，沙特王储小萨勒曼受访时称，沙伊军事对抗将使全球经济瘫痪，他更倾向于政治与和平选项。苏莱曼尼被杀后，沙特外交部呼吁克制和降级紧张程度。阿联酋过去数年坚持对外政策强势，却在 2019 年放低了身段：7 月底与伊朗举行了 6 年来首次双边海事磋商，期望稳住双边关系；2019 年下半年从也门部分撤军。阿曼、科威特、卡塔尔是海湾六国中与伊朗关系相对较好的国家。美伊紧张对峙之际，三国都希望避免生战生乱，努力劝和促谈。卡塔尔外交大臣 6 月就称正与美、伊双方沟通，希望缩小双方分歧；8 月上旬，卡塔尔与伊朗的海岸警卫队举行对口会谈；苏莱曼尼被杀的第二天，卡塔尔外交大臣紧急访问伊朗。阿曼是美伊之间重要的对话渠道。2019 年下半年，阿曼外交国务部部长于 5 月下旬、7 月下旬、12 月初访问伊朗，会晤伊朗外长等高官；美无人机被伊朗击落后，据传阿曼在美伊之间传递口信；2020 年 1 月内，阿曼外交国务部部长又三度访伊。科威特也曾多次表示有意斡旋美伊紧张关系，并努力缓和沙特与卡塔尔、沙特与伊朗的关系。

美伊紧张中多次出现擦枪走火，但海湾国家并没有做出军事回应，只是在欢迎美国增派驻军和装备的同时，推进自己的军购尤其是对海军装备的引进。比如，沙特 2019 年底与美国洛克希德·马丁公司签署购买四艘濒海战斗舰的合同，价值 19.6 亿美元；阿联酋 2019 年 6 月最终敲定从法国海军集团购买至少两艘"追风"级巡防舰，价值约 7.5 亿欧元；卡塔尔与意大利造船巨头芬坎蒂里集团签署备忘录，考虑在 2017 年 50 亿欧元购舰大单的基础上增购潜艇等装备。[①] 不过，这些军购并不能迅速兑现成海军战斗力，对伊朗的"临界点战争"抑制效果也有限。

在伊拉克，2003 年战争后就形成了美国和伊朗主导的局面，海湾国家影响力很有限。唯一有一定影响的是沙特，但沙特在伊拉克这一波动荡中也没有什么斩获。沙特曾长期支持伊拉克萨达姆政权，强烈反对美国发动伊拉克战争。萨达姆倒台后，什叶派掌权，伊朗的影响力扩大，沙特一直想削弱伊朗对伊拉克的影响。2017 年以来，沙特摸到了一点门径。2017 年 7 月，沙特邀请伊拉克什叶派教士萨德尔访沙。萨德尔是伊拉克民粹主义的代表，有一定的反伊朗色彩，沙特拉近与萨德尔的关系可在一定程度上遏制伊朗的影响力。2018 年 5 月的伊拉克议会选举中，萨德尔领衔的党团拔得头筹。沙特在伊拉克的影响力有所恢复。2019 年 10 月以来伊拉克发生民众抗议，反伊朗色彩较浓，这本是沙特削弱伊朗在伊拉克影响力的机会。然而，沙特眼看美国与伊朗斗法，却无力影响伊拉克局势，2017 年以来沙特艰难恢复的在伊拉克的影响力被美伊对峙冲淡。

海湾国家看似无所作为的背后，有其理性考虑，也有受制于地区安全结构的无奈。其一，海湾国家最基本的政策目标是防止美伊冲突殃及自身，遏制伊朗的意愿也要服从于这一基本前提。对于包括沙特在内的任何海湾国家而言，美国是大国，伊朗也是大国，美

---

① Agnes Helou, "Allies shoulder for Influence in the Gulf Region as Naval Security Remains Top Priority," March 16, 2020, https://www.defensenews.com/naval/2020/03/16/allies-shoulder-for-influence-in-the-gulf-region-as-naval-security-remains-top-priority/.

伊若真的开战，前沿战场必然包括海湾国家。沙特石油设施遇袭表明，哪怕美国、伊朗只是擦枪走火，沙特等海湾国家也是最早乃至最大的受害者。即使是美国击杀苏莱曼尼，这看似对沙特十分有利，实则对沙特营造经济改革的外部环境、维护在伊拉克的影响力、赢得也门战局和反恐胜利等方面都有负面影响。[①] 因此，不论美伊开战对伊朗构成多大伤害，海湾阿拉伯国家首先要避免自损八百。对它们而言，最舒服的状态是美国对伊朗实施最严厉的经济制裁，而没有紧张对峙和武装冲突，这样既能削弱伊朗，又无战火殃及。最差的状态则是美国放松对伊朗制裁，美伊关系缓和，海湾国家只能自己出面和伊朗斗。2015～2016 年，伊核协议签署并开始执行，沙特连续出兵也门、断交伊朗，就是在最差情况下的极端反应。当前，美伊斗法蕴含开战风险，海湾国家既乐见美国打压伊朗，又怕冲突升级引火烧身，故尽量保持低调，力避火上浇油。

其二，美国对阿拉伯阵营的支持有限，地区安全结构朝着不利于阿拉伯阵营的方向发展，这使得海湾国家没有正面对抗伊朗以及实质干预波斯湾安全局势的底气。海湾国家整体经济实力强于伊朗，军事装备领先伊朗，但实战能力却低于伊朗，仅靠自身实力并不足以制衡伊朗。长期以来，中东安全结构主要是：美国与温和派阿拉伯国家（沙特等海湾国家、埃及、约旦等）结盟，一方面打压伊朗，一方面平衡与美国另两大盟友土耳其、以色列的关系。这一结构造成沙特等阿拉伯国家高度依赖美国的安全保障。[②] 然而，

---

① Yasmine Farouk, "What does the U. S. Killing of Soleimani Mean for Saudi Arabia?" January 7, 2020, https://carnegieendowment.org/2020/01/07/what-does-u. s. -killing-of-soleimani-mean-for-saudi-arabia-pub-80722.

② 王林聪：《中东安全问题及其治理》,《世界经济与政治》2017 年第 12 期，第 21 页。

近年来美国对阿拉伯世界的安全承诺却出现了不确定性。美国继续向波斯湾一带增兵，在沙特驻军，并向阿拉伯国家售武，竭力维护美阿盟友纽带。但是，出于内政选情、中东利益变化等多重考虑，美国不愿为中东的战乱纷争或任何盟友动武用兵，用特朗普决定自叙撤军时的话说就是"美国不当警察"。自叙利亚撤军、出台偏袒以色列的"世纪协议"，都损害了阿拉伯阵营的利益。在海湾国家最关心的伊朗问题上，奥巴马政府与伊朗达成核协议、减缓对伊制裁，还提议沙特、伊朗友好相处并形成"冷和平"，令阿拉伯阵营对美国遏制伊朗的决心产生了深深的怀疑。特朗普上台后发出的信号依然是矛盾的。美国虽然重新全面遏制伊朗，但也强调"无意更迭伊朗政权""愿意与伊朗人谈"。在2019年下半年以来的安全竞争中，美国虽打死苏莱曼尼，却不为沙特石油设施遇袭实施报复行动；未持续高强度打击伊朗代理人，更没打击伊朗本土。用美国学者罗伯特·沃斯的话说，美国不愿意为保护阿拉伯盟友而与伊朗开战，海湾国家必须学会在没有美国帮助的情况下应对伊朗。① 毫无疑问，海湾国家对特朗普第一任期内遏制伊朗的政策能否长期持续并无信心。在没有美国强力支持甚至美伊关系还可能好转的情况下，海湾国家不可能冲在对抗伊朗的第一线。

其三，海湾国家对伊朗的态度同中有异，难聚合力。海湾国家是阿拉伯世界中关系最紧密的一个小集团，其集体组织海合会成立时的主要目的之一就是对付伊朗。两伊战争时期，海合会六国一致支持伊拉克对抗伊朗。但是，从海湾战争开始，海合会内部对伊朗

---

① Robert F. Worth, "The End of Saudi Arabia's Illusion," September 19, 2019, https://www.nytimes.com/2019/09/19/opinion/saudi-arabia-attack.html.

的态度逐渐发生变化、分化。海湾国家受各自国情与实力的影响，对伊朗政策亲疏远近有别，不同时期也有波动，本属自然。但是，近年来沙特与伊朗断交、沙特与卡塔尔断交让海湾国家对伊朗政策分歧暴露得更加明显。2016 年初，沙特主动宣布与伊朗断交，巴林立即与伊朗断交，阿联酋、科威特、卡塔尔召回驻伊朗大使，阿曼保持与伊朗原有关系；卡塔尔 2017 年 8 月恢复向伊朗派驻大使，阿联酋、科威特驻伊使馆由临时代办负责，沙特、巴林迄今未恢复与伊朗的外交关系。2017 年 6 月，沙特带头与卡塔尔断交，海合会国家中同步采取断交措施的是巴林、阿联酋，但科威特、阿曼保持中立，科威特在随后数年中一直努力在沙特、卡塔尔之间劝和。可见，在沙特、伊朗关系的光谱上，巴林与沙特走得最近，阿联酋、科威特虽然属于沙特阵营却也与伊朗保持关系，阿曼中立，卡塔尔与伊朗的关系最近。此轮波斯湾安全危机中海湾各国的表现基本与上述光谱相符。在沙特与伊朗断交、与卡塔尔断交接连发生的背景下，海湾国家内部团结处于历史低位，对伊朗政策的一致性也处于历史低位，更加难以形成遏制伊朗的合力。

第三章
阿拉伯国家能源发展状况
及中阿能源合作

一　阿拉伯国家的能源发展现状

阿拉伯国家均为发展中国家，受区位的影响经济结构普遍单一，一些国家以石油、天然气等为主要经济产业。这些国家虽有石油，但这种一次能源也并非取之不尽用之不竭，随着全球温室效应、环境污染等问题的出现，许多国家都在寻求可再生能源，以保障国家能源安全，平衡未来能源使用结构。

1. 电力

阿拉伯国家集中于西亚、北非地区，位于亚洲、欧洲和非洲的交汇之地，在光伏发电和风力发电方面具有天然的地理优势。根据国际太阳能热利用区域分类，全世界太阳能辐射强度和日照时间最佳的区域就包括北非、中东地区。在低碳经济发展的大趋势下，阿拉伯各国纷纷利用区位优势大力发展电力。

沙特阿拉伯日照时间长，平原辽阔，太阳年辐照总量达 8640 兆焦/平方米，极利于建造太阳能发电站，而且风能潜力也具备极好的经济可行性。随着太阳能电池板技术的不断发展及光伏组件生产成本的降低，沙特近两年开展了越来越多的光伏发电项目。2018年底，沙特阿拉伯首个城市基础设施太阳能光伏发电站项目开工建设，自此沙特的光伏发电项目和风力发电项目开始陆续招标。目前沙特提出国家再生能源计划，计划调整能源结构，提高再生能源比重，到 2023 年预计再生能源容量目标为 9.5GW，占沙特总发电量的 10%。阿曼全国都是热带沙漠气候，一年只有冬天和夏天；夏天平均每天日照量可达 5.5～6kWh/m^2，冬天则在 2.5～3kWh/m^2。阿曼到 2018 年初累计光伏安装量达 8MW。阿曼全国的能源需求有 96% 来自天然气，4% 来自化石燃料。阿曼政府为确保能源多样化，计划在 2024 年前新增约 2.6GW 的再生能源安装量，其中重点项目为光伏发电，预计在该项目新增装机约 2.1GW，占总目标量近80%，所产生的光伏发电量预期能满足主要电网系统 30% 的需求量。突尼斯具有太阳能发电的天然优势，据统计每年吸收的太阳能相当于 150 万桶原油，目前光伏产业是中国与突尼斯经济合作的重点。根据突尼斯能源署的数据，突尼斯全国光伏发电装机容量为1.3 兆瓦，主要来自家庭式太阳能装置。突尼斯有两座风力发电厂，装机容量合计 244 兆瓦。为促进突尼斯新能源领域发展，突尼斯政府将光伏发电、风能产业定位为优先发展领域，并加大了向这两个领域投资的力度。2019 年，突尼斯有 10 个光伏电站项目开始建设，建设地点分别位于贝加、苏斯、斯法克斯、加贝斯、凯比利和塔塔因等省，每个电站的发电能力为 10 兆瓦，单个电站投资为3000 万第纳尔（约合 1042 万美元），将于 2020 年建成并开始发电。阿联酋每年的太阳辐照总量为 7920 兆焦/平方米，技术开发量每年约 2708TW·h。阿联酋提出一项再生能源投资计划，希望到 2050 年全国电能可以有 44% 来自再生能源供电、38% 来自天然气、12% 来自石油燃料、6% 来自核能。2019 年阿联酋创下中东地区单季度并网 1.17GW 历史新高纪录。阿联酋能源战略中有一个非常重要的项目——巴拉卡核电站，这一核电站于 2012 年开始建设，到 2020 年已取得阶段性的进展。2020 年 2 月，阿联酋为巴拉卡核电站的第一座核反应堆颁发了运营许可证，该核电站现已正式运营。

阿拉伯国家占据地理优势，有利于大力发展风力发电、光伏发电，但是缺少光伏制造产业，逆变器和组件等产品多依赖进口。中国是世界上光伏组件的最大生产国，随着技术的进步和产能的扩大，光伏组件的价格也在不断下降。在促进能源转型、保障国家能源安全的大形势下，中国和阿拉伯国家的电力合作将越来越紧密。

2020 年，受新冠肺炎疫情的影响，一些光伏组件生产企业或减少了生产，或停工，中东地区的风电、光伏发电等项目建设也受到影响或停工，预计 2020 年下半年至 2021 年，阿拉伯国家对风电、光伏发电的投入和生产将有所减少。

2. 石油

根据《BP 世界能源统计年鉴（2019）》，自 2018 年以来世界一次能源的消费量较过去的十年剧增。世界前十大石油储量国家 2017~2018 年的石油储备量变动不大。根据美国《石油杂志》对 2019 年全球石油产量和油气储量的数据，世界石油储量稳中有升，尽管中东地区被称为"世界油库"，但是 2019 年石油储量在这一地区下滑了 0.2 个百分点。根据 2019 年全球储量排名前 20 的国家数据，石油可供人类开采的平均年限为 46.8 年，这其中在伊拉克可开采的年限最长，为 82.8 年。由于中东地区天然的储备优势，中东成为全球石化产品的主要出口地，其中乙烯产能占全球比重接近 20%，是世界第三大乙烯生产区。同时，中东地区大型石化项目仍在继续推进，如卡塔尔的 Al-Karaana 项目于 2018 年投产，年产 110 万吨乙烯。

　　阿尔及利亚石油储量居世界第 14 位，是北非目前最大的石油开发国，也是非洲石油工业较发达的国家。阿尔及利亚的石油储量均位于陆地，原油的 76% 出口到欧洲，17% 出口到美洲，7% 出口到亚洲和大洋洲。北非的另一个阿拉伯国家利比亚，石油储量居非洲第一，利比亚储量虽较高，但受国内战乱和政局的影响，产量滑坡。根据《BP 世界能源统计年鉴（2019）》，2017 年之前利比亚的石油产量下滑了近一半，到 2017 年开始略有回升，2017 年产量为 92.9 万桶/天，2018 年为 101 万桶/天。同时利比亚还是 OPEC 成员国之一，按照协约，其产量还在下降。

　　为了维护石油市场，稳定油价，保护石油生产国的利益，OPEC 成员国的石油产量从 2017 年到 2019 年逐年递减，其中沙特实现了超预期的减产，继 2017 年和 2018 年减产 1.5% 和 1.2% 之后，2019 年继续减产 3.7%。在原油减产的同时，受需求和政治发展多重因素的影响，2018～2019 年的油价始终起起伏伏。2018 年，国际油价平均约为每桶 65 美元，2019 年，由于整体供大于求，抑制了油价上行，全年几乎没有突破过每桶 65 美元。根据 OPEC 石油减产协议，从 2020 年 1 月 1 日起其成员国预计每日再减产 50 万桶。[①] 但是 2020 年

---

　　① 《OPEC 12 月产油量续降叠加中东紧张局势持续，油价涨势或未完待续》，中投投资咨询网，http://www.ocn.com.cn/jinrong/202001/ctyme07161947.shtml。

新冠疫情的爆发，打破了 OPEC 乃至全世界的石油发展规划。受 1 月美伊冲突的影响，油价先涨后跌。3 月由于 OPEC 未能与俄罗斯就减产协议达成一致，沙特与俄罗斯打起了石油价格战，都声称要大幅增产，从而加速了油价的下跌。由于全球疫情的爆发，各个国家不同程度地停工、停产、停飞，世界石油的需求量锐减，整个全球能源供应链从生产到消费出现了断层，当前世界石油库存量即将达到预估的全球总库存量最高点，油价进一步下跌，原油期货结算甚至一度出现"负油价"，中东地区沙特、阿联酋等国的国内需求无法消解本国的产出量。4 月中旬，OPEC 与非 OPEC 国家最终达成了减产协议，自 5 月 1 日起到 6 月每天减产近 1000 万桶。尽管已达成减产协议，但是在疫情的影响下，能源项目停滞、需求不足仍是一个亟待解决的问题。

3. 天然气

与石油相比，中东地区的天然气有了新发展。全球对天然气这种清洁能源的需求量不断增加。2018 年全球天然气消费量和产量增长均超过 5%，是过去三十多年需求与产量增长最为强劲的年份之一①，2019 年天然气消费增速放缓但仍保持 3% 以上的增长。2019 年全球探明剩余的天然气可采储量同比增长 1.6%，至 205.2 万亿立方米。中东波斯湾是世界上天然气最富集的地区，可采储量约有 40 万亿立方米，由于管输困难，通常生产成液化天然气（LNG）和合成油销售。自 2018 年至今，中东地区不断有新的天然气田被发现。据挪威独立能源研究机构雷斯塔能源预计，2020 年

---

① 《BP 世界能源统计年鉴（2019）》中文版，新浪网，https：//finance. sina. com. cn/stock/relnews/us/2019-08-08/doc-ihytcitm7760321. shtml。

中东地区的天然气产量将超过 7300 亿立方米；到 2030 年，将进一步增至约 9200 亿立方米。

卡塔尔天然气储量居世界第 3 位，且目前卡塔尔是世界上第二大液化天然气（LNG）生产国，2018 年 LNG 出口 1048 亿立方米，占全球 LNG 出口量的 24.3%。[①] 根据《BP 世界能源统计年鉴（2019）》，到 2018 年底卡塔尔已探明天然气储量为 24.7 万亿立方米，储产比达 140.7 年。2019 年卡塔尔 LNG 出口 7850 万吨，与 2018 年基本持平，卡塔尔计划将其 LNG 产能提高 43%，从现在的每年 7700 万吨增加到每年 1.1 亿吨。新的出口能力的增加包括将于 2024 年完成的扩建项目。2018 年阿联酋探明天然气储量 5.9 万亿立方米，位居中东第 4 位，全球第 9 位。但阿联酋仍须从卡塔尔进口天然气来满足需求，根据《BP 世界能源统计年鉴（2019）》可知，阿联酋的产量不能满足其自身的消费量。2019 年和 2020 年阿联酋宣布在国内发现新的油气田，这一发现将对未来阿联酋成为天然气净出口国有巨大帮助。阿尔及利亚是非洲最大的天然气开采国。阿尔及利亚天然气资源丰富，拥有世界上第三大页岩气资源。根据国际能源署（IEA）的估算，阿尔及利亚拥有相当丰富的页岩气储藏和 57 亿桶石油资源，但由于页岩气开采困难，阿尔及利亚的页岩气还未实现商业化开采。沙特是世界第八大天然气生产国，但沙特既不进口也不出口天然气，沙特本国天然气的产量与消费量基本持平。

总的来看，阿拉伯国家的能源生产和消费仍是以天然气和石油

---

① 《2019 年世界天然气全记录》，天然气工业网，http://www.cngascn.com/resolve/201906/35783.html。

为主。中东地区的阿拉伯国家占据了区位优势，各种能源储量丰厚。电力行业发展前景广阔，根据《BP 世界能源统计年鉴（2019）》，阿联酋、沙特、埃及几国的电力来源多为天然气发电，燃气发电总量最少的占比也为 60.7%，高的能达到 98%。未来随着能源储量与价格的不断变化，在可持续发展的要求下，大力发展风力发电和光伏发电将是中东能源发展的必由之路。石油行业目前最重要的问题就是去库存，在保障各国能源安全的同时思考随着石油的不断减少，依赖石油开采为生的国家应如何将有限的能源转化为财政收入，促进本国经济可持续发展。

二　中国—阿拉伯国家能源合作基础

1. 中国—阿拉伯国家能源合作背景

21 世纪以来，中国面临着许多问题：产能过剩、油气资源对外依存度高；工业和基础设施集中在沿海，存在潜在的安全风险。2013 年，中国国家主席习近平提出"一带一路"倡议，积极发展与相关国家的经济合作伙伴关系，共同打造政治互信、经济融合、文化包容的利益共同体、命运共同体和责任共同体。在此背景下，中国先后与沙特、苏丹、伊拉克、阿曼、卡塔尔、科威特、黎巴嫩、埃及、摩洛哥九个阿拉伯国家签署了"一带一路"建设协议，与阿联酋、阿尔及利亚、沙特、苏丹和埃及五国签署了产能合作文件。

2018 年 7 月 10 日，习近平总书记在中阿合作论坛第八届部长级会议开幕式上发表重要讲话，他提到，中阿友谊，历久弥新。中国与阿拉伯国家在国家建设期间，互相扶持，合作共赢。为促进各国共同繁荣进步，作为共建"一带一路"的天然伙伴，中国提出的"一带一路"计划得到了阿拉伯国家的广泛支持和积极参与，各国携手共进，优势互补，合作共赢，造福地区人民和世界人民。中方愿继续同阿方加强战略和行动对接，在能源方面，积极推动油气合作和低碳能源合作的"双轮"转动。双方要继续推进"油气+"合作模式，深化石油和天然气勘探、开采、炼化、储运等全产业链合作，顺应全球能源革命和绿色低碳产业的蓬勃发展，加强和平利用核能、太阳能、风能、水电等领域合作，共同构建油气牵引、核能跟进、清洁能源提速的中阿能源合作格局，打造互惠互利、长期友好的中阿能源战略合作关系。①

2018 年 7 月 18 日，在对阿拉伯联合酋长国进行国事访问前夕，中国国家主席习近平在阿联酋《联邦报》《国民报》发表题为《携手前行，共创未来》的署名文章。文章指出，自 1984 年中国同阿联酋建交以来，三十四年来两国不断深化友好合作关系，在保持双方自身发展独立性的前提下，加强合作纽带，优势互补，成为彼此发展的重要伙伴。中阿双方在友好合作期间取得了许多标志性成就，2017 年，阿联酋将阿布扎比陆上石油区块共计 12% 的特许经营权授予中国企业，这是中国在中东产油国首次获得上游合作份额；2018 年 3 月，阿联酋又将阿布扎比海上石油区块所属 2 个油田各 10% 的特许经营权授予中国企业；中阿合作建设中的迪拜 700 兆瓦光热发电项目是世界上规模最大、技术最先进的光热发电站；

---

① 韩家慧：《习近平在中阿合作论坛第八届部长级会议开幕式上的讲话》，新华网，http://www.xinhuanet.com/politics/leaders/2018-07/10/c_1123105156.htm。

作为丝路基金在中东的首单投资，哈斯彦清洁煤电站建成后也将是中东首个清洁燃煤电站。文章中还提到，中方正在实施创新驱动发展战略，阿联酋也在推进"国家创新战略""2050能源战略""第四次工业革命六大支柱设想"，双方可以同向发力、相互促进，在更多高新技术领域寻求合作突破。①

2. 中国—阿拉伯国家能源合作现状

2000年10月，中石化与阿尔及利亚签署了提高扎尔扎亭油田采收率的项目合作合同。2000年11月，中石油中标苏丹3/7区块石油勘探开发项目。2002年4月，中石油与阿曼签署了拥有50%权益的5区块产品分成合同。2002年12月，中石油中标叙利亚戈贝贝油田提高采收率项目；2003年3月，中石油又与叙利亚签订戈贝贝油田石油开发生产合同。2003年，中石油与阿尔及利亚签署102a/112区块和350区块风险勘探项目。2004年10月，中石油正式购买了科威特海外石油公司持有的NK探区及SLK油田50%的权益。2004年，中石化与沙特阿美公司组建了中沙天然气公司，中标沙特B区块天然气勘探开发项目。2008年11月，中石油与伊拉克签署艾哈代布油田开发服务合同。2009年6月，在伊拉克战后举行的首次国际油气招标活动中，中石油与英国石油公司联手，获得储量高达170亿桶的巨型油田鲁迈拉油田开发服务合同；在同一轮国际招标中，中海油联手土耳其国家石油公司拿下米桑油田群的开发服务合同。同年12月举行的第二轮国际油气招标活动中，中石油作为牵头人，与马来西亚国家石油公司、道达尔联手拿下哈

---

① 岳弘彬、曹昆：《习近平在阿联酋媒体发表署名文章——携手前行，共创未来》，人民网，http：//politics.people.com.cn/n1/2018/0719/c1024-30156330.html。

法亚油田开发服务合同；中石化则通过收购瑞士 Addax 石油公司，在伊拉克库尔德自治区获得产量分成合同。2013 年，中石油从埃克森美孚手中获得伊拉克西古尔纳二期 25% 的投资权益；同年，中石化通过收购阿帕奇公司埃及油气资产 1/3 权益进入埃及石油上游领域。2018 年，中石油与阿联酋在阿布扎比签署乌姆沙依夫—纳斯尔油田开发项目和下扎库姆油田开发项目合作协议。

2018 年，中国能源消费增速由 2017 年的 3.3% 增长至 4.3%，过去十年的平均增速为 3.9%。2018 年，中国仍然是世界上最大的能源消费国，占全球能源消费总量的 24% 和全球能源消费增长的 34%。2018 年，中国石油对外依存度高达 72%，为近五十年来最高，天然气对外依存度为 43%，中国成为全球第一大油气进口国。①

目前，中国是全球石油化工产品需求量最大的市场，而且由于自身产能及资源储量限制，对于进口产品的依赖性较强。根据中国海关数据统计，2019 年第一季度，中国原油进口 1.21 亿吨，同比增长 8.2%；天然气进口 2427 万吨，同比增长 17.8%。② 2019 年 4月在突尼斯举行的中阿合作论坛第八届企业家大会数据显示，目前中国是阿拉伯国家的第二大贸易伙伴，阿拉伯国家是中国最大的原油进口来源地。③ 2019 年 9 月 5 日，在宁夏银川召开了第四届中国—阿拉伯国家博览会投资与产能合作大会，大会发布的《中国

---

① 《BP 世界能源统计年鉴（2019）》中文版，新浪网，https：//finance. sina. com. cn/stock/relnews/us/2019-08-08/doc-ihytcitm7760321. shtml。

② 《2018 年全球石油化工行业市场现状与发展趋势分析》，前瞻网，https：//www. qianzhan. com/analyst/detail/220/190426-0bdf69aa. html。

③ 《中阿合作论坛第八届企业家大会在突尼斯举行》，新华网，http：//www. xinhuanet. com/2019-04/03/c_1124318995. htm。

与阿拉伯国家产能合作发展报告（2019）》指出，2018 年中国企业对阿拉伯国家直接投资达 12 亿美元，是 2010 年的 3.8 倍。中资企业在阿拉伯国家承包工程新签合同额 356 亿美元，同比增长 9%。加强中国和阿拉伯国家的能源合作，是增进中阿关系的坚强纽带。

三 中阿能源合作潜力展望

在建设"一带一路"和人类命运共同体的大背景之下，在世界气候大会的号召之下，节能减排、低碳发展是当前各国经济发展的重要趋势。中阿之间在能源领域本就有着密切合作，在原有石油、天然气、电力等项目的合作基础上，我们将结合国家发展战略、阿拉伯国家发展规划对中阿之间能源合作潜力做进一步展望。

由于当前全世界石油、天然气、煤炭这种一次能源资源逐渐减少，以及一次能源所带来的巨大污染，未来国家间的能源合作势必走向低碳化，即新能源将成为未来中阿之间合作的新"蓝海"。新能源是指太阳能、地热能、风能、海洋能、生物质能和核聚变能等，新能源在实际营运中表现为新能源发电。所以对中阿之间新能源合作潜力的展望，主要是从中阿之间的新能源电力项目来观测。伴随着科技、计算机和人工智能的不断发展，除了低碳化以外，中国和阿拉伯国家之间的能源合作也将更加注重智能化，即逐渐走向"能源+互联网"。

1. 新能源发电将成为未来合作的主体

由于我国电力消费市场广阔，需求旺盛，我国的电力能源发展水平迅速。我国目前的发电方式也不仅仅局限于传统的火力发电、水力发电，还有越来越多的清洁、环保发电方式，如光伏发电、风力发电、生物智能发电等。

结合《中国新能源发电分析报告（2019）》[1] 可知，我国当下新能源发电发展势头良好，新能源发电及并网技术取得了重大突破，发电成本进一步下降，尤其是风电和光伏发电成本下降显著。据此可推测，未来我国新能源发电将继续保持增长态势，发电装机数量、新能源发电量、新能源发电设施、输送通道和配套工程建设等将不断增多，新能源并网和输出工程建设，跨省、跨区输送通道建设工程也将进一步完善。在中国如此强大的电力水平支撑下，中国与阿拉伯国家之间的电力合作也必将进一步拓宽、深化。近些年中国能源企业"走出去"与阿拉伯国家的成功合作，向世界展示了中国在能源领域的强大综合实力，也为未来中阿之间更加深入的合作提供了更多的可能。

近年来，沙特阿拉伯、科威特、阿联酋、埃及等阿拉伯国家先后提出经济改革转型规划，积极寻求能源转型，旨在减少对传统能源的依赖，发展清洁和可再生能源，实现经济可持续发展。同时中国正加快能源结构调整，构建清洁、低碳、安全、高效的能源体系，中阿都处于能源发展转型的关键阶段，具有共同的发展愿景。

在第六届中国阿拉伯国家能源合作大会上，中国新能源发电领域的技术、设施、网络等都获得了阿拉伯国家代表团的高度评价，阿方代表团对中国的新能源发电实力给予高度认可，并对未来中阿双方在新能源领域的合作进行了展望，希望能有更多的中国能源企

---

[1]　国网能源研究院：《中国新能源发电分析报告（2019）》，新能源网，http：//www.china-nengyuan.com/news/143844.html。

业到阿拉伯国家投资建厂，开展新能源发电项目。同时中国的参会代表也表示，随着我国新能源利用技术的不断发展，我国可再生能源发电的成本不断下降，推动了我国能源转型进程。中方愿与阿方加强技术交流与创新合作，共享新技术与创新发展经验。[①]

由此可见，未来中国与阿拉伯国家之间的新能源电力合作将进一步拓宽深化，中国的电力技术、输电设施和设施建设技术将助推中阿新能源合作迈上一个新台阶。

2. 能源互联网构建是实现中阿能源合作可持续发展的关键

早在 2015 年习近平主席在联合国发展峰会上就提出，中国倡议探讨构建全球能源互联网，推动以清洁和绿色方式满足全球电力需求。2019 年中国国家电网有限公司提出了"三型两网，世界一流"战略目标。其中"三型"指枢纽型、平台型、共享型；"两网"指坚强智能电网、泛在电力物联网；"世界一流"是指要瞄准世界一流。至此我国构建"以互联网技术为核心，以配电网为基础，以大规模可再生能源和分布式电源接入为主，实现信息技术与能源基础设施融合，通过能源管理系统对大规模可再生能源和分布式能源基础设施实施广域优化协调控制，实现冷、热、气、水、电等多种能源优化互补，提高用能效率的智能能源管控系统"的能源互联网标准就建立起来了。[②] 同时我国目前已经针对电力系统开发了基于数字孪生技术的电磁暂态云仿真平台——CloudPSS，和针

---

① 《清洁能源有望成为中阿能源合作新"蓝海"》，新华网，http：//www.xinhuanet.com/fortune/2018-11/12/c_1123699543.htm。

② 前瞻产业研究院：《2019 年中国能源互联网行业市场现状及趋势分析 全球化、区域一体化发展大势不可逆》，前瞻网，https：//bg.qianzhan.com/report/detail/458/190605-0a7d4912.html。

对能源互联网规划设计了能源互联网规划云平台——CloudIEPS。

未来我国将结合本国实际，按照能源互联网发展的标准进一步优化配置能源资源，在确保国家能源安全的基础上，大力发展新能源，努力优化配置国际电力资源，引领全球电网技术发展；大力发展物联网，助推能源互联网的发展。

当前，全球能源互联网的建设，总体处于起步阶段，发展的潜力和机遇巨大。阿拉伯国家产业结构单一，急需转型升级，改变以油气为主导的发展方式。同时，阿拉伯国家地处五海三洲之地，水能、风能、太阳能等可再生资源丰富，开发潜力巨大。阿拉伯国家之间已实现一定规模的跨国联盟，周边地区电力需求旺盛。因此中国与阿拉伯国家在能源领域是天然的合作伙伴，合作前景广阔。

中国将与阿拉伯国家联合起来，共同推进清洁能源开发和能源互联网的建设。利用我国建设能源互联网的经验，强化国内互联，推进跨国联网工程，加强电网建设和互联互通，完善区域电力合作机制，建设"区内紧密互联、跨区高效配置、多能互补互济"的能源发展新格局；建立以多站融合、互联互通、能源互联、协同创新的电力系统为核心的绿色、开放、共享的能源互联网系统。

根据《中国与阿拉伯国家产能合作发展报告（2019）》，未来，按照中阿"1+2+3"（"1"是以能源合作为主轴，"2"是以基础设施建设、贸易和投资便利化为两翼，"3"是以核能、航天卫星、新能源三大高新领域为突破口）合作格局，中国与阿拉伯国家将重点加强战略对接，改变双方对油气资源的高度依赖，以能源转型带动经济转型，充分利用阿拉伯国家的区位优势，以阿拉伯国家能源互联网为平台，合作开发清洁能源，打造亚、欧、非清洁能源生产中心和贸易枢纽，形成能源生产清洁化，配置广域化，消费现代化的能源体系，满足各国的能源需求，增进政治互信，联动发展。进一步夯实能源互联网发展基础，推动全球能源互联网的发展再上新台阶。

3. 新冠疫情对中阿能源合作产生一定负面影响，但不会持续太久

随着新冠疫情在全球的蔓延，各个国家纷纷加强国内的防疫措施，引发全球经济衰退，股市下跌引发油价直线下滑，国内失业状况加剧，阿拉伯国家的石油生产和能源贸易遭受最直接的打击，许多能源项目不能如期完成，能源供应链被迫中断。从中国一方来看，随着全球能源市场的萎缩，能源进口国不同程度遭受重创，导致我国能源进口受阻。不过有专家认为，这种状况只是短暂的，不会持续太久。当前，全球推动能源转型已经成为大势所趋，石油的燃料用途将逐渐弱化，其作为非燃料的用途将进一步加强。此外，新能源的发展势头较好，在某些领域逐渐成为替代性能源。

第四章
以色列大选与巴以和平进程

2019 年是以色列的"超级大选年",4 月和 9 月,在连续两次举行议会选举后,现总理、右翼党派利库德集团领导人内塔尼亚胡和中左派蓝白党领导人甘茨分别被授权组阁,但均以失败告终。2020 年 3 月 2 日第三次选举后,中左翼与右翼党派经过艰苦谈判,终于在 4 月 20 日达成协议,共组"紧急联合政府",打破 2019 年两度选举组阁失败的僵局。组阁协议是新冠肺炎疫情加剧等因素叠加促成的结果,有助于激活美国推出的"中东和平新计划",加速推进和落实以色列单方面吞并约旦河西岸领土的设想。以巴矛盾势必加剧,形势有可能更趋恶化。

一 签署组阁协议

2020 年 3 月 2 日,以色列举行一年内的第三次议会选举。右翼阵营赢得议会 120 个席位中的 58 席(利库德集团 36 席,统一右翼党 6 席,沙斯党 9 席,圣经犹太教联盟 7 席);中左翼获 55 席(蓝白党 33 席,工党—梅雷兹党—桥党联盟 7 席,"联合名单党" 15 席);由利伯曼领导、俄罗斯裔犹太人组成的"以色列我们的家园党"得7席。这一结果造成与前两次如出一辙的局面，即无任何一个政党或阵营能单独凑够组阁要求的议会半数以上席位，从而使组阁再度陷入困局。

因右翼占优势，理论上讲内塔尼亚胡应有组阁的优先权。但在以总统瑞夫林召集各党派领导人就组阁负责人选投票表决时，原本恪守中立的利伯曼投票支持甘茨，使其获得议会120名议员中61人支持，反超内塔尼亚胡。3月16日，甘茨被授权组建新一届政府。26日，甘茨出人意料地决定放弃组阁权，出任议会议长，并同意加入由内塔尼亚胡领导的"紧急联合政府"。4月20日，在规定组阁的最后期限，中左翼与右翼经艰苦谈判最终达成一致并签署协议，打破史无前例长达一年的组阁僵局。

协议主要内容如下。一是总理职位轮流坐庄。紧急联合政府为期3年（一般为4年），前18个月内塔尼亚胡任总理，甘茨出任副总理兼国防部部长。2021年10月，甘茨接任总理，届时内塔尼亚胡转任副总理。双方就轮职事宜达成书面协议，并以立法形式规定，任何一方如果试图提前解散政府，另一方领导人则自动成为总理。历史上，以色列政坛只有1984年选举后采取了这种组阁形式。

二是双方平均分配内阁职位。一般情况下，以色列内阁有20名左右部长职位。而本届内阁则破天荒地设36名部长，16名副部长职位，为以色列政坛有史以来政府规模之最。双方拥有的职位数量大体相当，中左翼所占职位权重较大。利库德集团等右翼和宗教政党拥有财政、卫生、国内安全、建设、交通和教育等部部长职位，中左翼则占据国防、外交、司法、经济、通信和文化部部长要职。

三是双方共享重要部门职位的任命权。总检察长、检察官、警察总监、法官等任命须经双方协商一致同意，内塔尼亚胡对任命拥有一票否决权。此外，协议条款还规定，如果最高法院宣布该协议无效，或因对内塔尼亚胡定罪禁止其继续担任总理，议会将立即解散并举行新一届选举。[①]

不难看出，该协议为内塔尼亚胡提供了"保护伞"，使其得以暂时摆脱困境，有望再次连任总理。自 2009 年以来，内塔尼亚胡在位时间已长达 11 年，这将是他第五次任总理，超过开国总理本·古里安。此次选举可谓内塔尼亚胡的政治生命"保卫战"。自 2015 年起，以色列警方就对其夫妇进行不间断的司法调查。2020 年 1 月，以色列总检察长以欺诈、受贿、失去公信等三项罪名对其正式起诉。最高法院原定于 3 月进行庭审，但因受新冠肺炎疫情冲击，推迟到 5 月下旬。根据相关法律，一旦定罪，内塔尼亚胡将被迫辞职。然而，联合组阁协议让其拥有了对司法系统关键职务任命的否决权，为防止政治生涯遭遇司法终结争取了时间。不仅如此，蓝白党是由 3 个中左翼政党组成的联盟，甘茨擅自决定与右翼联手被视为"背叛"行为，导致三党联盟发生严重分裂，另外两党与甘茨的"嫡系"——"复原力党"分道扬镳。据民调显示，若再进行第四次选举，蓝白党将丧失过半席位，再也无力与右翼抗衡。因此，甘茨已无路可退，为确保 18 个月后顺利执政，反而要为内塔尼亚胡领导下的紧急联合政府"保驾护航"。

---

① Ben Caspit, "Israel's Two-headed Regime Likely to Paralyze Itself," *Al-monitor*, April 21, 2020, https：//www. al-monitor. com/pulse/originals/2020/04/israel-benjamin-netanyahu-benny-gantz-unity-government-1. html#ixzz6L8yV2FYi.

新冠肺炎疫情不断加剧，是促成组阁协议的最重要因素。4月初，以色列新冠肺炎疫情已造成约1.4万人确诊，近200人死亡。受疫情冲击，以色列国内经济和公共卫生安全面临严峻考验，医疗卫生系统面临人力和资源短缺，失业率已由4%跃升至近25%。[①]新政府迟迟不能成立，无法制定财政预算案并在议会表决通过，使抗击疫情急需的财政支持严重受阻。由此，甘茨为自己加入紧急联合政府的决定辩称："在应对新冠肺炎疫情危机及其后果的非常困难时期，不允许再将以色列拖入第四次大选。"[②]内塔尼亚胡也承诺，将领导新政府全力以赴"抗疫"，拯救以色列公民的生命和生计。双方商定，新内阁未来6个月的施政重点是抗击疫情，启动司法任命程序以及招募极端正统派公民参军等棘手难题将被暂时搁置。由此，即将组建的新内阁也被称为"呼吸机政府"。

甘茨无力单独组阁也是促其改变初衷的原因之一。根据以色列《基本法》，政党组阁须获超过议会（120席）半数席位。表面上看，甘茨获得中左翼政党和利伯曼的支持，已达到组阁要求。但实际上，出于以巴长期对立和冲突造成的内外主客观原因，历史上从未有阿拉伯政党入阁的先例。此次议会选举后，名列议会第三大党的"联合名单党"（阿拉伯人党）也是为阻止右翼执政，才不得不支持甘茨组阁，但党内对加入内阁并未达成一致。同时，利伯曼对以籍阿拉伯人一向心存芥蒂，怀疑他们对以色列国的忠诚，甚至曾

---

① Eytan Halon, "Israel's Unemployment Rate Climbs to 24.9%", *the jerusalem post*, April 2, 2020, https：//www.jpost.com/breaking-news/israels-unemployment-rate-climbs-to-249-percent- 623367.

② Tamar Beeri, "Benny Gantz：Fourth Election is not Allowed," *the Jerusalem Post*, March 27, 2020, https：//www.jpost.com/israel-news/benny-gantz-fourth-election-is-not-allowed- 622562.

提议将阿拉伯人驱逐到约旦河西岸。可见，两党水火不容，共同执政几无可能。而利库德集团等右翼和宗教政党一致拥护内塔尼亚胡，甘茨根本没有通过从右翼阵营"挖墙脚"来凑够法定组阁人数的机会。甘茨虽曾誓言取代内塔尼亚胡，但最终不得不面对现实，委曲求全。

国内"厌选"情绪上升也为组阁提供动力。2019 年 4 月和 9 月以议会两度选举，耗费大量人力、物力和财力，仍未能组成新政府，使国家机器难以正常运转，引起国内上上下下普遍不满。此次是在一年内举行的第三次选举，又恰逢新冠疫情的强烈冲击，以色列民众的心理承受力已接近极限，迫切要求各党派摒弃各自政治利益，要求尽快组阁的呼声日高。民意调查结果显示，62% 的民众赞成组阁协议。①

二　力推吞并约旦河西岸设想

在 2019 年 4 月选举之前，内塔尼亚胡就已明确承诺，将约旦河谷和约旦河西岸的约 130 个犹太人定居点纳入以色列的主权范围。甘茨届时也公开表态，称以方"必须保留约旦河谷作为安全边界，不能退回到'1967 年边界'"。组阁成功将为内塔尼亚胡推行这一强硬政策提供有力支撑。内塔尼亚胡与甘茨达成的组阁协议商定，在今年 7 月 1 日后将吞并设想交由新内阁或议会表决。协议

---

① Toi Staff, "Poll: 62% of Public Support Unity Deal, only 31% Think PM will Honor Rotation," *the Times of Israel*, April 22 2020, https://www.timesofisrael.com/poll-62-of-public-support-unity-deal-only-31-think-pm-will-honor-rotation/.

还规定，内塔尼亚胡可不受限制地全权处理吞并约旦河西岸事宜。组阁协议签署后，内塔尼亚胡已责令有关部门付诸行动，开始着手重新绘制约旦河西岸地图。

内塔尼亚胡迫不及待地大力推进吞并设想，有着多重考虑。一是进一步拉拢右翼阵营的选民，巩固执政基础。在一年来的三次选举中，内塔尼亚胡虽"数罪加身"仍屹立不倒，主要得益于右翼选民的大力支持。约旦河西岸的犹太定居者组织是右翼的坚定支持者，也是吞并设想的"铁杆"拥护者。内塔尼亚胡明白，只有兑现自己的竞选承诺，做到不失信于民，筑牢右翼选民的基本盘，才能在选举中立于不败之地。

二是为其面临的诉讼案解压。在组阁协议签署后，以色列境内有不少抗议者走上街头举行示威活动，指责该协议违背以色列相关法律，反对允许内塔尼亚胡在受指控的情况下仍出任总理，并递交了请愿书，迫使以色列最高法院开庭受理。内塔尼亚胡此时高调力推吞并设想，意在迎合右翼的领土诉求，转移国内关注的视线，赢取右翼民心。

三是避免错失良机。内塔尼亚胡推出吞并设想之所以"底气十足"，离不开特朗普政府的鼎力支持。2020 年 11 月，美国将举行总统选举。同民主党主流派一样，该党候选人拜登反对特朗普政府一味偏袒以色列的做法，认为这将使美国丧失促成以巴和谈的筹码，对"中东和平新计划"也持有异议。若拜登胜选，将使该计划面临变数。在内塔尼亚胡看来，美总统选举前这段时间无疑是推进和落实"中东和平新计划"的"重要窗口期"，不可错过。

吞并约旦河西岸的想法并非空穴来风，而是早已纳入以色列国家安全战略的总体考量。众所周知，巴勒斯坦问题的核心，就是阿拉伯和犹太两个民族对同一块土地的排他性争夺，其中边界划分是争端的核心议题之一。根据联合国 1947 年 11 月通过的第 181 号分治决议，在巴勒斯坦分别建立阿拉伯国（1.1 万平方千米）和犹太国（1.58 万平方千米）。其中犹太国由三个部分组成：北部的东加利利地区、西北地区和沿海平原，以及南部地区；阿拉伯国分为四部分：北部的中、西加利利地区，以约旦河西岸为主体的中部地区，加沙地带以及雅法城飞地。[1]

第一次中东战争后，以色列于 1949 年分别与埃及、黎巴嫩、约旦和叙利亚签订停战协议，于是产生了一条停火线（以色列称其为"绿线"），大致范围是：北部和东北部分别与黎巴嫩和叙利亚交界，东部与约旦和约旦占领区（约旦河西岸）交界，南部与埃及的西奈半岛和埃及占领区（加沙地带）交界。1967 年第三次中东战争后，以色列占领了加沙地带和约旦河西岸、埃及的西奈半岛和叙利亚的戈兰高地。于是产生了新的分界线（以色列称其为"紫线"）。在以色列先后退出埃及的西奈半岛和加沙地带后，"绿线"所圈定的范围仅限于约旦河西岸。

根据 1993 年 9 月以巴签署的《巴勒斯坦临时自治安排原则宣言》（即"奥斯陆协议"），以色列开始在约旦河西岸和加沙地带进行重新部署。1995 年 9 月双方签署《约旦河西岸和加沙地带过渡协议》，首次提出了以方最终向巴方移交领土的大致范围，即巴勒斯坦人将对约旦河西岸大部分地区行使地域管辖权。这样的表述

---

① 尹崇敬主编《中东问题 100 年》，新华出版社，1999，第 41~45 页。

暗示着以色列不会交出全部被占领土。其实，以色列对未来以巴边界划分是早有盘算的，即绝不会接受"绿线"，而是必须"东扩"。

为此，以色列对约旦河西岸实施区域划分，即分为 A 区（完全由巴方控制）、B 区（由巴方负责民事管理，以方负责安全事务）和 C 区（完全由以方控制）。截至目前，巴勒斯坦民族权力机构只能全部或部分控制（A 区+B 区）约旦河西岸 40% 的领土。以控区约占西岸 60% 的领土，而且多为战略要地以及土地和水资源较为丰富的地区，并对巴控区形成包围、切割之势。

以色列之所以不接受"绿线"，是因为对以方来讲，这样的边界是不可防御的。以色列国土狭小，严重缺乏战略纵深，这是以色列历届政府的共识。根据以方绘制的地图，约旦河西岸的西沿到东部地中海的最短距离只有 15 千米，平均距离也不过 25 千米。而且，因西岸地势相对较高，对以色列东部沿海平原形成居高临下的控制态势。一旦发生战争，敌军完全可以从中间突破，将以色列国土分割成南北两部分。据此，退回到"绿线"将意味着给以国家安全带来"灾难"。以色列前国防部部长达扬认为，通过建立犹太人定居点占据约旦河西岸，特别是战略要地，并为以军驻扎提供"法理"依据，对保障以色列本土安全至关重要。他在论述定居点建设的必要性时指出："并非因为定居点比军队更能保证安全，而是没有定居点我们就无法维持军队在这些领土上的存在。没有定居点，以色列国防军便成了一支统治外国居民的外国军队。"[①]

于是，以军方提出了建立"可防御的安全边界"的战略设想。

---

① Geoffrey Aronson, "Settlements and the Israel-Palestinian Negotiation," A Final Status Issues Paper, No. 3, Institute for Palestine Studies, Washington DC, 1996, p. 4.

这一设想最早可追溯到第三次中东战争后的 1968 年，以色列军界元老、时任劳工部部长阿隆提出"阿隆计划"，涉及边界划分的主要内容有：吞并约旦河西岸 1/4 的土地并兴建犹太人定居点，其中包括东耶路撒冷及其外围地区，以及与约旦接壤的约旦河谷地带，且在约旦河谷建立均宽为 20 千米的安全带。[①] 该计划中提到的约旦河谷与约旦接壤，距离耶路撒冷只有 30 千米，是通往号称以色列心脏地带"耶路撒冷—特拉维夫—海法"大三角区域（集中了以色列 70% 的人口和 80% 的基础设施）的必经之路，被视为在以色列东部建立"可防御边界"的关键环节，是以色列绝对不能放弃的战略要地。[②]

三　冲击以巴和平进程

特朗普 2017 年上台后，将解决以巴争端这一"世纪难题"列为美国中东战略支柱之一。他一改奥巴马政府的做法，在以巴问题上几乎是"一边倒"地偏向以色列，采取了承认耶路撒冷为以"首都"，并将美驻以使馆由特拉维夫迁往耶路撒冷，以及承认以色列对戈兰高地"拥有主权"等一系列外交行动。不仅如此，特朗普还策划了号称"世纪协议"的"中东和平新计划"，其中明确指出，以色列可"吞并"位于约旦河西岸领土上的全部犹太人定

---

① 殷罡主编《阿以冲突——问题与出路》，国际出版公司，2002，第 337 页。

② By Efraim Inbar, "Netanyahu's Annexation Plan can't be Stopped," *Al-Monitor*, April 29, 2020, https://www.al-monitor.com/pulse/originals/2020/04/israel-annexation-jordan-valley-netanyahu-gantz-golan.html#ixzz6L8woPLJb.

居点；对其安全至关重要的约旦河谷，以色列也将"拥有主权"。①显然，特朗普政府为以色列实施领土扩张开了绿灯。

特朗普奉行亲以政策，与美国国内选举政治不无关联。他周围有一大批亲以的亲信，且得到国内福音派基督教徒和美籍犹太人的大力支持，成为其增加选举胜算的重要筹码。历史上，美国民主党执政期间，与以色列的关系屡见龃龉，而共和党则是以色列右翼的传统支持力量。特朗普上台后，罕见地出现美共和党和以右翼阵营同在台上的局面，可谓一拍即合。因此，特朗普对作为右翼"旗手"的内塔尼亚胡"情有独钟"，视其为自己的最佳政治伙伴，乐见其竞选成功并连任。

然而，内塔尼亚胡在大选中的表现不尽如人意，2019 年连续两度选举右翼阵营均未能赢得议会半数以上的席位。美不得不先后于 2019 年 6 月和 2020 年 1 月，单方面公布所谓"中东和平新计划"的经济和政治部分。特朗普此举除意在以色列大选中助力内塔尼亚胡外，也着眼于 2020 年 11 月的美国大选，试图以此拉拢更多选民，为其本人胜选加分。但该计划遭到巴勒斯坦方面的坚决反对和抵制，最终能否实行，根本上还是要取决于以色列何时组成新政府，以及组成什么样的新政府。2020 年 3 月初的以色列大选结果与前两次大同小异，组阁前景仍不明朗，加之以境内新冠疫情暴发，该计划被搁置。以色列组阁协议的最终签署，打破了久拖不决的政治僵局，为激活"中东和平新计划"带来新的契机，为其得

---

① Andrew Carey, "Trump's Plan Gives Israel a Green Light to Annex Part of the West Bank. Here's What That Looks Like," CNN, January 29, 2020, https://edition.cnn.com/2020/01/29/world/trump-map-israel-annexation-meanwhile-in-america-january-29-intl/index.html.

到落实提供了基本保障。由此，对以方提出吞并约旦河西岸的设想，美官方迅速做出积极反应。美国国务院发言人对此表示欢迎，指出"美国准备承认以色列在约旦河西岸扩大主权范围和实施法律效力的行动"。美国务卿蓬佩奥称"对约旦河西岸的主权要求最终将由以色列做决定"。

从承认耶路撒冷为以色列"首都"到着手助力以色列吞并约旦河西岸，美以联手步步紧逼，已完全无视巴方建国的基本要求。美国推出的"中东和平新计划"以《通向繁荣的和平——提高巴勒斯坦和以色列人民生活水平的构想》为标题，看似公正合理，且充满人道主义含义，但究其实质，却是旨在通过帮助巴方发展经济"以利相诱"，最终实现用"以经援换主权"取代"以土地换和平"，迫使巴方放弃国家领土完整和主权。可以预见的是，一旦以色列的吞并设想得以实施，将使以巴围绕被占领土争端的矛盾进一步加剧，有可能导致地区局势恶化。"两国方案"前景将更加渺茫。

巴方对以色列扩张领土之举一向十分敏感，对吞并设想迅速做出反应。巴解秘书长埃雷卡特指责以组阁协议"是建立在承诺吞并更多巴勒斯坦领土的基础之上"，是"对和平、安全以及中东稳定的威胁"[1]。巴勒斯坦外交部发表声明，强烈谴责美国偏袒以色列对巴领土的殖民扩张主义和占领政策，指出这是对"以土地换和平"以及"两国方案"等国际原则的公然践踏，并呼吁国际社

---

[1] Tovah Lazaroff, "Annexation as Early as July 1 under Netanyahu-Gantz Deal," *the Jerusalem Post*, April 21, 2020, https://www.jpost.com/arab-israeli-conflict/annexation-as-early-as-july-1-under-netanyahu-gantz-deal-625304.

会对以色列即将采取的吞并行动进行政治、经济和技术制裁。巴总统阿巴斯的发言人称，美国无权决定巴勒斯坦领土的命运。[①]

巴方的上述反应，折射出其地位的屡弱和无力。显而易见的是，在特朗普政府酝酿和推出所谓"中东和平新计划"的过程中，巴方一直处于被动、无奈的境地。面对以色列与美国共同谋划的吞并设想，巴方似乎缺乏统一、有效的应对战略，只能一如既往地从道义上谴责，并通过"求助"国际社会，向以、美施加压力。但过去的事实证明，由于巴方自身经济的脆弱和谈判地位的虚弱，在安全、经济等领域对以方的高度依赖，以及对美国经济援助的需求，通过此类"打口水仗"争取合法权益的做法显然是苍白无力的。事实上，美国是唯一能在以巴争端中对以方施加实质性影响的外部力量，若美执意为以色列撑腰，任何其他外力都很难再对以方起到约束作用，也无助于改变以强巴弱的现状。

阿拉伯国家也做出反应。阿拉伯联盟秘书长盖特致信联合国秘书长，警告以色列此举将导致地区形势紧张。应巴勒斯坦领导人要求，阿盟召开紧急会议，谴责以方吞并巴勒斯坦领土，并讨论为巴方提供政治、法律和财政支持事宜。据沙特新闻社报道，沙特内阁发表声明，重申"对阿拉伯人和穆斯林来讲，巴勒斯坦解放事业仍是'关注的焦点'"[②]。但总体来看，阿拉伯国家对巴方的支持往往是"雷声大，雨点小"。特别是近年来，以沙特为代表的一些逊

---

① PA Condemns State Department Comments on Sovereignty, the Israelnational News, April 29, 2020, http：//www. israelnationalnews. com/News/News. aspx/279372.

② REUTERS, "Saudi Arabia：Palestinian Cause a 'Central Issue' for Arabs, Muslims," May 6, 2020, https：//www. jpost. com/breaking-news/saudi-arabia-palestinian-cause-a-central-issue-for-arabs-muslims-627030.

尼派阿拉伯国家为对付伊朗这一地区最大威胁，早已私下与以色列开展秘而不宣的合作，无心、无力顾及巴以争端，对巴方所处的困境熟视无睹。2018年5月美国宣布将驻以使馆由特拉维夫迁至耶路撒冷后，只有科威特作为联合国非常任理事国发声，对以色列军队在加沙地带打死数十人表示"愤怒和悲痛"，同时呼吁对此进行独立调查，其他阿拉伯国家均保持沉默。可见，很难指望阿拉伯国家会为巴方两肋插刀，群起反对和抵制以方吞并约旦河西岸的设想和行动。巴勒斯坦问题在中东地区被进一步边缘化的态势难以得到根本改变。

由此可见，巴方已被"逼到墙角"且无力回天。面对被占领土一再遭蚕食，建国前景越来越暗淡的困境，以及巴领导层的软弱无力，巴民众的积怨恐将进一步加深，不排除借机对以色列发动暴力袭击、发泄愤怒的可能性。2018年3月，为抗议美国拟将驻以使馆迁往耶路撒冷，巴勒斯坦人在加沙边境发起"回归大游行"示威抗议活动，开始只是向以方投掷石块，随后不断升级，发展为对以境内发送"火风筝""气球炸弹"，以及发动火箭弹袭击。2020年初以来，在新冠疫情冲击下，以巴冲突有所缓和，甚至一度出现双方合作"抗疫"的态势。然而，在疫情缓解或结束后冲突升级的隐患犹存。实际上，对巴方实施安全管控，是以色列政府的既定方针。以方近期借疫情之机，更加强了对巴方的严格管控力度。毕竟，疫情是暂时的，可以较快得到化解，由此决定了以巴合作的限度。而双方领土争端则是长期的、根深蒂固的，以阿民族矛盾和冲突更是常态。包括一些以色列军方、安全情报等机构官员在内的有关各方均发出警告，对吞并设想将引发以巴新一轮暴力冲突感到担忧。

第五章
后萨达姆时代伊拉克部落政治

　　萨达姆时代的"新部落主义"政策使伊拉克部落"死灰复燃"，并发展成为伊拉克重要的政治力量。进入后萨达姆时代，什叶派阿拉伯人主导的伊拉克联邦政府统治力量薄弱，陷入"弱国家、强部落"的历史循环。逊尼派部落长期受打压，伺机借助强大的政治势力而崛起；什叶派精英日益脱离什叶派大众，受到什叶派部落的挑战；库尔德部落成为库尔德各个政党拉拢的对象。形成这一现象的原因主要包括五个方面：一是部落成为伊拉克当代重要的政治力量，必然受到各方势力的拉拢或打压；二是政府的孱弱腐败，勾结外部势力，为部落政治的滋生提供肥沃的土壤；三是持续的政治动荡，缺乏国家组织的保障，使伊拉克人求助于部落组织的保护；四是过度打压逊尼派部落，必然引起部落的反抗；五是国家经济恢复缓慢，无法保证民生。因此，伊拉克部落短期内依然具有较强的政治生命力，在一定时期内仍然会是左右伊拉克政治稳定和发展的重要参数。

　　部落是伊拉克最古老、最富有争议的社会组织形式，历经数千年，它仍以强大的生命力不断适应社会现实，发展成当代伊拉克社会不可分割的重要组成部分。部落政治不仅深刻地影响着伊拉克的统一和民族国家的构建，而且影响着国家的治理和现代化。两伊战争、伊拉克战争、"伊斯兰国"的兴衰等国际热点问题都有深刻的内在部落政治逻辑。

2003年，美英联军摧毁了复兴党政权，伊拉克进入后萨达姆时代。伊拉克国内的各种政治势力进入新一轮的分化整合期，部落政治再次成为各方关注的焦点。

一　伊拉克部落形态

据估计，伊拉克现有人口的75%分属于该国的150个主要部落。伊拉克北部地区主要有库尔德部落，伊拉克中部和西部地区分布着逊尼派阿拉伯部落，而南部地区则分布着什叶派阿拉伯部落。这些部落大小不一，小的部落有数千人，大的部落有数万或数百万人。伊拉克的部落联盟①主要包括杜莱姆部落联盟、祖柏德部落联盟、塔伊部落联盟、卢柏阿部落联盟、朱布尔部落联盟、欧柏德部落联盟、阿纳扎部落联盟、曼泰菲克部落联盟、闪玛尔部落联盟等，其中部分部落联盟具有跨宗派或跨民族的特点，如闪玛尔部落联盟包括逊尼派和什叶派，部落人口分布在伊拉克中部地区、巴格达南部地区和与叙利亚接壤的西北部地区，该部落联盟声称自己是伊拉克最大的部落联盟，拥有150万人口；与闪玛尔部落联盟一样，朱布尔部落联盟也包括逊尼派和什叶派两个宗教派别，部落人口分布在底格里斯河沿岸、摩苏尔市周边和哈布尔以北地区。

---

① 阿拉伯学者将"部落联盟"称作卡比莱قبيلة，将"氏族部落"称作阿什尔عشيرة，但有时候阿拉伯人也将阿什尔عشيرة称作卡比莱قبيلة。

1. 伊拉克部落结构

伊拉克部落结构表现为层层嵌套的同心圆结构，从家族到部落联盟，部落形成一系列独立的片段化谱系。部落最小的单元是家庭（بيت），发挥着最基本的经济功能；若干个小家庭共同组成家族，即"赫姆斯"（خمس），赫姆斯通常由五代以内的男性成员构成，他们拥有共同的曾祖父，是构成部落社会的基本单位，人口达数百人，部落成员会以家族的名字命名，赫姆斯发挥着政治和法律作用。一个部落的赫姆斯一旦被摧毁，部落治理的基础也就不复存在，而阿拉伯部落之间的复仇也基本发生在赫姆斯的层面上；多个赫姆斯共同组成一个氏族（فخذ），每一个氏族都拥有自己的一名酋长，负责氏族内部的事务；多个氏族共同组成一个部落（عشيرة），氏族和部落共同起到政治和军事作用；几个拥有共同血统（或真实或想象）的部落组成部落联盟（قبيلة），形成一个松散的部落联邦。从理论上讲，部落联盟代表了一个独立或半独立的"微型国家"政治实体，具有一套完整的政治、经济、社会、文化和价值体系。

2. 伊拉克部落酋长及酋长产生机制

部落权力结构呈现金字塔形，酋长位于金字塔的顶端，部落舒拉委员①位于金字塔的中间，而广大的部落成员则处于金字塔的底部，但部落成员之间的地位是相对平等的。部落酋长是践行部落主义和维护部落利益的领导者，但不是具有威权性质的官僚机构。酋长基于部落内部的民主机制，利用社会关系和个人能力实现对部落

---

① 通常由部落内部有名望的长老组成。

的领导，对全体部落成员负责。一旦酋长的行为损害了部落大众的利益，他的权威就会受到挑战，被部落成员所抛弃。酋长在做出有关部落的重大决策前，必须与部落舒拉委员会协商，否则得不到部落成员的支持。

部落酋长的产生机制主要包括三种形式。一是继承。酋长必须来自部落内部某一两个具有领导传统的核心家族，其他氏族部落酋长则无继承权。部落酋长一般是终身制，除非发生部落内部的分裂和叛乱。伊拉克的酋长继承制有兄终弟及制和父终子继制两种，父终子继制并不一定传给长子，而是依据能力由部落舒拉委员会推举产生，原则上应该由老酋长最有能力的儿子担任。二是能力。部落酋长是部落主义最理想的践行者，慷慨、勇敢、好客而富有智慧，能够利用部落法调解部落内部和外部的冲突，维护部落利益和部落价值观念。一旦部落酋长的人选确立，部落成员就必须心甘情愿地服从酋长的命令，但是酋长不能使用威权强迫部落成员执行其意志。三是运气。确立部落酋长的人选必须征得舒拉委员会的认可，因此在相等的条件下，酋长的确立存在一定偶然因素。当然，伊拉克近现代以来，部落酋长地位的确立有时也会受到部落外部政治力量的影响，如闪玛尔部落联盟酋长欧哲勒·亚瓦尔获得酋长职务不是因为其有作战才能，而是因为他亲政府，并为部落带来了巨大的经济利益。此外，萨达姆时期的"九十年代酋长"，他们均是因得到政府的提拔而被委任，但是一直备受部落成员的诟病。

3. 伊拉克部落主义

部落主义根植于伊拉克社会，对其政治、经济、社会和文化产生了深远的影响。部落主义包括集体精神（团结互助、忠诚和荣誉等）和个体精神（包括个体荣誉和男子汉气概，如勇敢、忠诚、慷慨等）。部落团结互助精神①是一个部落的核心价值观，穆罕默德·阿比德·加比利认为，部落团结互助是"一种以血缘关系为基础的社会心理纽带，无论是否被感知，将个体与集体联系在一起，这种不断加强的联系在威胁到这些作为集体或个体的个人成员时变得更加突出"②。部落团结互助精神对部落内部的每一个成员都具有强制约束力，一旦个体违背部落团结互助精神，就会被部落集体所拒斥和抛弃。部落集体主义的这种精神，也是阿拉伯贝都因人对残酷的沙漠生活的适应手段，维护了部落内部的团结，有利于部落集体抵御外敌入侵，并实施有效的劫掠。

部落团结互助精神基于部落成员对部落的绝对忠诚，这也是部落社会的内在本质特征，一旦忠诚机制被打破，部落团结互助精神就崩溃了，部落结构也就失去了运作的精神支柱。部落忠诚作为一种意识形态而存在，助力部落对物质和财富的追逐。部落忠诚是部落一种自我强化的手段，部落借助成员的忠诚发动对外劫掠战争，以获取战利品，反过来，部落以战利品的形式奖励部落成员的忠诚，形成一种良性循环。例如，哈希姆王朝时期，伊拉克部落基于部落成员对部落的忠诚，团结互助，实施集体行动，表达集体意愿，部落成员共同参与对外战争、议会斗争和与中央政府合作，发展成为一股影响伊拉克政治生活的重要力量。

4. 伊拉克的部落政治

伊拉克部落的属性包括四个基本特征，即政治属性、经济属

---

① 部落团结互助精神，阿拉伯语为عصبية，李振中在《历史绪论》（中译本）中从该词与部落的关系角度将其译为"族亲意识"，本文从该词的作用方面将其译为"团结互助精神"。
② محمد عابد الجابري، العقل السياسي العربي، المركز الثقافي العربي، 1990:168.

性、文化属性和社会属性等，其中部落政治属性是部落的根本特征，是部落社会的本质属性，"部落政治是一种以血缘关系为基础的社会政治关系的总和，它以意识形态的形式治理部落，分配政治权利"①。部落属于"微型国家"，部落政治体现了其对内和对外的政治治理，与现代国家呈现此消彼长、对立而统一的关系。伊本·赫尔顿的《历史绪论》将部落看作一个与国家竞争的政治概念："一个国家如果有许多部落和家族，这个国家的统治很难巩固。"②因为每一个部落背后都有部落团结互助精神的支撑，其最终目标是夺取政权。

二 后萨达姆时代伊拉克部落政治

伊拉克现代民族国家构建的失败，使伊拉克国家身份处于一种尴尬的境地，但是部落身份和部落主义的命运却与之截然相反，它与阿拉伯主义和伊斯兰主义共同构建了伊拉克人身份认同的三个基本维度，甚至在一定条件下，部落主义超越了阿拉伯主义和伊斯兰主义的身份认同。

后萨达姆时代，美国扶持什叶派阿拉伯人和库尔德人主导战后伊拉克国家的秩序重建，将逊尼派阿拉伯人排除在政府的核心决策层之外，备受打压的逊尼派阿拉伯部落伺机崛起，促使伊拉克中部地区成为战后政局最动荡的地区。同时，什叶派精英日益脱离什叶派大众，代表地区大国，特别是伊朗的利益，使伊拉克南部地区掀

---

① خلدون حسن نقيب، صراع القبيلة والديمقراطية:حالة الكويت، دار الساقي، 1996.
② 〔突尼斯〕伊本·赫尔顿：《历史绪论》，李振中译，黄河出版传媒集团，2015，第211页。

起空前的反政府运动。此外，库尔德各个政党与部落形成"共生关系"，也不愿割舍与部落的联系，因此，后萨达姆时代伊拉克部落政治呈现以下五个特点。

1. 伊拉克进入"弱国家、强部落"的政治生态历史循环

伊拉克历史上，部落与国家长期保持"此消彼长"的矛盾关系：当中央政权强大时，部落就臣服于中央政权的统治，帮助政府治理地方；当中央政权变弱时，部落则起兵反抗中央政权的统治，形成若干独立的部落酋长国。

奥斯曼帝国统治时期，中央政府控制着主要城市，部落控制着广大的农村和牧区，当奥斯曼帝国伊拉克总督米达哈特帕莎治理伊拉克时，强大的中央政权迫使部落放弃游牧生活，被迫接受土地改革。英国托管和哈希姆王朝统治时期，部落强势回归，并与国家政权融合，部落不仅影响地方治理，而且通过议会进入国家政权，影响哈希姆王朝政策的制定。进入共和国时期，中央政权日趋强大，经过多次土地改革，部落趋向没落，但20世纪90年代以来复兴党的"新部落主义"政策，使部落再次发展成伊拉克重要的政治力量。进入伊拉克联邦政府时期，政府控制力下降，北方的库尔德自治政府在库尔德部落的支持下，已经事实上脱离中央政府的管控；伊拉克联邦政府对中部逊尼派部落地区的压制政策激化了彼此之间的矛盾，事实上，"基地"组织和"伊斯兰国"先后得到众多逊尼派阿拉伯部落的强力支持，是对政府打压政策的回击，联邦政府对该地区的控制力日渐式微；伊拉克南部什叶派地区，联邦政府的政治、经济政策无法满足什叶派大众的民生需求，政治腐败和无能削弱了政府的公信力，什叶派部落开始站在政府的对立面。

2. 逊尼派部落长期受到政府打压，伺机崛起

2003 年以来，伊拉克权力分配原则形成基于教派和民族的政治惯例，即库尔德人担任总统、什叶派阿拉伯人担任总理、逊尼派阿拉伯人担任议长。这一原则使什叶派阿拉伯人事实上掌握了国家政权，而逊尼派则处于边缘化的境地，逊尼派部落无法借助政党力量突破身份政治来实现政治目的。由于什叶派政府具有强烈的宗派倾向，逊尼派部落成为政府政治打压的主要对象。

2005 年，逊尼派部落在美国的资助下建立部落武装力量——"安巴尔觉醒"，借助美国的力量成功崛起，但是长期受到政府的指责。2008 年 10 月，伊拉克政府从美军手中接管了"安巴尔觉醒"①的领导权后将其解散，这就从根本上否定了逊尼派部落拥有地方武装的可能性和合法性。2013 年 1 月，伊拉克政府宣布处决 26 名"恐怖分子"，其中包括"安巴尔觉醒"的军事领导人阿德勒·马什哈达尼②，事实上宣告了逊尼派部落尝试组织武装力量的失败。

2014 年"伊斯兰国"在伊拉克崛起后，逊尼派阿拉伯部落再度崛起，成为其重要的政治盟友。阿巴迪政府继承了马利基政府的部落政策，坚定地反对美国武装任何逊尼派阿拉伯部落。阿巴迪政府在打击"伊斯兰国"的过程中，消灭了支持"伊斯兰国"的逊尼派部落武装，逊尼派阿拉伯部落再次没落。

---

① 伊拉克救赎委员会又称作"伊拉克之子""安巴尔救赎委员会""安巴尔觉醒""觉醒运动"等，最初在美国的资助下，由安巴尔逊尼派部落发起建立，不到一年的时间发展成全国性的部落武装。

② العراق: إعدام 26 مدانا بقضايا "إرهاب" [EB/OL] CNN، 2014-01-21/2020-02-02. https://arabic.cnn.com/middleeast/2014/01/21/iraqexecution26.

3. 逊尼派阿拉伯部落与极端组织的联盟先天脆弱

由于逊尼派部落被持续边缘化，他们认为自己在伊拉克联邦中处于不利地位，竭力寻求任何强大的政治力量的帮助，以摆脱自己尴尬境地，与极端组织的合作成为逊尼派阿拉伯部落的无奈之举。2003年以来，逊尼派阿拉伯部落与"基地"组织结盟，使伊拉克中部地区陷入持续的动荡中。但是由于"基地"组织伊拉克领导人扎卡维实施严格的萨拉菲伊斯兰教法，不尊重部落习俗，绑架暗杀逊尼派部落领导人，致使逊尼派阿拉伯部落很快就与"基地"组织分道扬镳。事实上，"基地"组织领导人曾批评扎卡维："无论如何，都不要试图杀害任何在伊拉克逊尼派中享有良好声誉的宗教学者或部落领袖。"①

2005年，由安巴尔省艾勒卜·里沙部落酋长阿卜杜·萨塔尔·里沙维发起建立"安巴尔觉醒"，部落武装携手政府军很快将"基地"组织驱离伊拉克。但是2008年，伊拉克政府接管并解散了该组织，撕毁了与逊尼派部落达成的资助协议，致使逊尼派阿拉伯部落不再信任马利基政府，也促使他们在"伊斯兰国"崛起后，再度与之联手抗击伊拉克政府。需要指出的是，并非所有的逊尼派阿拉伯部落都与极端组织合作，与极端组织合作的逊尼派部落并非接受其极端的伊斯兰教义，而只是为了对抗政府不公的部落政策，以实现部落政治利益的最大化。

4. 什叶派部落与占主导地位的欧莱玛合作，共同对抗什叶派政治精英

什叶派部落在伊拉克政治中的影响力与什叶派宗教意识形态相

---

① "Iraqi Tribes Launch Battle to Drive Al-Qaida out of Troubled Province," *Guardian*, October 3, 2006, https://www.theguardian.com/world/2006/oct/03/alqaida.iraq.

比，处于明显的劣势，这一情况与逊尼派部落呈现明显的差异。萨达姆时期的部落政策和土地改革法，加速了伊拉克什叶派地区的城市化进程，大批什叶派部落成员搬迁至南部城市和巴格达的萨德尔城①，使什叶派部落对部落成员的控制力下降，什叶派欧莱玛和政治领袖开始取代部落酋长的传统地位，部落法也开始被宗教法吸收并替代。2003 年美国推翻萨达姆政权后，什叶派宗教领袖在伊拉克政治中的影响力越发凸显，这与什叶派部落酋长影响力的下降形成反差。

20 世纪 90 年代，萨德尔运动领导人穆格泰迪·萨德尔一改其父加强与什叶派上层知识分子合作的战略，转而维护与什叶派中下层部落的关系，他编写的《部落法学》一书协调了部落习惯法与什叶派教义的关系，他将自己塑造成民族主义者，受到中下层什叶派部落民众的欢迎。2018 年，萨德尔领导的"行走者联盟"赢得议会中的 54 个席位，领先其他竞选阵营，充分证明了萨德尔近年来强调部落调和政策和民族主义的影响力。此外，以伊拉克达瓦党和伊拉克伊斯兰最高委员会为代表的什叶派上层政治领袖对部落酋长和部落法持消极立场，这也促使民众转而支持萨德尔运动。

2019 年 10 月，巴格达和伊拉克南部什叶派省份爆发了大规模示威游行，要求政府全体辞职，反对外国势力干涉内政。几十名什叶派酋长站在游行队伍和安全部队之间，避免示威群众遭受镇压，以穆格泰迪·萨德尔为代表的多位宗教人士对政府提出批评，最终迫使伊拉克总理阿迪勒·阿卜杜·马赫迪辞职。该事件表明什叶派

---

① 原为萨达姆城。

上层政治精英不仅没有处理好与逊尼派阿拉伯人和库尔德人的关系，而且没有处理好什叶派内部的矛盾，没有得到什叶派中下层大众，特别是部落酋长的支持。

5. 库尔德部落得到库尔德自治政府的支持，成为政党谋求利益的工具

从伊拉克的历史来看，无论是伊拉克政府，还是库尔德自治政府，库尔德部落都与之形成明显的互动关系。国家在某种程度上接纳部落结构和部落主义，处于相对弱势的部落则避免对政府构成威胁，并成为维护该政权的工具。

20 世纪 70 年代，库尔德政治势力分裂成库尔德民主党（KDP）和库尔德爱国联盟（PUK），一些反库尔德民主党的部落公开与萨达姆政府合作，对库尔德民主党的力量造成毁灭性打击，两党都意识到部落的政治力量。

萨达姆倒台后，库尔德地区取得了事实上的自治地位，但是部落对政治的影响始终没有消退。库尔德民主党为巴尔扎尼家族和隶属部落联盟的多位成员安排政府要职，而库尔德爱国联盟则向塔拉巴尼家族及其支持部落提供特权，因此伊拉克库尔德地区的两个主要党派经常被指责为"部落主义"。布莱恩·肯尼迪认为："尽管各党派在口头上反对部落主义，但他们的行动基本上是部落式的。"①

可以说，库尔德部落是伊拉克相对独立的政治力量，一方面库尔德部落成为库尔德政治势力借以反抗中央政府的手段；另一方

---

① Brian A. Kennedy, *The Shaikhs Republic*: *The Kurdish Regional Governments Incorporation of Tribalism*, Ursinus College, 2015, p. 53.

面，中央政府借助库尔德部落的力量牵制库尔德的分离主义。此外，库尔德部落因部落本身所固有的政治属性，难以成为统一库尔德的力量。能否合理利用自治区内的库尔德部落、阿拉伯部落和其他少数民族部落，是决定库尔德自治区未来政治发展走向的重要参数。

三　后萨达姆时代伊拉克部落政治形成的原因

后萨达姆时代，伊拉克部落政治呈现五个明显的特征，这与部落主义的复兴、联邦政府的孱弱、国外势力干预、政局的动荡、意识形态主导政治以及经济建设的迟缓等有着深刻的内在联系，具体表现为以下几点。

1. 部落主义的复兴使部落重新演变成强大的政治势力，成为各方政治势力拉拢或打压的对象

萨达姆统治后期实施的"新部落主义"政策，使伊拉克部落主义"死灰复燃"，并逐渐发展成强大的政治势力。萨达姆经常利用部落武装分化对手并平息叛乱。1991 年伊拉克大起义期间，萨达姆利用逊尼派部落和部分什叶派部落的力量迅速平息了伊拉克南部和北部地区的叛乱。萨达姆倒台后，"基地"组织利用逊尼派部落政治失势的契机，联合部落武装使美英联军和伊拉克联邦政府深陷安巴尔省的动乱。库尔德自治区民主党和爱国联盟为巩固政治利益，特别是在议会选举期间，竭力讨好部落酋长以换取支持，并在大选之后为部落精英安排高级职务。2019 年 10 月以来在伊拉克爆发

的示威游行，也正是得益于部落领袖的支持，才使马赫迪政府倒台。

2. 联邦政府孱弱，勾结外部势力，为部落政治的滋生提供了肥沃的土壤

在英美联军的支持下，什叶派政治精英主导了伊拉克战后秩序的重建，他们代表了伊拉克什叶派上层资产阶级和宗教领袖的利益，缺乏广泛的群众基础，具有先天的"软弱性"。联邦政府无力控制库尔德自治政府，在 2020 年 2 月，伊拉克外交部部长穆罕默德·阿里·哈基姆甚至出席了在埃尔比勒和苏莱曼尼省设立伊拉克领事馆的开幕仪式，①事实上承认了库尔德自治政府"国中之国"的地位。联邦政府也无力控制逊尼派部落地区，"基地"组织和"伊斯兰国"曾先后在该地区扎根，表明政府对该地区的控制力极为有限。2019 年伊拉克南部地区出现的大规模游行示威也表明什叶派精英在伊拉克南方统治力量的基础薄弱。

2019 年 11 月，由美国 Intercept 节目报道的长达 700 页的密件显示，伊朗和美国对伊拉克的干预程度已经超过外界的预想，多名现任和前任部长被牵涉其中，②使伊拉克什叶派主导的政府陷入巨大的丑闻当中，显示了政府高官成为外国间谍和代理人的事实，加速了伊拉克人对政府的不信任，示威群众提出伊拉克政府全体辞职的要求，与之有莫大的关联。

华盛顿近东政策研究所的菲利普·史密斯（Phillip Smyth）认

---

① 《伊拉克政府在库尔德控制区开设领事馆》，卡塔尔半岛电视台，February 13, 2020, https://www.aljazeera.net/news/politics/2020/2/13/العراق-بغداد-قنصلية-كردستان.

② "Leaked Intelligence Reports Reveal The Vast Power Iran Wields In Iraq," *Fresh Air*, January 16, 2020, https://www.npr.org/2020/01/16/796978484/leaked-intelligence-reports-reveal-the-vast-power-iran-wields-in-iraq.

为："部落现在更有力量的原因是中央政府非常软弱，而外部势力——伊朗人——被认为与政府串通一气。"① 联邦政府的什叶派精英与伊朗具有天然的宗教联系，大多是在伊朗的支持和帮助下成长起来的，美国主导战后秩序也使精英更加依赖外部势力，政府的孱弱、腐败、脱离群众，使以什叶派为主导的政府难以获得伊拉克大众的支持，为部落填补政府留下的权力真空提供了便利条件。

3. 战后政局持续动荡，使部落取代政府机构为伊拉克人提供安全庇护

萨达姆政权被推翻后，逊尼派部落的政治特权和政治利益被剥夺，伊拉克联邦政府极力打压逊尼派的政治势力，使其无法形成对抗中央政府的政治力量。政治失势的逊尼派部落迫切需要找到实现政治利益的突破口，2003 年，"基地"组织扎根伊拉克安巴尔省，2014 年，极端组织"伊斯兰国"占据巴格达北部大部分逊尼派地区，这都是在部落武装的支持下得以实现的。然而，极端组织萨拉菲教义损害了的逊尼派部落的利益，先后多个部落与"基地"组织和"伊斯兰国"决裂，导致地区局势持续恶化。2015 年，伊拉克政府军和什叶派民兵组织"人民动员武装"收复安巴尔省，驱逐了"伊斯兰国"的势力，同时对逊尼派部落实施大规模的劫掠和屠杀，加深了伊拉克内部的宗教冲突。因此，萨达姆政权被推翻以来，逊尼派部落控制地区陷入持续的动乱，政府无力为逊尼派部落提供安全庇护，无论是在城市，还是在农村，逊尼派部落成为人们唯一可以寻求可靠安全保护的地方政治组织。

---

① "As Iraqis Protest against State, Tribes Make a Comeback Tuesday," Yahoo News, December 10, 2019, https://news.yahoo.com/iraqis-protest-against-state-tribes-comeback-015348284.html.

4. 意识形态主导联邦政府的政策制定，逊尼派部落的政治利益无法保证

伊拉克共和国成立后，历届政府对什叶派都持否定态度，什叶派政治和宗教精英长期受到政府的迫害，流亡海外，国内什叶派事实上沦为"二等公民"，他们在国内政治舞台上处于边缘的地位。美国主导的战后秩序使具有宗教倾向的什叶派政治精英成为战后最大的赢家。长期的政治和宗教压迫使什叶派精英延续了萨达姆时期的政策，极力打压逊尼派政治势力，特别是部落力量。复兴党解体后，逊尼派缺乏强有力的政党来维护自身利益，部落势力成为逊尼派政治利益的代言人，也被什叶派政府视为眼中钉，特别是美国实施资助"安巴尔觉醒"的行动，挑动了马利基政府敏感的神经，他们不愿意看到任何逊尼派军事武装的存在，时任伊拉克国防部部长奥拜迪说："我们完全、绝对反对'觉醒运动'成为第三个军事组织……这些组织也就不被允许拥有任何基础设施，比如总部大楼，因为这将给他们带来长期的合法性。"[1] 因此，什叶派精英延续了历届伊拉克政府的宗教压迫政策，高度警惕任何逊尼派政治势力的崛起，作为逊尼派政治利益代表的部落势力短期内无法改变自身被边缘化的政治处境。

5. 石油经济能力尚未恢复，国家经济建设停滞，无法保证民生

两伊战争、海湾战争和伊拉克战争摧毁了伊拉克国内的资本存量，联合国的制裁进一步加剧了伊拉克经济的动荡。后萨达姆时代，战争和恐怖主义的扩散，使伊拉克经济陷入持续动荡，石油经

---

① "Sunni Awakening Update," CBS News, December 23, 2007, https：//www. cbsnews. com/news/sunni-awakening-update/.

济成为伊拉克经济发展的唯一驱动引擎，2010~2014年，政治的稳定、丰厚的石油收入给伊拉克经济带来短暂的繁荣，但2014年"伊斯兰国"的崛起和国际油价的暴跌，重创了伊拉克经济。伊拉克经济结构发展畸形，收入单一，伊拉克要实现经济可持续发展，必须走发展多元经济之路，但伊拉克政治体制以宗派和民族为分配资源的主要依据，库尔德人、逊尼派阿拉伯人和什叶派阿拉伯人持续的政治内斗，导致国家决策陷入瘫痪。联邦政府实施的重大项目不仅好高骛远，且腐败严重，浪费了国家有限的财政资源。基础设施投入不足，失业率高，民生难以保证，加剧了伊拉克人对什叶派政治精英主导的联邦政府的不满。

四　结论

伊拉克部落政治在短期内依然具有较强的政治生命力，与国家政治势力呈现相互斗争、相互共存的状态。伊拉克政府打压逊尼派部落，防止其形成政治合力和军事武装，同时逊尼派阿拉伯人缺乏强大的政党代表其利益，部落政治成为逊尼派部落民众表达政治诉求的最有效手段；伊拉克政府对什叶派部落持消极否认的态度，宗教凌驾于部落，但又不得不拉拢什叶派部落酋长，给予一定的财政、职务等特权，主要是担心部落酋长与底层什叶派大众天然的紧密联系最终会导致什叶派部落逐渐转变成对抗政府的政治力量。库尔德自治地区内的部落主要分为库尔德部落和阿拉伯部落，库尔德部落是库尔德主要政党拉拢的对象，与库尔德民主党和库尔德爱国联盟形成政治命运共同体。由于库尔德自治区政局相对稳定，经济繁荣，部分逊尼派阿拉伯部落开始倾向于接纳库尔德人的统治，成为支持库尔德政府最大的非库尔德部落群体。

在赫伯特·斯宾塞看来，部落社会经过进化演变必然走向消亡，最终发展成为现代社会。[①] 而伊拉克学者阿里·瓦尔迪提出相反的观点，他并不认为部落社会是一种落后的社会形态，而认为这是与阿拉伯游牧社会相适应的社会制度，需要在阿拉伯语境下认识部落社会。[②] 无论学者们如何看待这一问题，伊拉克部落政治在短期内依然具有较强的生命力，这已是不争的事实，应该说部落政治在一定时期内仍然是左右伊拉克政治稳定和发展的重要因数。

---

①　Spencer, Herbert. *The Principles of Sociology*. New York：D. Appleton, 1896.

②　17 :2018، مكتبة دجلة والفرات، **على الوردي، دراسة في طبيعة المجتمع العربي**.

第六章

伊拉克库尔德移民回流的
实践、动机及挑战 *

  长期以来，伊拉克库尔德移民在海外积极开展政治游说和社会公关活动，具有身份认同感强烈和政治化色彩浓厚的典型特征。2003 年伊拉克战争结束后，伊拉克库尔德地区迎来空前规模的库尔德移民返迁潮，回国移民为伊拉克库区的建设做出了积极贡献。库尔德移民回流现象的发生具有政治、经济和情感等多重复杂因素。回流的库尔德移民需要对新的政治、经济、文化环境重新调适，在社会融入过程中面临的挑战主要有：政治腐败的机制性制约、移民政策缺失的制度性障碍、身份认同重构的文化困境。伊拉克库尔德移民在政治游说、社会公关、发展投资、技术转移和慈善事业等方面都发挥了重要作用，是不可忽视的社会力量。

  一战结束后，多民族的奥斯曼帝国瓦解，英法殖民势力对中东地理版图重新划定，库尔德人被剥夺了建立独立民族国家的权利，而被分别划分到伊拉克、土耳其、伊朗和叙利亚四个国家。库尔德人问题成为中东地区仅次于巴以冲突的第二热点问题。自 20 世纪

  * 本文为国家社科基金青年项目"美国对中东的援助及对我国的启示"（项目编号：18CGJ025）的阶段性成果。

70 年代开始，中东地区的政局动荡和经济发展迟缓，致使数百万库尔德人先后离开家园，移居到欧洲等西方国家。目前，欧洲是海外库尔德人最大聚居区。虽然库尔德人散居海外的历史并不久远，但因为库尔德移民在跨国政治实践和社会动员等方面极具影响力，近年来海外库尔德移民问题引起了西方学界的关注，而目前我国国内学者对此问题的研究较少。[①] 伊拉克库尔德人利用两次伊拉克战争的有利时机，借助外力建立了事实上的"国中之国"，使伊拉克库尔德移民与其他国家库尔德移民相比在身份上具有明显的独特性。此外，自 2003 年伊拉克战争结束以来，伊拉克库区迎来了大规模的移民返迁回流现象。本文以伊拉克库尔德移民为研究对象，分析其历史生成、实践活动及归国动机与挑战。

一 伊拉克库尔德移民的历史生成

库尔德人是中东地区仅次于阿拉伯人、土耳其人、波斯人的第

[①] 近年来，国外学者开始关注库尔德移民现象，主要研究海外库尔德人的政治实践和社会活动，出版了一系列调研报告和学术论文等。参见 Bahar Baser, "Engaging Diasporas in Development and State-Building: The Role of the Kurdish Diaspora and Returnees in Rebuilding the Kurdistan Region of Iraq," *Ethnopolitics*, Vol. 18, No. 1, 2019; Ipek Demir, "Shedding an Ethnic Identity in Diaspora: deTurkification and the Transnational Discursive Struggles of the Kurdish Diaspora, Critical Discourse Studies," Vol. 14, No. 3, 2017; Bahar Baser, "Homeland Calling: Kurdish Diaspora and State-building in the Kurdistan Region of Iraq in the Post-Saddam Era," *Middle East Critique*, Vol. 27, No. 1, 2017; Erlend Paasche, "The Role of Corruption in Reintegration: Experiences of Iraqi Kurds upon Return from Europe," *Journal of Ethnic and Migration Studies*, Vol. 42, No. 7, 2016; Barzoo Eliassi, "Statelessness in a World of Nation-states: the Cases of Kurdish Diasporas in Sweden and the UK," *Journal of Ethnic and Migration Studies*, Vol. 42, No. 9, 2016; King Diane, "Back from the 'Outside': Returnees and Diasporic Imagining in Iraqi Kurdistan," *International Journal on Multicultural Societies* (*IJMS*), Vol. 10, No. 2, 2008。国内学者对库尔德移民的关注较少，具有开展研究的学理价值。

四大民族，总人口 3000 万左右。当前库尔德移民是欧洲最大的移民群体之一，据不完全统计，在欧洲的库尔德人口数量为 150 万~200 万。[①] 库尔德人最早移民欧洲的历史可以追溯到 19 世纪末，主要是库尔德贵族的一些男性成员前往欧洲求学。例如，瑞典最早关于库尔德移民的文献记录是 1893 年一名叫米尔扎·赛义德（Mirza Said）的求学医生。二战后，因欧洲复兴计划需要大量的廉价劳动力，联邦德国、法国、瑞典、芬兰等西欧和北欧国家出台了一系列弥补劳动力缺口的移民项目，主要与中东国家签订劳工协议并引进数百万劳工，而大量的库尔德人正是以劳工身份移民欧洲。当时接受劳工最多的国家是联邦德国，这也是今天德国库尔德移民最多的主要原因。20 世纪 70 年代经济危机爆发后，欧洲许多国家的劳工移民项目终止，但随后仍有大量的库尔德妇女或子女以"家庭团聚"的名义继续前往欧洲，形成了所谓"连锁式移民"（Chain Immigrants）。[②] 目前很难获取欧洲库尔德人的准确数据，其中主要原因是欧洲当局按照移民来源国的国籍进行身份登记，将库尔德移民或难民都分别归属为伊拉克人、土耳其人、叙利亚人和伊朗人。值得一提的是，欧洲移民登记不显示库尔德人身份属性的做法反而强化了库尔德移民的民族意识和身份认同，库尔德人始终不愿意将自己等同于阿拉伯人、土耳其人和波斯人。

---

① 欧洲库尔德人的数据很难准确统计，根据欧洲委员会 2006 年的统计数据，在欧洲有 120 万库尔德人；欧洲库尔德协会联盟（KON-KURD）认为有 150 万库尔德人；巴黎库尔德研究所认为有 150 万~170 万库尔德人；库尔德-欧洲协会（KES）认为有 200 万库尔德人。参见 http：//www. Kurdisheuropean. eu/en/about。

② Ipek Demir, "Shedding an Ethnic Identity in Diaspora: de Turkification and the Transnational Discursive Struggles of the Kurdish Diaspora," *Critical Discourse Studies*, Vol. 14, No. 3, 2017, p. 277.

伊拉克库尔德移民的历史可以分为四个发展阶段。第一个阶段是 20 世纪 70 年代初期，主要是选择前往欧洲接受西方教育的库尔德青年学生，形成了规模较小的留学移民。第二个阶段是 20 世纪 70 年代中后期至 80 年代末，主要是 1975 年库尔德领导人马苏德·巴尔扎尼（Massoud Barzani）领导的争取独立运动失败、1988 年萨达姆政权采取的"安法尔行动"（Anfal）① 等造成伊拉克库区的政治和安全环境急剧恶化，伊拉克政府对国内库尔德人采取残暴镇压造成数十万人死亡，大量政治移民涌向邻国或欧洲寻求庇护和躲避战火。第三个阶段是 20 世纪 90 年代，主要是海湾战争后库尔德人的反政府行动遭到血腥镇压而引发人道主义危机，以及库尔德地区两大政党之间（库尔德民主党和库尔德爱国联盟）的纷争造成了地区局势动荡，导致伊拉克库尔德人大规模逃离家园。第四个阶段是 21 世纪第二个十年后，因中东剧变、叙利亚内战和"伊斯兰国"的相继威胁等，造成规模空前的伊拉克库尔德难民进入欧洲。根据 2017 年伊拉克政府的统计数据，仅 2017 年上半年就有 24 万库尔德人前往欧洲。②

库尔德移民群体的典型特征是身份认同感强烈和政治化色彩浓厚。一般而言，伊拉克库尔德移民主要采取草根运动、网络宣传、政治游说和社会公关等多种形式的实践活动，成为目前欧洲地区最活跃的移民群体之一。因历史上宗主国的渊源关系，英国、德国和

---

① "安法尔行动"，原意为战利品的意思，1987~1988 年，萨达姆政权针对库尔德人实行种族灭绝计划，行动期间甚至使用化学武器，造成超过 50 万库尔德人死亡，这也是 2006 年萨达姆被指控的主要罪证之一。

② 唐志超：《政治游说与社会公关：库尔德移民对欧盟库尔德政策制定的影响》，《西亚非洲》2019 年第 3 期。

荷兰成为伊拉克库尔德移民开展政治活动的主要对象国，库尔德移民活动的主要策略如下。

一是建立社团组织，开展民间文化活动。随着海外库尔德移民规模和数量的不断增多，各种形式的民间社团文化组织也应运而生。就伊拉克库尔德移民而言，他们积极参与各种社会组织，建立专门开展文化纪念活动的社团协会，比如庆祝库尔德新年纽罗兹节（Nurouz）的活动。库尔德移民参加以文化和语言为主题的此类活动，有助于保持库尔德人的民族属性和实现身份认同的代际传递。通常而言，这些社团协会是初到异国他乡移民的首选组织，为移民提供了开展社交活动和建立人际关系的重要渠道，有助于实现库尔德移民之间的团结互助。

二是创建政治组织，开展政治游说和社会公关。伊拉克库尔德移民建立了许多支持库尔德人独立建国事业的政治组织，积极从事社会公关和政治游说活动，表现出极强的政治性特点。在德国，1956年，伊拉克库尔德留学生在威斯巴登建立了历史上第一个库尔德移民组织"欧洲库尔德学生社团"（Kurdish Students Society in Europe，KSSE）[1]。在英国，从20世纪70年代开始兴起了各种形式的库尔德移民集体抗议活动，比如1991年为抗议萨达姆政权对伊拉克库尔德人采取种族灭绝政策，伊拉克驻英国大使馆遭到库尔德人的围攻，还有许多库尔德人前往美国驻英国大使馆前进行绝食抗议，英国国际广播电台对此也进行了追踪报道。虽然这次抗议活动的组织者遭到英国警方逮捕，但是这一活动引起了世界各国对伊拉

---

[1]　Diane King, "Asylum Seekers/Patron Seekers: Interpreting Iraqi Kurdish Migration," *Human Organization*, Vol. 64, No. 4, 2005, p. 317.

克库尔德人遭遇的高度关注。最终迫于压力，英国政界人士发声谴责伊拉克政府的暴行，要求立即停止对库尔德人的攻击行动。在荷兰，库尔德人权活动家阿里·马哈茂德·穆罕默德（Ali Mahmoud Muhammad）创建了第一个要求承认伊拉克政府实施了种族灭绝政策的组织，即"抵制对库尔德人种族灭绝的组织"（Center of Halabja Against Anfalization and Genocide of Kurdish People，CHAK），该组织在荷兰各主要城市积极开展活动。在法国，巴黎库尔德问题研究所所长肯德尔·奈赞（Kendal Nezan）指出："法国的库尔德移民支持母国库尔德人事业，积极说服法国政界和人权组织关注伊拉克库尔德人的生存现状。"正是在库尔德移民的积极游说下，法国前总统夫人丹尼尔·密特朗（Danielle Mitterrand）开始关注库尔德人问题，最终法国政府同意向伊拉克库尔德移民提供政治庇护。在美国，库尔德移民积极在美构建各种游说平台，旨在获取美国对库尔德人的支持，库尔德人的游说平台主要包括：库尔德地区政府在美代表处和库尔德美国国会连线（Kurds-American Congressional Caucus，KACC）等。[①] 可见，库尔德移民在国际社会上作为伊拉克国内遭受压迫的库尔德人利益的维护者，在各自的居住国积极奔走呼吁，在伊拉克库尔德人问题上发挥了重要的影响作用。

二 伊战后伊拉克库尔德移民的实践活动

随着科技的日新月异和通信媒体的快速发展，使散居的移民能

---

① 赵建明：《伊拉克库尔德对美的游说与各方在独立公投上的博弈》，《美国研究》2019年第4期。

够实时地参与跨国政治活动，海外移民在原籍国和居住国的政治影响力和重要性也更加受到关注。海外移民在居住国拥有一定的人力、财富和社会资本，一旦这些资源有效地转移到母国，这对解决母国发展问题，尤其对战后重建而言是非常宝贵的资源。正如布林克霍夫（Brinkerhof）指出，移民是最有可能为母国战后重建进行投资的群体，而外国投资者一般会认为风险太大而选择规避。[①] 尼尔森和里德尔（Nielsen & Riddle）持相似的观点，外国投资者对战后经济重建望而却步，许多国家直接向海外移民寻求急需的投资资本。[②] 此外，库什密德（Kuschminder）认为，越来越多的证据表明，移民在母国的人权、善治、治理能力建设等非经济领域的贡献也在不断增加。[③]

萨达姆政权垮台后，库尔德人成为伊拉克最大的受益者，他们最大限度地维护了本民族利益，库尔德语成为伊拉克的官方语言之一，获得了仅次于独立民族国家的高度自治权，[④] 而且拥有独立的议会、司法机构和军事力量。再加上这一时期国际油价的不断攀升，为该地区带来可观的石油收入和快速的经济增长。据统计，伊战后十年间，伊拉克库区累计获得外国直接投资超过 400 亿美元。[⑤]

① Jennifer M. Brinkerhoff, *Digital Diasporas: Identity and Transnational Engagement*, Cambridge: Cambridge University Press, 2009, p. 79.

② Tjai M. Nielsen & Liesl Riddle, "Investing in Peace: The Motivational Dynamics of Diaspora Investment in Post-conflict Economies," *Journal of Business Ethics*, Vol. 89, No. 4, 2009, p. 435.

③ Katie Kuschminder, "The Role of the Diaspora in Knowledge Transfer and Capacity Building in Post-conflict Settings: The Temporary Return of Qualified Nationals to Afghanistan," *Migration Policy Report*, Vol. 63, No. 3, 2011, p. 10.

④ 田宗会：《伊拉克库尔德人问题的新变化及前景》，《世界民族》2010 年第 4 期。

⑤ Angus Unegbu & Augustine Okanlawon, "Direct Foreign Investment in Kurdistan Region of Middle East: Non-oil Sector Analysis," *British Journal of Economics Management and Trade*, Vol. 6, No. 1, 2015, p. 38.

有些学者甚至认为，虽然伊拉克库区在国际体系中并不具备法律意义上的独立国家地位，但在现实中却超越了伊拉克的管辖范畴，它是伊拉克的一部分，也是伊拉克之外的一部分。[①]

在战后重建进程中，伊拉克库区政府敏锐地意识到海外库尔德移民的巨大潜力，大力呼吁海外移民投身母国的建设事业，开始着手制定让库尔德移民更好参与国内事务的政策，同时努力实施一些具有吸引力的投资项目，并专门策划和组织了一系列活动、研讨会等。其中最具影响力的是世界库尔德人大会（World Kurdish Congress），伊拉克库区政府以此大会为平台将来自欧盟、美国、加拿大、韩国、新西兰和其他国家的库尔德移民联合起来，与伊拉克库区政府代表共同商讨发展和重建等紧迫议题。虽然参会人员来自不同地区和有着不同政治背景，但在历次大会上并没有出现明显的分歧。例如，2011年，在荷兰召开的首届世界库尔德人大会主要聚焦伊拉克库区经济和社会转型发展。2012年10月12~14日，在伊拉克库区首府埃尔比勒召开了第二届世界库尔德人大会。本次大会举办地的选择初衷就是为世界各地的库尔德移民提供一次回国的机会，让与会者目睹当地的发展变化。本次大会还发起了一项名为"祖国召唤"的倡议，呼吁世界各地的库尔德移民返回家园，积极投身母国的重建事业。总体而言，尽管伊拉克库区在国际上不是一个独立的主权国家行为体，但其所开展的活动与独立主权国家的侨民政策相似。伊拉克战争后，伊拉克库区政府已经形成了与海外库尔德人接触沟通的有效渠道，库尔德移民在伊拉克库区发展进

[①] Nevzat Soguk, "With/out a State, Kurds Rising: the Un/Stated Foreign Policy and the Rise of the Kurdish Regional Government in Iraq," *Globalization*, Vol. 12, No. 6, 2015, p. 958.

程中的具体实践表现在以下几个方面。

1. 政治上，库尔德移民为加强伊拉克库区政府治理能力提供支持

为了积极与库尔德移民组织进行对接合作，伊拉克库区政府在外交部门下设一个专门负责海外移民事务的机构，并在欧洲主要国家设立政府办事处和代表处。① 库尔德移民组织也积极发挥居住国与原籍国政府之间的纽带作用，为双边交流沟通提供帮助，游说居住国政府维护库尔德人利益。此外，为了提供政策建议和决策咨询，流亡海外的库尔德政治家回国后大多在伊拉克库区议会和其他政府机构中担任职务，许多学者回国后在大学任职并创建智库。

伊拉克战争后，游说国际社会承认"安法尔行动"是种族灭绝行为成为伊拉克库区政府的主要外交活动之一。② 犹太人与亚美尼亚人建国的历史经验让库尔德人认识到国际社会承认一个民族的悲惨遭遇对独立建国至关重要。伊拉克库区政府希望库尔德移民在这一问题上能够积极游说所在国政府。正是经过库尔德移民的积极努力，英国、瑞典和挪威已经承认"安法尔行动"为种族灭绝行为。在英国，伊拉克库区政府代表和库尔德移民组织代表联名向英国议会提交一份请愿书，本次请愿活动的发起人是英国库尔德裔保守党议员纳迪姆·扎霍伊（Nadhim Zahawi）、库尔德地区政府派驻英国代表巴彦·萨米·阿卜杜拉（Bayan sami abdulrahan）。2013年3月1日，英国议会讨论并一致通过这一提案。在瑞典，库尔德

---

① 伊拉克库区政府在欧洲的德国、法国、英国、瑞典、意大利、比利时、西班牙、奥地利、波兰和瑞士设立了10个代表处；库尔德爱国联盟在柏林、巴黎、伦敦、布鲁塞尔、斯德哥尔摩和布鲁塞尔设有办事处；库尔德民主党在伦敦成立欧洲支部。

② Bahar Baser & Mari Toivanen，"The Politics of Genocide Recognition: Kurdish Nation-building and Commemoration in the Post-Saddam Era," *Journal of Genocide Research*, Vol. 19, No. 3, 2017, p. 405.

裔议员雅巴·阿明（Jabar Amin）和阿米尼·卡卡巴韦（Amineh Kakabaveh）等人向瑞典议会提交的提案，确保了瑞典政府承认"安法尔行动"为种族灭绝行为。在荷兰，库尔德移民组织已经收集了足够的签名并在海牙竖立了一座纪念"安法尔行动"中受害者的纪念碑。[①]

此外，库尔德移民归国后还积极投身伊拉克选举进程，例如，2005 年伊拉克库尔德地区公投的设想最早是由库尔德移民提出，他们为此次公投进行了大量的组织动员工作，最终超过 98%的库尔德人参加投票并支持独立。2009 年伊拉克议会选举中库尔德移民对"库尔德联盟"的支持，成为选举结果和政治平衡向库尔德人倾斜的重要因素之一。2017 年 9 月公投后，巴格达中央政府加大对伊拉克库区政府的施压，并重新夺取了对"争议领土"的实际控制权，这引发在美国、加拿大以及欧洲其他国家的库尔德移民的大规模抗议活动。近两年来，伊拉克库区形势的新发展使库尔德移民的外交游说和社会公关活动变得更加重要。

2.经济上，库尔德移民为外国资本投资伊拉克库区经济建设提供服务

便利化是吸引海外投资的关键因素之一。库尔德移民组织经常为投资伊拉克库区的外国公司提供中介服务，还专门为外国公司在伊拉克库区建立联络处，并提供一些投资建议和风险评估。此类中介服务主要由欧洲国家的库尔德移民商会承担，例如，荷兰库尔德商会会长指出，该商会的主要任务是帮助有意向在伊拉克库区进行

---

① Bahar Baser, "Homeland Calling: Kurdish Diaspora and State-building in the Kurdistan Region of Iraq in the Post-Saddam Era," *Middle East Critique*, Vol. 27, No. 1, 2017, p. 91.

投资的荷兰公司，并为其提供中介服务，疏通荷兰人与库尔德人的关系等。该会长还表示 2003 年后伊拉克库区的安全和发展前景可观，成为伊拉克国内最具投资价值的地区，他们已经协助数十家荷兰公司在这一地区顺利开展业务。①

此外，伊拉克库区政府主动邀请库尔德移民企业家投资重点项目。例如，瑞典一位库尔德移民被邀请投资伊拉克库区的公共医疗事业，在伊拉克库区政府投资委员会和瑞典公司的帮助下他在埃尔比勒省成立了瑞典医院。此前，许多患有心脏病或糖尿病等疑难杂症的库尔德病人都只能选择前往约旦、黎巴嫩或土耳其接受治疗。该项目还为当地库尔德人提供了更多的工作就业岗位。此外，因国际石油工人、外交使团和外国投资者的频繁到访，催生了伊拉克库区的服务业迅速发展，一些库尔德移民在当地开设了酒店、咖啡馆、餐馆和连锁超市等。在斯德哥尔摩的库尔德自由组织领导人纽扎德·希罗里（Newzad Hirori）指出，伊拉克库区急需各类基础设施建设和人力资本的投入，库尔德移民成为填补这一空缺的重要力量。②

3. 社会上，库尔德移民组织开展各种社会公益项目

针对伊拉克库区教育系统落后的现状，库尔德移民组织还专门开展了一系列教师培训、短期教师交流和暑期培训等项目，旨在培养当地青年成为未来发展建设的主力军。库尔德移民还发起了一系列加强公民社会和妇女权利的倡议活动，成为伊拉克库区公民社会、人权发

---

① Bahar Baser, "Homeland Calling: Kurdish Diaspora and State-building in the Kurdistan Region of Iraq in the Post-Saddam Era," p. 92.

② Barzoo Eliassi, "Statelessness in a World of Nation-states: the Cases of Kurdish Diasporas in Sweden and the UK," *Journal of Ethnic and Migration Studies*, Vol. 42, No. 9, 2016, p. 1405.

展、民主化进程的重要推动力量。例如，英国的伊拉克库尔德妇女权利组织和库尔德妇女权利观察组织开展了大量保护库尔德妇女权利的活动。瑞典的库尔德妇女协会专门在埃尔比勒省成立了办事处，定期举办向伊拉克库区妇女宣传女性权利和民主观念的研讨会。

三 伊拉克库尔德移民回流的
动机及其面临的挑战

伊战结束后，海外库尔德移民出现了明显的回流潮。虽然伊拉克库区政府没有给出具体的统计数据，但是截至 2013 年，仅欧盟国家就有 9.5 万名伊拉克人被要求回国（其中有相当一部分是库尔德人），其中大约有 1/3 的人或遵守法令或被驱逐出境。根据国际移民组织的数据，2003~2012 年，通过该组织协助遣返回国的伊拉克库尔德人约有 21507 人。[①] 除强制遣返回国的外，还有相当一部分来自伊拉克的库尔德移民是自发回国，他们的主要动机如下。

其一，政治动机。2003 年前，因躲避迫害而寻求政治庇护的伊拉克库尔德人，移民后他们长期开展跨国政治活动，一旦国内时机成熟，其中大多数移民会选择回国参政。例如，曾流亡荷兰的福阿德·侯赛因（Fouad Hussein）博士回国后成为伊拉克库区政府办公厅主任，他说："自 2005 年以来我一直是内阁成员，曾经一度我们政府内阁成员中有 80% 是海外移民，目前这一比例已下降到 50%。"他还指出许多流亡海外的库尔德人在西方接受了先进的教

---

① Erlend Paasche, "The Role of Corruption in Reintegration: Experiences of Iraqi Kurds upon Return from Europe," *Journal of Ethnic and Migration Studies*, Vol. 42, No. 7, 2016, p. 1082.

育，学成归国后大多成为各领域的专家或在政府部门扮演极为重要角色。[①] 例如，早年流亡海外的德拉维·阿拉·奥尔丁（Dlawe Ala Aldeen），他在英国时就成立了库尔德科学与医学协会，该协会长期为库尔德人的事业积极游说美国和英国政府，2007 年他回国后担任库区政府高等教育和科学研究部部长。2012 年前，伊拉克时任总统塔拉巴尼的儿子库巴德·塔拉巴尼（Qubad Talabani）一直担任库尔德地区政府驻美国的代表，2014 年回国后出任伊拉克库区政府副总理一职。[②]

其二，经济动机。2003 年后，随着国际油价的暴涨和伊拉克库区独立地位的巩固，该地区出现了长达十年之久的经济快速增长，这为移民回国提供了较多的经济发展机会。而在同一时期，欧洲债务危机等使库尔德移民对在居住国的就业前景感到沮丧，因此，许多库尔德移民决定回国发展。尤其在 2012~2014 年，许多归国移民凭借学历和语言优势非常容易在公共部门找到工作。伊拉克库区政府重视回国移民与西方国家的关系和外语水平，在外交等公共部门和石油部门给他们提供了大量的工作岗位。虽然许多归国移民抱怨在申请工作岗位的过程中花费时间太多，但目前这方面的情况逐渐改变，尤其是在石油领域和私营公司开始通过网络或中介机构招聘员工。

其三，情感动机。从历史上看，库尔德移民从未断绝与母国的

---

① Bahar Başer, "Engaging Diasporas in Development and State-Building: The Role of the Kurdish Diaspora and Returnees in Rebuilding the Kurdistan Region of Iraq," *Ethnopolitics*, Vol. 18. No. 1, 2019, p. 85.

② Eccarius Kelly, "The Kurdistan Referendum: An Evaluation of the Kurdistan Lobby," *Journal of South Asian and Middle Eastern Studies*, Vol. 41, No. 2, 2018, p. 26.

联系，即使出生在欧洲的第二、三代移民也是伴随着对母国的依恋而成长的。大多数移民通过开展经常性的慈善行动表达对祖国的关切思念和情感认同。在日常生活中，库尔德移民父母也经常教育子女要为母国未来的发展多着想，表示母国需要像他们这样有国外生活经历、能讲外语和熟悉不同文化的青年人。一名从英国回国的库尔德人解释说："我在国外生活了20年之久后选择回国，因为我觉得有必要将自己的技能和知识传授给祖国人民。"[1] 此外，伊拉克库区政府通过网站媒体向第一代或第二代库尔德移民介绍归国流程、归国后如何抓住发展机遇，以及通过采访报道回国库尔德移民的感人事迹，展示库尔德移民的爱国主义情怀和无私奉献精神，以情感教育的方式鼓励更多的库尔德移民回国发展。

根据学者希尔维亚·桑切斯·维拉（Sylvia Sanchez Villa）的观点，归国移民面临的现实挑战是需要不断对全新的政治、社会和文化环境进行调适、重新融合，即所谓的社会融入或社会融合。[2] 移民的社会融入包含政治文化、经济生活、价值观念和心理认知等多维度的融合，下面以杨格-塔斯（Josine Junger-Tas）的三维度模型（结构性融入、政治性融入和社会文化性融入）对归国伊拉克库尔德移民的社会融入进行简单分析。

1. 结构性融入：政治腐败是归国库尔德移民社会融入的机制性制约

结构性融入是指移民个体与群体在流入国社会中，在制度与组

---

[1] Bahar Başer, "Engaging Diasporas in Development and State-Building: The Role of the Kurdish Diaspora and Returnees in Rebuilding the Kurdistan Region of Iraq," p. 85.

[2] Sylvia Sanchez Villa, "In or Outsiders? The Return of Qualified Diaspora Members and Their Role in Rebuilding Post-conflict Governance," *The BSIS Journal of International Studies*, Vol. 24, No. 8, 2011, p. 9.

织层面的社会参与度。① 伊拉克库区经历了长期的暴力冲突和经济凋敝，1991 年获得自治后政治和经济得到了稳定的发展，2003 年美国推翻萨达姆政权后该地区的经济得到了快速发展。尤其是在 2004~2014 年国际高油价的推动下，伊拉克库区经济增长非常显著。根据官方统计数据，伊拉克库区名义国内生产总值从 2004 年的 44 亿第纳尔增长到 2011 年的 283 亿第纳尔，国内生产总值年增长率保持在 8%。②

伴随经济的快速增长，这一时期在伊拉克库区也出现了前所未有的腐败现象。2013 年盖洛普的一项民调显示，81% 的受访者认为腐败在伊拉克库区是非常普遍的现象。甚至连前总统马苏德·巴尔扎尼（Massoud Barzani）和前总理巴勒姆·萨勒赫（Barham Saleh）也一致承认伊拉克库区政府存在严重的公共腐败问题。在政府"2020 战略愿景"中明确指出，伊拉克库区政府必须提高忠诚度、透明度和效率，到 2020 年必须消除腐败，严格公正地履行政府职责。③ 伊拉克库区存在严重腐败的原因主要有以下几个。一是伊拉克库区政府的公共部门庞大且任人唯亲的现象非常严重。官方统计数据显示，国内 80% 的就业女性和 45% 的就业男性都在公共部门从事公务员工作，这构成了非常庞大臃肿的官僚机构，同时也为腐败滋生和权力寻租创造了条件。二是伊拉克库区经历了数十年的冲突和贫困，再加上根深蒂固的部落社会结构和主顾庇护关

---

① 梁波、王海英：《国外移民社会融入研究综述》，《甘肃行政学院学报》2010 年第 2 期。
② World Bank, "The Kurdistan Region of Iraq: Assessing the Economic and Social Impact of the Syrian Conflict and ISIS," *World Bank Other Operational Studies*, 2015.
③ Erlend Paasche, "The Role of Corruption in Reintegration: Experiences of Iraqi Kurds upon Return from Europe," p. 1079.

系，使非合理性的社会治理制度化，对建立在社会契约精神基础上的国家合法性产生了严重的破坏作用。

从心理认知和社会生活两方面而言，腐败制约库尔德移民社会融入的具体表现如下。

其一，心理认知层面。库尔德移民认为伊拉克库区经历了数十年的动荡冲突，从道义上讲他们有责任和义务回国发展，但他们的人生阅历、行为方式和价值观念与原籍国居民存在差异，归国后面对政治、经济、文化和价值等多方面的冲突和挑战，在许多问题上难免与当地居民产生隔阂与矛盾。当归国后的现实行为与理念价值发生冲突时，库尔德移民的精神压力和心理负担更为明显。例如，有些移民表示回国后他们已在价值观和原则上做出了很大的妥协让步，但是与伊拉克库区政府官员共事的过程中仍时时面临道德困境。正如有移民说道："我发现融入西方文化比融入自身文化还要容易，因为这个国家（伊拉克库区）不存在法治和正义。"[1]

库尔德移民经常提到瓦斯塔（Wasta）一词，在阿拉伯语中这是指社会资本，即指主要是基于权力和地位而不是基于美德、能力和正当权利而获得的特权和资源。[2] 瓦斯塔破坏了社会透明和平等原则，这种腐败现象使归国库尔德移民产生了心理上的不安全感。例如，当被问及回国后最糟糕的体验是什么，大多数库尔德移民均指出是法治的不健全和无处不在的腐败。此外，腐败还严重侵蚀了

---

[1] King Diane, "Back from the 'Outside': Returnees and Diasporic Imagining in Iraqi Kurdistan," *International Journal on Multicultural Societies* (*IJMS*), Vol. 10, No. 2, 2008, p. 210.

[2] Andy Barnett, Bruce Yandle and George Naufal, "Regulation, Trust, and Cronyism in Middle Eastern Societies: The Simple Economics of 'Wasta'," *Journal of Socio-Economics*, Vol. 44, June 2013, pp. 41–46.

移民的爱国主义情感，使他们不仅对伊拉克库区政府不信任，而且对数十年来争取独立建国的斗争失去信心。

其二，经济生活层面。库尔德移民归国后为维持稳定的收入来源，大多数人会选择从事商业经营活动，但是腐败不仅破坏了公平公正的创业环境，还间接地对整个经济生态造成破坏，表现为：一是腐败扼杀了创业的现实可行性和预期回报率；二是腐败的环境容易使企业家从事非生产性的寻租行为，权力寻租是政府官员以公权力为筹码从私营部门中为自己获取经济利益的腐败行为。伊拉克库区政府对各类型企业的开办经营拥有绝对控制权，通常利用发放营业执照或签订合同的权力向企业索贿。例如，移民回国后若想在国际石油公司谋求发展，最好的捷径就是与当地政府官员建立某种特殊的关系。因此，大多数在国外受过高等教育的库尔德移民在回国时立志在事业上有所建树，但现实中大多以失败告终。

一般而言，库尔德移民对腐败现象表现出三种不同的应对方式：一是改变，即把在欧洲接受的良好教育、丰富的工作经验和先进的管理理念与伊拉克库区实际相结合，先通过在政治上获取权力进而谋求改变现状；二是规避，即选择规避积重难返的腐败体制结构，尽量选择在其他领域寻找机会，如私营部门或国际非政府组织等；三是拒斥，主要是拒绝融入不适应的新环境，通常这些人会选择再次离开。

2.政治性融入：移民政策缺失是归国库尔德移民社会融入的制度性障碍

移民的社会融入与流入国家的各种制度安排密切相关。具体而言，包括流入国家在移民就业、社会福利与保障、社会救助、住

房、子女教育、社会歧视、宗教信仰、政治权利等多个方面的政策
与制度安排。流入国家特定的移民及移民融入政策、制度建构是影
响移民能否有效实现融入的决定性因素。[①] 库尔德地区政府虽然对
海外移民持欢迎立场，但是至今还没有出台关于移民归国的相关法
律和制度。例如，伊拉克库区政府对外关系负责人法拉赫·穆斯塔
法·巴克尔（Falah Mustafa Bakir）指出，政府一直鼓励有经验和
有丰富专业知识的移民回国助力国家发展，为政府提供治国理政的
经验，但是根据回国后担任伊拉克库区政府高级顾问的萨达尔·阿
齐兹（Sardar Aziz）博士的观点，当前的经济危机使伊拉克库区政
府难以进一步拓展移民归国工作，同时安全威胁、治理困境和服务
低下等问题又严重制约移民回国后的发展，至今尚未出台有效的移
民政策。[②]

伊拉克库区政府对海外移民在经济领域的贡献寄予很大的期
望，但是政府同样未出台为移民投资提供便利和激励的配套政策。
库尔德斯坦商会和投资委员会透露，尽管政府决定在教育、医疗和
基础设施等领域加大招商引资，但是库尔德移民与其他外国投资者
享有同等的待遇，在伊拉克库区的投资没有获得任何政策上的照顾
倾斜。因此，当前回国投资的库尔德移民主要是与政界关系密切或
通过私人关系网能够获得经营许可和所需土地的人。此外，库尔德
地区政府与移民的合作主要是临时性的而非长期性的稳定合作关
系。库尔德移民认为能够在库区获取投资项目主要是取决于与政府

---

① 梁波、王海英：《国外移民社会融入研究综述》，《甘肃行政学院学报》2010 年第 2 期。

② Bahar Baser, "Homeland Calling: Kurdish Diaspora and State-building in the Kurdistan Region of Iraq in the Post-Saddam Era," p. 89.

的亲密关系，并没有相关明确政策和制度保障，这使所有的投资都具有很大的不确定性和高风险性。

3. 社会文化融入：身份认同重构是归国库尔德移民社会融入的文化困境

社会文化融入是指移民群体在价值导向与社会认同上的转变过程。[①] 伊拉克库区普遍存在的现象是，许多归国的库尔德移民仍然以外籍或国际人士自居，比如他们更喜欢去外国人开办的欧式咖啡馆和餐馆，生活在外国人集中居住的社区。因子女无法讲流利的库尔德语，他们更愿意选择去当地的"移民学校"接受西方模式教育。可见，归国移民在身份认同上的重构是一个长期的演变过程，有学者将这称为移民的"文化领地"（Cultural Territory），这成为归国库尔德移民与当地居民有效融合的无形障碍。[②]

结　语

2003 年后，因伊拉克库区有利的发展形势，库尔德移民出现了明显的返迁回流现象，为伊拉克库区的治理能力和经济发展等做出了积极贡献。2014 年以来，随着国际油价的暴跌、"伊斯兰国"组织的肆虐、库尔德地区各党派纷争、与巴格达中央政府的冲突等多重因素的叠加，伊拉克库区政府面临着严重的经济和安全困境。近五年来，伊拉克库区至少有 700 家外国公司宣布破产，造成超过

---

① 梁波、王海英：《国外移民社会融入研究综述》，《甘肃行政学院学报》2010 年第 2 期。

② Yuk Wah Chan & Thi Le Thu Tran, "Recycling Migration and Changing Nationalisms: The Vietnamese Return Diaspora and Reconstruction of Vietnamese Nationhood," *Journal of Ethnic and Migration Studies*, Vol. 37, No. 7, 2011, p. 1102.

20 万的失业人口。[①] 面对不断深化的安全和经济危机，库尔德移民在伊拉克库区发展中的作用显得比以往任何时候都更加重要。例如，伊拉克库区政府寄希望于库尔德移民能够游说西方国家为伊拉克库区政府打击"伊斯兰国"极端组织提供军事援助。还有在 2017 年 9 月库尔德公投前后，在德国、以色列、瑞典、英国和美国的库尔德移民都组织了多次集会活动，声援支持公投。公投后，巴格达政府加大对伊拉克库区的施压，为此库尔德移民在许多地方进行了抗议巴格达政府的示威游行。总之，伊拉克库尔德移民在政治游说、社会公关、发展投资、技术转移和慈善事业等方面发挥着重要作用，是不可忽视的重要社会力量。

---

① Bahar Baser, "Engaging Diasporas in Development and State-Building: The Role of the Kurdish Diaspora and Returnees in Rebuilding the Kurdistan Region of Iraq," p. 78.

第七章
也门统一机会窗口日渐关闭

　　2019 年是也门内战爆发的第五年，也是以沙特为首的逊尼派多国联军介入也门局势、深陷泥潭的第四年；如果从 2011 年"阿拉伯之春"引发的政权更迭算起，这个阿拉伯半岛上最贫穷的国家已被连绵不绝的政治斗争和军事冲突纠缠了近十年，至今仍未能看到和平的曙光。

　　2019 年是这一战场上相对平静的一年。2018 年底联合国斡旋下达成的《斯德哥尔摩协议》虽未完全落实，但红海沿岸以荷台达为中心的大规模攻防战已基本停止；2019 年 8 月，南部过渡委员会与效忠哈迪总统的政府军在亚丁爆发冲突，随后于 10 月签订《利雅得协议》，双方同意停火；秋季以来，沙特与胡塞武装组织重启秘密谈判，胡塞武装跨境发射导弹的数量以及联军对也门北部的空袭频次都明显减少；阿联酋、苏丹军队相继从也门战场撤出，前线军事冲突烈度下降。

　　然而战场形势的缓和，带来的不是和谈的希望，而是国家分裂的风险。过去几年中，也门各派在不同境外势力的支持下，形成了多方割据的局面，相互间妥协意愿持续下降；名义上的中央政府虽然受到国际社会广泛承认，但在也门境内的支持者则逐渐减少；胡塞武装控制区域固定化，反胡塞武装联盟分崩离析，内战从最初压制少数族群叛乱，发展到当前各寻靠山、割据自保的混乱局面。联合国期待的全国和解与对话会议遥遥无期，也门统一的前景日渐暗淡。

一　多线和谈未见突破

过去一年中，也门局势最引人注目的变化不是军事控制线的推移和变更，而是三场主体不同、分别推进的谈判：一是由联合国斡旋，哈迪政府与胡塞武装参与的斯德哥尔摩和谈；二是由沙特主导，哈迪政府与南方过渡委员会参与的利雅得和谈；三是由阿曼担保，沙特与胡塞武装直接接触的秘密谈判。这些和谈均被寄予厚望，甚至有乐观的分析认为：只要能依次实现局部停火，就有可能达成全国范围的和解；多线谈判若能成功整合，就有望重启各方对话与也门政治过渡进程。然而事实上，这些和谈无论达成协议与否，最终都没能跳出无效循环的怪圈。

1.《斯德哥尔摩协议》名存实亡

2018 年底，也门哈迪政府与胡塞武装在联合国的穿梭斡旋下，就红海沿岸战略港口荷台达及其周边地区的停火达成共识，签署《斯德哥尔摩协议》；在协议框架下，双方同意交换战俘、确保人道主义援助走廊畅通、恢复油气出口等，[①] 并于 2019 年初开始就上

---

① Full Text of the Stockholm Agreement, Document from the Office of the Special Envoy of the Secretary-General for Yemen, December 13, 2018, https://osesgy.unmissions.org/full-text-stockholm-agreement.

述问题的具体细节继续保持接触与协商。这是自 2015 年以来屡陷僵局的和谈首次取得积极成果，一度被国际社会视为结束也门战乱的机遇和起点。联合国也门问题特使格里菲斯曾乐观地表示：协议虽然成果有限，但能够帮助交战双方建立互信，进而为下一阶段更全面的对话奠定基础。[1]

然而后续事态的发展使得这种期望逐渐落空。一方面，协议本身的内容迟迟难以落实。在交换战俘的问题上，哈迪政府与胡塞武装相互指责对方名单造假，导致行动一再被推迟。此后虽有数次换俘，但人数总计仅有数百人，[2] 与协议商定的 1.6 万人相差甚远，更多是为展现某种政治姿态。在荷台达协作共管的问题上，双方都抓住协议条款的模糊性，对撤军顺序、港口控制权归属和所谓"新建地方武装"的成员构成等做出各自的解释，互不相让。另一方面，处在暴力旋涡中心的荷台达之战虽被按下暂停键，但其他地区的紧张局势有加剧迹象。尤其是在政府军与胡塞武装对峙拉锯的塔伊兹、马里卜和达利等前线省份，小规模军事冲突频繁发生。所谓停火承诺，早成一纸空文。哈迪政府和胡塞武装仍然只是把和谈当作稳住对方的幌子，从而为自己赢得短暂的喘息和调整机会，以期最终在战场上一争高下。

2.《利雅得协议》濒于破裂

代表也门南方分离主义势力的南方过渡委员会（STC）虽然名

---

[1] "Progress on Recent Accords in Quest for Peace, Gives Yemen Opportunity to Move Away from 'Logic of War', Security Council Hears," February 19, 2019, https：//www.un.org/press/en/2019/sc13705.doc.htm.

[2] Ibrahim Jalal, "Yemen's Stockholm Agreement One Year on：Imaginary Progress?" January 22, 2020, Middle East Institute, https：//www.mei.edu/publications/yemens-stockholm-agreement-one-year-imaginary-progress.

义上承认哈迪政府的合法性，但对其与"伊斯兰改革集团"结盟
素有不满，且早怀独立之志。2019年8月，南方过渡委员会的高
级军事指挥官马萨利在导弹袭击中身亡，虽然胡塞武装宣称对此负
责，但过渡委员会始终怀疑是哈迪政府串通伊斯兰改革集团"借
刀杀人"，[①]并以此为由迅速攻占临时首都亚丁，迫使哈迪政府的
部长和军队逃离。随后，其下属"安全带"（Security Belt）部队又
联合地方盟友，试图进一步控制阿比扬、舍卜沃等地区，一时间大
有席卷南方各省之势。哈迪政府惊慌失措，严厉指责南方过渡委员
会"发动政变"。鉴于该组织一直得益于阿联酋大力扶植，此轮军
事行动甚至还得到阿方空袭配合，哈迪政府遂向阿联酋提出抗议，
要求其立即减少对南方过渡委员会及其他南方分离主义武装的财政
和军事支持，同时向沙特求助，组织政府军进行反击。[②]随后数
月，南方过渡委员会在舍卜沃省的攻势被打退，但仍控制着亚丁及
其周边地区，与政府军在阿比扬地区对峙。

南方过渡委员会与哈迪政府的冲突不仅导致反胡塞武装联盟分
裂，引爆了"内战之中的内战"[③]，而且暴露出沙特与阿联酋在也
门问题上的战略利益分歧，客观上也减轻了胡塞武装的战场压力，

① Sune Engel Rasmussen and Saleh al-Batati, "Yemen Separatists Storm Presidential Palace in Aden," August 7, 2019, https://www.wsj.com/articles/yemen-separatists-storm-presidential-palace-in-aden-11565207321.
② "Hadi urges Saudi Intervention to Stop UAE Support for Separatists," August 30, 2019, https://www.aljazeera.com/news/2019/08/yemen-southern-separatists-regain-control-port-city-aden-190829073935248.html.
③ "Preventing a Civil War within a Civil War in Yemen," August 9, 2019, International Crisis Group, https://www.crisisgroup.org/middle-east-north-africa/gulf-and-arabian-peninsula/yemen/preventing-civil-war-within-civil-war-yemen.

使其得以腾出手来发动更多针对沙特本土的袭击。① 这是沙特所不愿见到的局面，于是与阿联酋协商，分别向冲突双方施压，迫其接受和谈。2019 年 11 月，哈迪政府与南方过渡委员会在沙特首都签订《利雅得协议》，达成权力分享方案。根据约定，双方将于 30 天内在亚丁组建新政府，设置 24 名部长职位，其中哈迪政府和南方势力各占一半；改革安全机构，收编南方过渡委员会麾下武装力量，由内政部、国防部协同管理；双方同意将战斗人员和重型武器从亚丁撤往指定地点；南方过渡委员会承认哈迪政府的合法地位，作为交换，未来政府与胡塞武装的所有谈判必须为南方代表保留席位。② 沙特是担保方和监督者。

《利雅得协议》的主要目的是在也门南部建立沙特主导的军事和安全机制，消除南方分离势力与哈迪政府的对立，确保其联手对抗胡塞武装。但是，与也门此前所有和谈协议一样，该协议自带失败的先天特征。一是为了达成共识，在关键问题上含糊其词，给双方留下了自由解读的空间：也门政府认为这是朝向全面停火、组建联合政府的关键一步；南方过渡委员会则将其视为恢复南也门独立地位的里程碑。二是没有商定履行各项承诺的顺序。哈迪政府希望先解决安全问题，要求南方军队撤出亚丁并转移重型武器；南方过渡委员会则坚持先解决政治问题，要求改组政府、巩固其政治权

---

① 沙特领导的联军发言人称，沙特本土在 2019 年 9 月受到 232 枚导弹和 258 架无人机袭击，"世界上从未有哪个国家遭受过如此频繁的攻击"。Rawan Shaif，" Saudi Arabia's Self-Fulfilling Houthi Prophecy"，October 2，2019，https：//foreignpolicy.com/2019/10/02/saudi-arabias-self-fulfilling-houthi-prophecy/。

② Maged al-Madhaji，" The Riyadh Agreement：Saudi Arabia Takes the Helm in Southern Yemen，" Sana'a Center for Strategic Studies，November 5，2019，https：//sanaacenter.org/publications/analysis/8324.

利，然后才能收编军队。相似局面在哈迪政府与胡塞武装的谈判中曾屡屡出现，双方相互推诿指责，最终协议只能不了了之。

截至 2019 年底，新政府未能如期组建。2020 年 1 月，双方为落实协议的撤军内容，又签订了一项新协议，然而同样未能执行。哈迪政府与南方过渡委员会之间的所谓"共识"，只是迫于沙特的压力暂时搁置了矛盾，但根本问题并未得到解决，未来仍难免会有图穷匕见之日。

3. 秘密谈判高开低走

早在 2016 年也门战场形势初陷胶着之时，沙特就曾与胡塞武装进行过秘密接触，但无果而终。2019 年 9 月，双方在对抗数年之后再次宣布休战，重启秘密谈判。

这与地区局势发展有密切关系。2019 年年初以来，美国对伊朗"极限施压"，制裁措施不断加码，美伊紧张关系持续升级。6月中旬，伊朗在霍尔木兹海峡附近击落美军无人机，双方擦枪走火风险飙升，局部冲突的阴云笼罩海湾。作为伊朗的主要对手、美国的铁杆盟友，沙特日益担忧被卷入一场与伊朗的热战。9 月 14 日，沙特国家石油公司（沙特阿美）两处重要设施突遭无人机袭击，导致短期内原油生产腰斩，从每日生产 980 万桶骤降至 410 万桶；减产部分占全球石油日产量 5%，引发国际能源市场动荡。① 胡塞武装宣称对此次袭击负责，但国际社会普遍认为此次袭击所需的技术难度和造成的破坏程度，都超出了胡塞武装的能力范畴，伊朗才

---

① Kareem Fahim and Steven Mufson, "Saudi Aravia Oil Ouput Takes Major Hit after Apparent Drone Attacks Claimed by Yemen Rebels," *The Washington Post*, September 15, 2019, https：//www. washingtonpost. com/world/drone-attacks-on-saudi-oil-facilities-spark-explosions-and-fires/2019/ 09/14/b6fab6d0-d6b9-11e9-ab26-e6dbebac45d3_story. html.

是幕后主导。① 然而美国并未对此采取有效反制措施，这让沙特意识到巨大的安全威胁。一方面，自己正处于冲突最前沿，伊朗轻易便能假手代理人实施打击并逃避责任，因而当前必须分化胡塞武装与伊朗的关系，以稳住南部边境；另一方面，美国的"保护伞"并非万无一失，必须集中战略资源，优先保卫本土安全与重大经济利益。② 对沙特而言，结束也门战争的紧迫性进一步上升，故沙特不顾哈迪政府反对，向胡塞武装释放缓和信号。胡塞武装内部的温和派亦不想参与更大规模的地区冲突，③ 于是给予积极回应。9月20日，胡塞武装宣布单方面停止对沙特的跨境袭击，同时要求联军中止空袭，并放松对胡塞武装控制区的进口限制。27日，沙特同意在也门实现有限停火。④

　　双方在中立国阿曼开始秘密会谈，主要议题包括军事冲突降级、交换战俘和重开萨那机场等。谈判最先在人道主义领域取得进展，胡塞武装方面释放了290名囚犯，沙特投桃报李，释放128名战俘并允许急需赴境外就医的也门人使用萨那机场，这是自2016年8月以来联军首次松动对胡塞武装控制区的领空管制。但是在最关键的冲突降级问题上，双方始终未能达成共识。

---

① Rawan Shaif, "Saudi Arabia's Self-Fulfilling Houthi Prophecy," *Foreign Policy*, October 2, 2019, https://foreignpolicy.com/2019/10/02/saudi-arabias-self-fulfilling-houthi-prophecy/.

② "Aramco Attack Exposes Vulnerability of Saudi Economy, Cease-Fire Ensues," *War's Elusive End: the Yemen Review* 2019 Annual Edition, Sana'a Center for Strategic Studies, pp. 37-38.

③ "Apeil Longley Alley and Peter Salisbury, Peace Is Possible in Yemen," November 11, 2019, https://www.foreignaffairs.com/articles/iran/2019-11-11/peace-possible-yemen.

④ 2020年11月22日，联合国也门问题特使格里菲斯在向安理会汇报时称，过去两周内沙特领导的多国联军针对胡塞武装的空袭数量下降了80% "Saudi-led Coalition Air Attacks in Yemen Down 80 Percent: UN," Aljazeera News, November 23, 2019, https://www.aljazeera.com/news/2019/11/saudi-led-coalition-air-attacks-yemen-80-percent-191122174301451.html。

2019 年底，和谈努力开始出现瓦解迹象。胡塞武装在沉寂了三个月之后，突然恢复了对沙特的跨境袭击，12 月 27 日发射导弹击中沙特边境城市纳季兰的军事基地，造成数十名军官死亡;[①]2020 年 2 月，又袭击了沙特阿美设在红海沿岸城市延步的石油设施。与此同时，胡塞武装还在地面战场上加大了对也门政府军的挤压，持续向盛产石油的马里卜省、与沙特接壤的焦夫省挺进，并控制了焦夫省省会哈兹姆。[②]沙特领导的联军也再次加大了对胡塞武装的空袭力度。双方重回战场对抗。虽然阿曼等斡旋国仍在努力维持沙特与胡塞武装之间的对话渠道，但停火屡屡成为新一轮军事进攻的前奏，无疑增加了冲突各方重建信任的难度，也为未来可能出现的新和谈蒙上了阴影。

二 军事方案宣告破产

2015 年沙特牵头组建逊尼派多国联军介入也门局势，基本思路是以军事力量压制胡塞武装叛乱，继续推进"阿拉伯之春"后的政治过渡进程。速战速决的目标失败后，哈迪政府、多国联军以及背后提供支持的美英等国，仍寄望于保持对胡塞武装的长期军事高压，消耗其资源及战斗力，迫其屈服。然而几年来的实践证明，即便这种退而求其次的战争手段，也越来越不可能成功。2019 年

① "Houthis Launch Ballistic Missile at Saudi City of Najran," *Middle East Monitor*, December 28, 2019, https://www.middleeastmonitor.com/20191228-houthis-launch-ballistic-missile-at-saudi-city-of-najran/.

② "Officials Say Yemen's Rebels Seize Strategic Northern City," Aljazeera News, March 2, 2020, https://www.aljazeera.com/news/2020/03/officials-yemen-rebels-seize-strategic-northern-city-200301135153794.html.

也门战场上力量对比的变化，进一步宣告了军事方案的破产。

1. 胡塞武装获得非对称优势

胡塞武装自 2004 年开始以叛军形象出现在也门政治舞台上，初始战斗力有限，武器装备简陋，基本停留在 20 世纪 60 年代抵抗埃及军队入侵时的水平。[1] 随后其在与政府的多次冲突中缓慢壮大。尤其 2011 年后，胡塞武装充分利用政治过渡期的混乱局面，与前总统萨利赫达成合作，从正规军手中获得了坦克、大炮等重型武器和防空设备，同时从战略导弹部队、海防部队和情报机构中拉拢了一批专业人员。[2] 2014 年胡塞武装攻占首都萨那后，又缴获多套 9M117M 炮射导弹发射器和 33 枚"飞毛腿 B 型"短程弹道导弹，[3] 作战能力跃升，遂以破竹之势向南推进，直逼战略港口亚丁。

胡塞武装在战场上取得相对优势引发了多国联军的干涉。沙特、阿联酋等国投入精良的武器装备和大量雇佣军，同时通过密集空袭掌握战场主动权，很快抵消了胡塞武装一方的军事成果，迫其退守北方。联军扶持哈迪政府在也门组建广泛的反胡塞武装联盟，给予其源源不断的武器和资金支持。胡塞武装陷入相对孤立，即便能维持与萨利赫的脆弱同盟，在军事投入上也很难长期与沙特、阿

---

① Barak Salmoni, Bryce Loidolt, and Madeleine Wells, "Regime and Periphery in Northern Yemen: The Huthi Phenomenon," chapter on the six Houthi wars, Santa Monica: RAND, 2010, pp. 200-204, 231.

② Michael Knights, "The Houthi War Machine: From Guerrilla War to State Capture," the report from Combating Terrorism Center at West Point, September 2018, Volume 11, Issue 8, https://ctc.usma.edu/houthi-war-machine-guerrilla-war-state-capture/.

③ Tom Cooper, "How did the Houthis Manage to Lob a Ballistic Missile at Mecca?" January 2, 2017, https://warisboring.com/how-did-the-houthis-manage-to-lob-a-ballistic-missile-at-mecca/.

联酋抗衡。为了避免被消灭，胡塞武装加强了与地区什叶派大国伊朗的联系，从而获得作战指导以及部分武器和技术支持。

其中导弹和无人机方面的技术能力提升，成为胡塞武装获取不对称优势的关键。一方面，胡塞武装将伊朗生产的武器部件进行改装，与现有导弹相结合，用以打击沙特境内目标，短短两年，打击范围便从155英里扩大到600英里，[1] 覆盖了沙特首都利雅得、两大圣地麦加和麦地那、港口城市延步以及重要的石油设施等。另一方面，胡塞武装在伊朗援助下，逐渐掌握并改进了无人机组装和制造技术。2016年开始使用无人机进行战场监视和情报侦察；2017年投入作战；[2] 2018年，据联合国调查报告称，胡塞武装的无人机飞行距离已达745~932英里，能荷载数十公斤弹药，绕开常规防空系统，将利雅得、阿布扎比、迪拜均纳入攻击范围。[3] 这意味着胡塞武装不仅弥补了国内战场上没有空中力量的短板，而且获得了低成本袭扰沙特、阿联酋本土的手段，同时还能威胁红海及波斯湾能源航线的安全，有效增加了沙特等国的空防负担。

2019年，胡塞武装基于无人机和导弹袭击的不对称优势进一步强化。1月，袭击也门拉赫季省阿纳德空军基地，导致哈迪政府情报局局长和数名高级军官身亡；3月，袭扰沙特水处理工厂和发电厂；5月，轰炸沙特首都利雅得附近的输油管道；6月，沙特南

---

① Michael Knights, "Making the Case against Iranian Sanctions Busting in Yemen," Washington Institute for Near East Policy, December 15, 2017.

② Dhia Muhsin, "Houthi use of drones delivers potent message in Yemen War," August 27, 2019, https：//www.iiss.org/blogs/analysis/2019/08/houthi-uav-strategy-in-yemen.

③ Dion Nissenbaum and Warren P. Strobel, "Mideast Insurgents Enter the Age of Drone Warfare," *The Wall Street Journal*, May 2, 2019, https：//www.wsj.com/articles/mideast-insurgents-enter-the-age-of-drone-warfare-11556814441？shareToken=stb4d012f88e2d444f8a056823ae80ffca.

部吉赞机场和阿卜哈机场同时遇袭；7月，沙特西南部哈立德国王空军基地被炸；8月，沙特与阿联酋接壤地带的谢巴赫（Shaybah）油田遇袭。几个月内，胡塞武装不断威胁、破坏沙特的军事、商业和民用基础设施，声称要把对抗联军侵略的"经济威慑战"推向新阶段。[①] 虽然"威慑"并不意味着有能力取得最终的军事胜利，但胡塞武装将此作为向沙特施压、促其考虑"和平倡议"的手段，并收到了成效。[②] 2019年9月阿美公司遇袭，成为压垮沙特军事信心的"最后一根稻草"，迫其开始寻找军事手段之外的解决方案。

2. 反胡塞武装联盟持续分化

除了效忠哈迪的政府军外，也门反胡塞武装的派别还包括南方分离运动、南方省份部落武装、逊尼派伊斯兰主义者，以及部分极端组织。他们多元化程度高，彼此利益冲突错综复杂，对也门未来政治发展和权力分配有不同主张，在哈迪政府合法性问题上均有所保留，唯一的共同点是视胡塞武装为敌人。当胡塞武装处在军事扩张期、各派利益受到直接威胁时，反胡塞武装联盟尚能同仇敌忾；一旦威胁消除，安全压力减轻，就很难再保持合作关系。[③]

事实上，该联盟的分化瓦解来得比预期更早。2016年也门战场陷入僵持，各派意识到短期内难以取胜，逐渐失去对胡塞武装作

---

① "Houthi Official: Targeting Aramco A New Phase of Economic Deterrence," May 15, 2019, https://en.abna24.com/news//houthi-official-targeting-aramco-a-new-phase-of-economic-deterrence_941632.html.

② Aziz el Yaakoubi, "Houthi Leader Says Drone Attacks a Response to Spurned Yemen Peace Moves," May 26, 2019, https://www.usnews.com/news/world/articles/2019-05-26/houthi-leader-says-drone-attacks-a-response-to-spurned-yemen-peace-moves.

③ "Yemen: Key Players and Prospects for Peace," Middle East and North Africa Programme Workshop Summary, Chatham House, November 17–18, 2015, p.3.

战的兴趣。这一方面是由于各派始终把内战视为中央政府与胡塞武装之间的冲突对立，对政府忠诚度有限，在得不到明确回报的情况下，不愿持续投入、损耗实力来"为他人作嫁衣"。联合国斡旋也均以安理会第 2216 号决议为基础，将谈判框定在哈迪政府与胡塞武装之间，进一步强化了这种认识。另一方面，各派利益诉求既明确又有限，南方分离运动意在恢复南也门的独立地位，部落武装希望守土自治，逊尼派伊斯兰主义者有意分割甚至主导国家权力。长久看，这些派别与哈迪政府的目标分歧更大，矛盾更直接。而胡塞武装只要失去扩张势头、不能统一全境，与上述各派的利益碰撞就不会激化到你死我活的地步。简言之，各派"反胡塞武装"立场仍在，但联盟关系在不断分化。这种分化是 2017 年之后哈迪政府无力组织大规模地面攻势的主要原因。即便号称"决胜"的荷台达战役，也主要依靠多国联军支援；政府军主力是前总统萨利赫余部①，其他各有自己的利益盘算；部落武装中只有生活在当地、与此利益攸关的"蒂哈玛抵抗组织"（Tihama Resistance）参与。其他派别或固守势力范围，或在外围摇旗观望，一定程度上削弱了联军的进攻能力。

2019 年，反胡塞武装联盟从分化迈向了分裂。8 月，南方过渡委员会与哈迪政府公开决裂，双方兵戎相见，成为反胡塞武装联盟破裂的标志性事件；随后，南方过渡委员会向周边省份扩张，又与

---

① 主要是共和国卫队（由萨利赫侄子领导）和"巨人旅"（受阿联酋资助）部分力量，在 2017 年底胡塞－萨利赫同盟破裂、萨利赫本人被打死之后，转投哈迪政府。参与战役一是想要复仇，二是想要抢占落脚之地。Gareth Browne, "Who are in the Yemeni Ground Forces Fighting in Hodeidah?" June 14, 2018, https://www.thenational.ae/world/mena/who-are-the-yemeni-ground-forces-fighting-in-hodeidah-1.740197.

当地部落发生利益冲突；① 部落武装多求自保，对哈迪政府"平叛"不甚热心，在冲突中作壁上观。当前，在胡塞武装占领区外，各派势力武装割据已成常态，哈迪政府无力统领整合，只能靠联军勉力维持；在胡塞武装控制区边缘，胡塞武装与政府军时有冲突，但烈度与范围有限，战线迁移艰难。各方实现军事突破的可能性都越来越小。

3. 沙特孤掌难鸣

2019 年 6 月，阿联酋宣布从也门撤军，从根本上改变了战场力量平衡。此后数月，阿联酋陆续从荷台达、亚丁、哈德拉毛、索科特拉等地撤出军队及重型武器；但以配合美国"反恐"为名，在也门南部红海沿岸保留了部分武装力量。②

阿联酋是沙特在也门的最重要盟友，其撤军并非贸然决定，而是基于对自己国内外形势发展的判断。首先，波斯湾冲突风险上升，阿联酋需要重新部署军事资源确保本土安全。阿联酋与伊朗素有矛盾，长期依靠美国保护，2019 年美伊对立持续升级，使其面临巨大的安全威胁。一方面，阿联酋境内有美军重要基地，如宰夫拉空军基地、富查伊拉海军基地和杰贝阿里港等，常驻美军 5000 人，③ 容易成为伊朗及其代理人（包括胡塞武装在内）的报复目标。另一方面，特朗普政府不愿在遏伊问题上投入实质性的军事资

---

① "The Southern Implosion," The Yemen Review of Sana'a Center for Strategic Studies, August 2019, pp. 15-17.

② Declan Walsh and David D. Kirkpatrick, "U. A. E. Pulls Most Forces From Yemen in Blow to Saudi War Effort," *The New York Times*, July 11, 2019, https://www.nytimes.com/2019/07/11/world/middleeast/yemen-emirates-saudi-war.html.

③ Matthew Wallin, "U. S. Military Bases and Facilities in the Middle East," American Security Project, June 2018, p. 10.

源，使阿联酋意识到必须依靠自身力量，遂开始着手将部分海外军队调回本土。其次，阿联酋不愿因也门战争影响对美关系。联军在也门的轰炸造成严重人道主义危机，招致国际舆论批评声浪高涨，甚至连最初支持干涉的美、英内部也出现了反对声音，尤其是美国国会参众两院均通过议案要求限制向沙特、阿联酋销售武器，因特朗普动用总统否决权该议案才未最终落实。但国会两党并未放弃向政府持续施压。从长远看，阿联酋需要在美国会保持良好形象，以促进美阿合作。也门战争与美阿关系相比，只是次要利益。最后，阿联酋国内经济改革紧迫性增加，也须尽快从也门冲突中脱身。国际油价长期走低，阿联酋作为石油输出国，一方面收入锐减，必须削减支出；另一方面亟待加快经济转型，继续推动转口贸易、旅游业、金融业等发展，打造地区"经济绿洲"品牌。因此必须避免过度卷入各种地区冲突，并尽快清理海外军事行动中的"负资产"。

尽管阿联酋培训了若干也门本地武装以填补撤军后造成的力量真空，[①] 但还是使沙特在也门陷入了空前孤立。一是极大地削弱了联军地面进攻能力。据联军内部分工，阿联酋主要负责地面行动，过去数年累计向也门战场投入 15000 多名官兵、发起各类袭击 13 万次。[②] 撤军将使战场平衡朝着不利于哈迪政府的方向发展。二是在阿联酋长期扶植下，南方武装羽翼渐丰，已有能力与哈迪政府公

① 据称阿联酋在也门南部培训了约 9 万名武装分子，并给予其后勤和资金援助。Ibrahim Jalal, "The UAE may have Withdrawn from Yemen, but Its Influence Remains Strong," Middle East Institute, February 25, 2020, https://www.mei.edu/publications/uae-may-have-withdrawn-yemen-its-influence-remains-strong.

② Ammar al-Ashwal, "Where is the Yemen War Heading?" Carnegie Endowment for International Peace, April 15, 2020, https://carnegieendowment.org/sada/81565.

开叫板，联军居中调和的难度增大。为了维护反胡塞武装联盟的统一，阿联酋将支持南部地方武装、维护军事基地运营的任务部分转交给沙特，[①] 这又增加了沙特本就不堪负担的财政包袱。不仅如此，联军的另一主力苏丹，由于国内政局变化，自 2019 年 4 月起也开始陆续从也门撤军；到 12 月底苏丹在也门的驻军已从 5 万人的峰值减至 5000 人；2020 年 1 月进一步减到 657 人。[②] 苏丹总理明确称也门冲突"无法通过军事手段解决"[③]。沙特虽心有不甘，却不得不接受现实。

三　政治新版图浮现

2019 年也门国内政治版图出现质变，各派别依靠外援实现割据自立，政治碎片化程度日益加深。虽然联合国始终未放弃斡旋努力，有意将也门带回 2015 年之前的政治过渡进程，重启全国对话，但这一愿景已与今日之现实相去甚远。

1. 中央政府代表性衰微

当前受国际社会承认的哈迪政府，是在"阿拉伯之春"冲击中诞生的过渡政府，代表性先天不足；本应在 2014 年结束任期、

---

① "UAE Withdraws its Troops from Aden, Hands Control to Saudi Arabia," Reuters News, October 31, 2019, https：//www. reuters. com/article/us-emirates-military-yemen/uae-withdraws-its-troops-from-aden-hands-control-to-saudi-arabia-idUSKBN1X923A.

② "Only 657 Sundanese Troops are in Yemen：Military Spokesperson," January 15, 2020, https：//www. sudantribune. com/spip. php? article68850#forum418054.

③ Ali Harb, "Sudan's PM Hamdok Says He Wants to Withdraw Troops from Yemen," Middle East Eye, December 6, 2019, https：//www. middleeasteye. net/news/sudans-pm-abdalla-hamdok-wants-withdraw-countrys-troops-yemen.

重新选举，但因战争延宕至今。2015 年，胡塞武装占领首都萨那，迫使总统哈迪出逃，流亡沙特；2019 年，南方过渡委员会又占领临时首都亚丁，驱逐政府机构及军队。中央政府虽有名义上的合法性，但在国内已无立足之地，行政指令大多无法落地，更无力履行相应治理职能，地位岌岌可危。

政府本身软弱无能。在官员任免和军事部署等重大问题上，总统哈迪唯沙特之命是从，状如傀儡；沙特军队在也门东南省份与当地部落冲突，哈迪政府撤换了抵抗派官员并试图劝说民众"配合"，被指为卖国。① 政府军内部腐败猖獗，在编人员中近 70% 的人逃避战斗，骗吃军饷，② 致使前线屡屡失利，打击政府支持者的信心。③ 国内人道主义灾难深重，平民屡被联军空袭误伤，基础设施瘫痪，基本生活物资匮乏，社会经济濒于崩溃，进一步削弱了政府的合法性根基。

国家立法机构亦分崩离析。也门最近一次议会选举是在 2003 年，300 余名议员大多是全国人民大会党或"伊斯兰改革集团"的成员，法定任期 6 年。其后选举连续被推迟。2015 年胡塞武装宣布解散议会，议员或流亡国外，或改换门庭加入反政府阵营。哈迪一直想恢复议会，以彰显政府合法性，但始终未能召集到足够多的

---

① Ahmed Abdulkareem, "Once Saudi Allies, Tribes in Eastern Yemen's Al-Mahrah Are Now Battling Saudi Forces," February 28, 2019, https://www.mintpressnews.com/al-mahrah-yemen-tribes-renew-armed-struggle-against-saudi-forces/265352/.

② Ammar al-Ashwal, "Yemen's Houthis Advance in Marib, Saudi Border Areas," https://www.al-monitor.com/pulse/originals/2020/03/yemen-saudi-arabia-jawf-maarib-houthis-war-borders-oil-gas.html.

③ 由于腐败丑闻，阿联酋在 2019 年 5 月收回了向政府军提供的重型武器和爱国者导弹。Ammar al-Ashwal, "Where is the Yemen War Heading?" Carnegie Endowment for International Peace, April 15, 2020, https://carnegieendowment.org/sada/81565.

议员。直到 2019 年 4 月，沙特出面组织 145 名议员在也门东部萨扬举行会议并大肆宣传，为哈迪政府站台，[①] 但随即遭到胡塞武装和南方过渡委员会的强烈抵制。[②]

此外，政府过度依赖伊斯兰改革集团，加剧了政治离心趋势。哈迪本是也门执政党全国人民大会党成员，但该党在内战中分裂并迅速衰落，不足依靠；政府遂转向原反对党伊斯兰改革集团寻求支持，尤其是军事支持。但改革集团是穆斯林兄弟会在也门的分支，奉行保守的逊尼派意识形态，不仅与什叶派胡塞武装水火不容，也被南方分离运动视为宗教、政治和经济领域的"压迫者""掠夺者"，公开威胁并要求政府与其切割。[③] 由于也门最大部落哈希德部落在伊斯兰改革集团中居主导地位，其势力膨胀也引起了其他部落的警惕和疑虑，导致更多部落势力对政府的忠诚及认可度不断跌落。

2. 边缘政治势力崛起

2019 年，南方过渡委员会与哈迪政府公开决裂，撕破了也门内部胡塞武装与反胡塞武装联盟二元对立的假象，形成了三个权力中心并存的局面。这意味着此前被边缘化的政治势力具备了与中央政府分庭抗礼、争夺合法性的实力。

---

① 沙特在经济和军事方面提供了大力支持：向每位参会议员支付数十万里亚尔；会议期间还拦截了近 12 架无人机袭扰。"Game of Parliaments-The Yemen Review," Sana'a Center for Strategic Studies, May 7, 2019, https：//sanaacenter. org/publications/the-yemen-review/7357.

② Anne-Linda Amira Augustin, "The War in Yemen: Fragmentation and Consolidation of Local Power Structures," March, 2020, https：//www. rosalux. de/en/publication/id/40861/the-war-in-yemen-fragmentation-and-consolidation-of-local-power-structures.

③ Guy Faulconbridge, "Southern Yemeni Separatists Tell Saudi Arabia: Evict Islah or Lose the War," Reuters News, August 14, 2019, https：//www. reuters. com/article/us-yemen-security-south/southern-yemeni-separatists-tell-saudi-arabia-evict-islah-or-lose-the-war-idUSKCN1V417X.

首先是胡塞武装，代表北方什叶派栽德派群体的利益，势力范围以萨达省为中心向外辐射。栽德派历史上曾长期统治也门北部，人口占比为 37%～45%，甚至更多。但在萨利赫掌权时期，其却被刻意排斥在国家权力核心之外，在政治、经济发展、宗教和民族身份上均受到中央政府的系统性压制。① 这直接催生了胡塞武装运动，并促其不断激化为与政府的武装冲突。此轮内战爆发后，胡塞武装不仅接管了首都及部分政府资源，而且先后成立最高政治委员会、民族救国政府，并组建内阁；成立全国过渡委员会代行议会职责，建起一整套与中央政府平行的机构，否认哈迪政府的合法地位。② 截至 2019 年底，胡塞武装已控制了首都萨那和也门北部主要省份以及全国 80% 的人口，可动员军力至少 10 万人，有相对稳定的财政来源，③ 已成为也门权力版图中不容忽视的力量。

其次是南方过渡委员会，代表南方分离运动的利益。1990 年南北也门合并，南也门处于相对弱势地位；1994 年也门内战，南方战败，地区的政治、军事实力被进一步削弱，经济条件恶化，由此带来的被剥夺感和不公平处境激起南部民众普遍不满，成为南方分离运动产生和壮大的基础。该运动主张脱离中央政府、恢复南也门独立，得到一些部落支持，但因组织松散，一直未能壮大。2015

---

① Myriam Renaud, "Who are Yemen's Houthis?" December 14, 2018, https: //theconversation. com/who-are-yemens-houthis-106423.

② "'Saudi Puppet': Yemenis Question Their President's Legitimacy," *Middle East Eye*, March 22, 2020, https: //www. middleeasteye. net/news/hadi-yemen-houthis-war-saudi-arabia-islah-stc-uae.

③ "Economic Warfare: Government and Houthi Struggle for Control Deepens," *War's Elusive End: the Yemen Review 2019 Annual Edition*, Sana'a Center for Strategic Studies, pp. 71-79.

年之后得到阿联酋大力扶持，政治和军事机构迅速制度化：组建南方过渡委员会，设置直属武装"安全带"部队，成立准政府部门、外事机构、地方议会等，还召集了300多人的"国民大会"，准备制定南方宪法、推动独立公投。① 目前，该委员会控制着临时首都亚丁以及拉赫季、达利、阿比扬省的关键地区，要求哈迪政府分享、割让权力。②

此外，在名义上由政府控制的地区，一些省份和部落也处于实际自治状态。马里卜省省长本人就是当地最大部落领袖，与伊斯兰改革集团在当地的驻军达成利益交换，直接争取沙特的政治支持和投资，不受哈迪政府约束；哈德拉毛省有自治传统，对哈迪政府和南方分离运动均不信任，只求在乱局中独善其身；③ 索科特拉岛和马哈拉省反对联军入驻，对政府失望，呼吁部落联合自保。凡此种种，都强化了也门国家权力去中心化的趋势。

3. 外来者划分势力范围

外部干涉长期化，使也门内战日益蜕变为代理人战争：外部力量扶植本地武装，维护既得利益；本地武装依靠外援支持，维持生存并伺机壮大。这种相互需要的完美闭环加剧了也门权力版图碎片

---

① Robert Forster, "The Southern Transitional Council: Implications for Yemen's Peace Process," Middle East Policy Council, Volume XXIV, Fall 2017, Number 3, https://mepc.org/journal/southern-transitional-council-implications-yemens-peace-process.

② 也门南部分离主义势力内部又分多个小派别，政治诉求不尽相同。南方过渡委员会是其中崛起最明显、实力最强的一支，声称代表"整个南方"；虽然一些地方武装、部落等不接受其代表性，但乐见其与中央政府争权。Raiman al-Hamdani and Helen Lackner, "War and Pieces: Political Divides in Southern Yemen," a Policy Brief from European Council on Foreign Relations, January 2020, https://www.ecfr.eu/publications/summary/war_and_pieces_political_divides_in_southern_yemen.

③ Maysaa Shuja al-Deen, "Federalism in Yemen: a Catalyst for War, the Present Reality, and the Inevitable Future," Sana's Center for Strategic Studies, February 2019, pp. 19-21.

化，最初尚能隐蔽于反胡塞武装的旗帜之下；但 2019 年战场趋于平静，各方开始巩固现有成果，外来者依托代理人在也门划分势力范围的态势进一步明朗化。

阿联酋将也门南方作为经营重点。一是要控制亚丁湾、红海沿岸重要港口及曼德海峡，确保在地区能源和商业运输领域占据战略主动；二是配合美军打击盘踞在东南省份的"基地"组织，履行对美安全合作义务；三是削弱至少是制衡代表政治伊斯兰势力的"伊斯兰改革集团"。为此，阿组建、培训、援助了众多南方武装和准军事组织，包括占据战略港口城市亚丁的"安全带"部队，驻守舍卜沃和哈德拉毛两省沿海地带的"舍卜沃精锐军"和"哈德拉毛精锐军"，控制西南沿海塔伊兹省的阿布阿巴斯旅和巨人旅，以及在荷台达附近站稳脚跟的全国抵抗部队[1]等，总数逾 9 万人。[2] 宣布撤军后，阿联酋安排这些代理人武装接收了大部分重要港口和军事基地，以守护其利益；将一些深入内陆的基地转交沙特，自己则保留了部分军事力量，直接控制穆哈港、拜勒哈夫港、穆卡拉港及邻近的里扬机场等战略要地。[3]

沙特的首要战略目标是确保沙特与也门边境安全，阻止伊朗通

---

[1] 由前总统萨利赫的侄子塔里克·萨利赫率领，名义上是政府军一部分，但不接受哈迪政府调度，依靠阿联酋援助。更多由阿联酋资助的军事组织情况，可参考 "Typology of Prominent Armed Groups and Military Units in Yemen," from the Letter dated 27 January 2020 from the Panel of Experts on Yemen addressed to the President of the Security Council, January 27, 2020, pp. 70–71.

[2] Imad K. Harb, "Why the United Arab Emirates Is Abandoning Saudi Arabia in Yemen," *Foreign Policy*, August 1, 2019, https：//foreignpolicy.com/2019/08/01/why-the-united-arab-emirates-is-abandoning-saudi-arabia-in-yemen/.

[3] Ibrahim Jalal, "The UAE may have Withdrawn from Yemen, but Its Influence Remains Strong," Middle East Institute, February 25, 2020, https：//www.mei.edu/publications/uae-may-have-withdrawn-yemen-its-influence-remains-strong.

过胡塞武装在阿拉伯半岛南部扩张影响；其次是打通经也门前往印度洋的替代通道，减少对霍尔木兹海峡的依赖。因此，沙特的注意力主要集中在也门北部和东南部地区。一是希望通过扶持哈迪政府来限制胡塞武装势力，不管以军事手段击败，还是以经济、政治条件利诱，最终要阻断或离间其与伊朗的关系，解除其对边境的威胁。二是在哈迪政府配合下，自2017年起开始不断在马哈拉省增加军事存在。① 表面上，是为阻止胡塞武装利用该省与阿曼接壤的陆上通道走私武器；实际上，是要将此地纳入实际管辖范围，修建联通沙特本土的输油管道。② 这不仅招致当地民众抗议，更引起邻国阿曼的警觉。2019年10月，阿曼支持当地部落成立也门南部国民自救委员会，卷入争夺；加之阿联酋亦虎视眈眈、伺机分利，③ 使得这一地区的竞争态势更趋复杂。

此外，伊朗通过援助胡塞武装，以较小的投入实现了对沙特、阿联酋的安全威胁；卡塔尔虽被沙特逐出联军阵营，但一直与伊斯兰改革集团保持联系并予以资助④，有意对抗沙特、阿联酋在也门的扩张；俄罗斯为获取通往红海和东非地区的军事跳

---

① 该省处在也门东南部，与阿曼接壤，濒临亚丁湾和阿拉伯海。截至2019年中，沙特已控制了该省的9个区以及机场、边境口岸和主要海港，建立了十多个军事基地，派遣了数千名战斗人员。"Yemen's Al-Mahra: From Isolation to the Eye of a Geopolitical Storm," Sana'a Center, July 5, 2019, https://sanaacenter.org/publications/analysis/7606。

② "Saudi Arabia Prepares to Extend Oil Pipeline through Yemen to Arabian Sea," *Middle East Monitor*, September 3, 2018, https://www.middleeastmonitor.com/20180903-saudi-arabia-prepares-to-extend-oil-pipeline-through-yemen-to-arabian-sea/.

③ Bel Trew, "Inside east Yemen: the Gulf's New Proxy War on One is Talking About," *Independent*, August 31, 2019, https://www.independent.co.uk/news/world/middle-east/yemen-conflict-mahra-saudi-arabia-troops-houthi-rebels-proxy-war-iran-a9081371.html.

④ Samuel Ramani, "How Qatar is Working to Boost Its Influence in Yemen," *Al-Monitor*, November 19, 2018, https://www.al-monitor.com/pulse/originals/2018/11/qatar-stake-yemen-war-ceasefire.html.

板，主动与南方过渡委员会合作，准备在亚丁开设新领馆。^① 外部势力深度卷入，使得也门各派力量对比和利益分化呈现与内战前截然不同的特征。

四　统一希望日渐渺茫

2019 年底，哈迪重申了恢复也门和平与统一的决心，^② 既是作为对《利雅得协议》的回应，也传达出对沙特和胡塞武装直接对话的不安。然而，在和谈及军事手段失败、各派力量平衡逆转的情况下，哈迪政府一厢情愿的统一似已成"不可能完成的任务"。

1."历史遗留问题"尚未解决

就也门政治传统看，统一并非主流。上溯几个世纪，这一地区都处于分裂状态，一方面是语言、宗教、经济和社会结构差异形成的自然分隔，另一方面则是由于殖民者的争夺。二战后，阿拉伯也门共和国（北也门）和也门民主人民共和国（南也门）先后成立，但分别加入了冷战的对立阵营，原有的脆弱联系被进一步切断，社会经济和政治领域的差异也持续扩大。1990 年苏东剧变，南也门作为阿拉伯世界中少有的社会主义国家，失去重要外援，经济濒临崩溃；北也门抓住历史时机，实现了南北统一。

---

① Kirill Semenov, "Does Russia Seek Return of Independent South Yemen?" *Al-Monitor*, April 11, 2019, https：//www. al-monitor. com/pulse/originals/2019/04/russia-south-yemen-uae-prospects. html.

② "Hadi Forms Team to Unify Yemen's Political Parties Under Legitimacy," News from Asharq Al-Awsat, December 13, 2019, https：//aawsat. com/english/home/article/2033961/hadi-forms-team-unify-yemen%E2%80%99s-political-parties-under-legitimacy.

　　然而在名义上统一的国家框架内，也门中央政府未能妥善处理权力整合与再分配问题，也未能及时完成政治现代化改革：没有形成现代国家和民族认同，没有清除部落文化和军事组织结构，没有理顺宗教与政治的关系，保留了各式各样的地方主义，为国家再次分裂埋下隐患。1994 年内战，2007 年南方分离运动出现，2000 ~ 2012 年胡塞武装六次叛乱，根源皆在于此。前总统萨利赫既无手段也无意愿解决这些历史遗留问题，只能依靠外援和部落关系，利用其利益矛盾相互牵制，勉强维持局面，压制南北双向的离心趋势，被称为"在蛇头上跳舞"。2011 年"阿拉伯之春"打破了脆弱平衡，哈迪取代萨利赫站上了火山口，却无法继续缝补各种分歧，最终未能阻止新一轮内战爆发。

　　持续的暴力冲突改变了权力获取规则，进一步强化了古老的部落和宗教认同，也给地方武装创造了发展壮大的机会。旧矛盾没有解决，反而在新的仇恨刺激下不断激化。战争初期，外界对冲突性质认识不足，在一定程度上也延误了解决问题的时机。联合国将内战框定为哈迪政府与胡塞武装之间的冲突，要求胡塞武装单方面投降；沙特将内战视为伊朗代理人颠覆逊尼派国家政府，寄望于反胡塞武装联盟同仇敌忾，这些都没有触及矛盾根源。当和谈屡屡失败、军事割据逐渐固化时，国际社会开始呼吁更具有包容性的联合政治进程。这一理念和思路不可谓不正确，但考虑到也门的历史传统和当前显著的"去中心化"趋势，所谓"包容"与"联合"将变成越来越难迈过的门槛。

　　2. "再统一"缺乏现实基础

　　在中央政府不断弱化的情况下，也门回归统一只能靠各主要派别的共识和妥协，或是外部势力有决心施加足够长、足够大的压力。但现实中这两个条件都不具备。

首先，也门各派情况复杂。一方面，有心统一的派别实力有限，实力派又对统一国家不抱期望。胡塞武装以栽德派传统据点和首都萨那为中心，占据西北大片地区，确立政治、经济和宗教主导权，已有能力迫使沙特与其直接对话，对通过联合政府获取合法性的需求降低；南方过渡委员会控制临时首都亚丁，要求恢复南也门独立；东南部沿海包括索科特拉岛在内，当地部落虽不完全接受南方过渡委员会作为未来国家代表，但在脱离中央政府、实现南方自治方面与其有共同需求；哈迪政府流亡在外，唯有恢复统一才能延续政治生命，但可依靠的力量只有伊斯兰改革集团；伊斯兰改革集团又主要靠拉拢当地部落，但各部落的社会和政治主张高度分散，难以整合。另一方面，各派缺乏政治互信，妥协意愿小。除了现实利益冲突外，政治理念亦存排他性分歧。胡塞武装、伊斯兰改革集团及萨拉菲主义者，本质上都是极权主义宗教运动，不接受政治多元化；南方过渡委员会代表世俗、极端的民族主义者，既反对宗教团体以任何形式获取国家权力，也难以长期容忍地方主义和部落主义。

其次，外部干涉势力所图各异。阿联酋退出战场，通过武装代理人保留对也门重要港口的间接控制，基本实现了其地区战略布局的目标，也门统一不符合其利益。一是统一的中央政府会排斥其在南部的特殊权利；二是不同代理人之间矛盾弱化，会增加其控制难度。事实上，分裂导致各派对外援高度依赖，正是阿联酋及其他外部势力在也门扩大影响的有利时机。沙特虽名义上支持以哈迪为代表的中央政府，但对也门统一态度暧昧。既担心长期分裂造成战乱外溢冲击本土安全，又不希望"后院"出现高度整合的、具有一致对外行动能力的国家。历史上沙特一直追求在也门建立友好但软弱的政府，或是实现也门各派分散制衡，以确保其安全优势，统一与否，并非必要条件。伊朗更希望也门战争能长期持续，将沙特拖在"泥潭"之中。此外，美国长期与也门政府合作打击"基地"组织，但阿联酋及其代理人已逐渐取代了政府军在地面上的作用，美对也门统一的期待开始让位于对也门稳定的需求。

3. 结束战争才是当务之急

也门内战进行到第六年，一切理想化的和平倡议和政治规划都被残酷的战争现实击穿，尽快结束冲突、在全国实现永久停火成为当务之急。一是由于也门人道主义危机持续恶化，在"全球最严重"级别上不断刷新纪录。截至 2019 年 10 月底，已有超过11 万人在内战中死亡，其中平民超 1.2 万人；[①] 年度死亡人数达内战以来的第二个峰值。[②] 2400 多万人需要救援，占当前人口总数 80% 以上；约 1590 万人面临严重饥饿威胁；国内流离失所者约有 365 万人。[③] 基础设施大量损毁，医疗体系陷于瘫痪，72% 的人口缺医少药，65% 的人没有清洁用水，霍乱、白喉等烈性传染病席卷全国。[④] 2020 年初，新冠疫情全球爆发带来新威胁，也

---

① 不含平民误伤致死数据。"ACLED Press Release: Over 100, 000 Reported Killed in Yemen War," October 31, 2019。

② "ACLED Resources: War in Yemen," https://acleddata.com/2020/03/25/acled-resources-war-in-yemen/.

③ "UNHCR 2019 Yemen Country Report," The UN Refugee Agency, March 2020, p. 5.

④ "USAID Yemen Health Fact Sheet," November 7, 2019, https://www.usaid.gov/yemen/fact-sheets/health-fact-sheet.

门亟须实现停火以避免更严重的人道主义灾难。二是由于国际援助的效用开始出现偏移。一方面，每年数十亿美元援助主要依靠捐赠，既难以筹措又杯水车薪；另一方面，主要捐赠国如美国、阿联酋、沙特等，① 同时也是战争的利益相关方，援助有针对性，不能保证优先分配给最需要的群体。而且随着战局发展，国际援助逐渐成为各方获取实利、维持治理的特殊资源，对援助输送网络的争夺甚至比领土之争更激烈。② 这使国际社会日益陷入一种奇怪的道义困境：不能对也门的人道主义危机坐视不管，但援助在一定程度上又延续了冲突、延长了人道主义危机。只有尽快终止战争才能扭转这一趋势。此外，进一步打击"基地"组织等极端主义势力，也需要以停止冲突为前提。"基地"组织与交战各方均为敌对关系，但始终能在也门寻得生存空间，部分原因在于各派混战客观上分散了"基地"组织的军事压力；而战争导致正常经济生活停滞、民不聊生，也为极端主义思想传播和人员招募提供了便利。若冲突持续，将会使这个阿拉伯半岛上最贫穷的国家在仇恨与分裂的深渊中越陷越深。

结　语

2019 年是也门乱局相对平静的一年，但平静中蕴藏的并非和平的希望，而是无力突破的困顿和无奈。和谈再三宣告失败，军事

---

① "OCHA Yemen Humanitarian Response Plan 2019-Funding Status," UN Office for the Coordination of Humanitarian Affairs, November 26, 2019.

② "The War Over Aid," the Yemen Review from Sana'a Center, January/February 2020, pp. 4–6.

方案毫无出路，各方力量对比出现剧烈变化，干涉势力耐心耗尽，结束冲突的紧迫需求逐日上升。在这种情况下，想要最大限度地唤起各方共识，恐怕难免要尝试突破甚至抛弃内战前的政治框架，在当前现实的利益版图之上讨论解决方案，正视并承认各方的利益诉求，才能有终止暴力循环的可能，进而为化解根源性问题创造条件。

第八章

对接埃及工业发展战略，
拉动中国对埃投资贸易优化升级

塞西总统执政以来，高度重视工业制造业的发展，将其作为国民经济发展的重要支柱以及提升国民生活水平、解决就业的重要举措。2016年，埃及推出的《2030愿景》明确设定了制造业发展目标，即到2030年，将埃及制造业增长率由2015年的5%提升至10%，将制造业增加值在国内生产总值中所占比重由2015年的12.5%提高至18%。为配合《2030愿景》工业制造业发展目标的落实，埃及还在同年推出《2016～2020年工业与贸易发展战略》，将工业制造业发展目标进一步细化。而鉴于工业制造业发展在埃及经济发展战略中占有非常重要的地位，中国发展对埃经济关系也应当以对接埃及工业发展战略为出发点，拉动中国对埃投资贸易实现优化升级。

一　埃及工业制造业发展的潜力与阻碍

在工业制造业的发展上，埃及具有的潜力主要在于其有丰富的劳动力资源以及优越的对外贸易条件；而其工业制造业的发展阻碍则源于其较差的国内营商环境、薄弱的工业基础以及对国内市场的严格保护。

（一）埃及工业制造业发展的优势

充足的劳动力供给、具有国际竞争力的劳动力供给价格，以及极为优越的货物商品的出口贸易条件，为埃及工业制造业的发展提供了极为优越的比较优势。

1. 埃及发展工业制造业具有巨大的"人口红利"

从埃及工业制造业的发展来看，大量适龄就业人口的存在、产业工人培训供给的可持续性以及具有国际竞争力的劳动力供给价格为埃及发展工业制造业，特别是劳动密集型工业制造业提供了巨大的潜在比较优势。

首先，埃及庞大的人口规模和相对年轻的人口年龄结构为工业制造业发展提供了巨大的"人口红利"。2018年，埃及人口总数为9842万，规模接近1亿人，是人口规模最大的阿拉伯国家。而且，埃及的人口结构相对年轻，2018年，埃及男性人口年龄的中位数为20~24岁，适龄就业人口在总人口中占比最高。庞大的人口基数及年轻的人口年龄结构赋予工业制造业发展所需的巨大的"人口红利"。

其次，埃及"人口红利"的可持续性也有助于埃及发展工业制造业。从埃及人口年龄结构的趋势性变化看，由于埃及14岁以下人口在总人口中占比仍呈上升趋势，埃及"人口红利"的厚度也要高于其他发展中国家。根据世界银行的统计，2018年，埃及14岁以下人口占到总人口的33.3%，占比远高于全球25.8%的平均水平，也略高于阿拉伯国家 32.8% 的平均水平，而且与全球儿童在总人口中占比呈现下滑趋势相比，2010～2018 年，埃及 14 岁以下人口占比仍然从 32.1% 上升至 33.3%。

再次，埃及相对较高的教育发展水平为产业工人的培育奠定了人才基础。工业制造业的发展需要得到产业工人队伍的支撑，而相对完善的基础教育体系是培育产业工人不可或缺的先决条件。埃及领先于同等收入国家的教育基础设施也为其融入全球产业重新布局和发展工业制造业提供了有利条件。根据联合国开发计划署公布的《2018 年人类发展指数》，2017 年，埃及国民的平均受教育年限为 7.2 年，高于南亚 6.4 年、撒哈拉以南非洲 5.6 年的平均水平，也要高于阿拉伯国家 7.0 年的平均水平，仅略低于发展中国家 7.3 年的平均水平。而 2017 年，埃及国民预期受教育年限高达 13.1 年，不仅要高于南亚 11.9 年、撒哈拉以南非洲 10.1 年的平均水平和阿拉伯国家 11.9 年的平均水平，也要高于发展中国家 12.2 年的平均水平。13.1 年的预期受教育年限，意味着埃及 9 年制义务教育已实现普及，大量人口可直接进入中等职业技术培训阶段的学习，从而为埃及发展工业制造业培育大量产业工人。

最后，具有国际竞争力的劳动力供给价格可有效降低埃及工业制造业企业的劳动力成本。在劳动力供给价格方面，埃及的劳动力价格不但明显低于周边阿拉伯国家，与南亚、东南亚和拉美地区的其他发展中国家相比，也具有一定国际竞争力。根据联合国工业发展组织的数据，在服装加工业，埃及雇员的年工资为 2275 美元，大概是约旦的一半，相对泰国要低 36.7%，相对印度也仅高出 9.2%，而在未另分类的电力机械和设备制造业，埃及雇员的年工资为 4055 美元，不足约旦一半，相对泰国要低 14.3%，相对印度也要低出 9.2%，有关数据可参见表 1。

表 1 埃及与其他发展中国家劳动力成本的比较

单位：美元

国家 \ 产业类别	雇员年工资				
	第 17 类	第 18 类	第 24 类	第 27 类	第 31 类
埃及（2012 年）	3980	2275	8265	8263	4055
约旦（2013 年）	4445	4152	15385	8555	9913
泰国（2011 年）	2704	3594	4578	4633	4730
印度（2014 年）	2237	2084	4824	4688	4593
巴西（2013 年）	9341	6463	21657	22070	16818

说明：表格中数据按《国际标准产业分类》（ISIC/Rev.3）进行统计，具体指代如下：第 17 类，纺织品的制造；第 18 类，服装制造、毛皮修整与染色；第 24 类，化学品及化学制品的制造；第 27 类，基本金属的制造；第 31 类，未另分类的电力机械和设备的制造。

资料来源：根据联合国工业发展组织历年发布的数据整理。

从以上埃及与劳动力和就业相关的数据可以看到，巨大的人口基数及相对年轻的人口年龄结构为埃及发展工业制造业，特别是劳动密集型工业制造业提供了巨大的"人口红利"；而相对完善的教育基础设施以及 14 岁以下人口占比保持稳定的人口年龄特点也为埃及工业制造业培养产业工人提供了可持续性的人力资源保障。此外，具有国际竞争力的劳动力供给价格则可以有效降低在埃及投资工业制造业的生产成本。因此，从劳动力供给的角度进行评估，埃及在工业制造业发展上，具有极为优越的潜在比较优势。

2. 埃及发展工业制造业具有优越的外部贸易条件

国际产业投资实践表明，优越的贸易条件可有效拓展国家产业发展的外层空间。在改善工业制造业发展的外部环境方面，埃及主要是借助签署有利的贸易协议为国内商品出口提供便利。

通过多年努力，埃及已经生效的优惠贸易协定主要有：其一，埃及—欧盟合作伙伴协议，在该协议下，埃及工业制成品进入欧盟市场免征关税，且不受配额限制；其二，埃及—欧洲自由贸易联盟（EFTA）自贸协定，在该协议下，埃及生产工业制成品进入冰岛、列支敦士登、挪威和瑞士四国免征关税；其三，埃及—土耳其自由贸易区协议，在该协议下，埃及工业制成品进入土耳其免征关税；其四，埃及与南方共同市场自贸区，在该协议下，埃及生产工业制成品进入阿根廷、巴西、巴拉圭、乌拉圭等国免征关税；其五，以色列合格工业区协议，在该协议下，埃及合格工业区所产并含有10.5%以色列成分的输美产品免征关税；其六，阿加迪尔自由贸易协定，在该协议下，埃及向突尼斯、约旦、摩洛哥三国出口的工业制成品免征关税；其七，东南非共同市场，在该协议下，埃及向共同体其他18个国家出口工业制成品享受免税或优惠关税待遇。通过签署上述双边或多边贸易协定，埃及有效地扩展了工业制造业发展的外层空间，特别是得益于非关税壁垒的消除，埃及在发展建材、石化等频繁遭受贸易救济调查的工业制造业方面，具有其他国家难以比拟的优势。

从埃及签订的上述贸易协定来看，埃及的优惠贸易协定可覆盖欧、亚、非数十个国家，覆盖人口超过10亿。而优惠贸易协定的签署，可以帮助埃及有效规避协议签署国设立的关税、非关税壁垒，将本国产品销往签约国市场，从而为本国工业制造业，特别是化工、有色金属冶炼、建材、化纤等频繁引发贸易摩擦的工业制造业提供了巨大的潜在比较优势。

（二）埃及发展工业制造业的障碍

尽管在工业制造业的发展上，充足且具有竞争力的劳动力供给以及优越的国际贸易条件赋予埃及工业制造业发展的巨大潜在比较优势，然而，埃及国内营商环境欠佳、薄弱的工业制造业基础又导致外国制造业企业在埃开展投资和生产活动困难重重，这也构成了严重阻碍埃及工业制造业发展的难题。

1. 埃及国内营商环境不利于工业制造业发展

从全球范围来看，埃及营商环境总体处于中等偏下水平，在参与评比的 190 个国家中，仅位列第 120 位。而相对较差的营商环境意味着，包括中国企业在内，外国企业在埃及投资在很多领域仍难以按照国际通用规则开展生产、经营活动，需要"因地制宜"地建立与当地的其他联系，而这无疑增加了外国企业在埃经营的风险与成本。而在当前，制约埃及工业制造业发展以及中埃产能合作开展的不利营商环境因素主要表现在以下几个方面。

其一，跨境贸易便利度有待提高。

根据世界银行跨境贸易评分体系，埃及跨境贸易便利度在参加评比的 190 个国家中，位列第 170 位，属于跨境贸易便利度非常差的国家。而分领域来看，埃及出口贸易便利程度尚可，而进口贸易便利度极差，其中，货物进口单证合规时间，也就是从出口国和埃及获取将商品进口至埃及所需的各种批文，需要花费的时间总计高达 265 个小时，是中东北非地区国家的 3.5 倍，是撒哈拉以南非洲国家的 2.7 倍。而埃及货物进口的边界合规时间，也就是货物通过埃及边境所耗费的时间高达 240 小时，是中东北非地区国家的 2.3 倍，是撒哈拉以南非洲国家的 1.9 倍，具体情况可见表 2。

表 2　埃及与其他地区和国家跨境贸易便利程度对比

	出口时间：边界合规（小时）	出口成本：边界合规（美元）	出口时间：单证合规（小时）	出口成本：单证合规（美元）	进口时间：边界合规（小时）	进口成本：边界合规（美元）	进口时间：单证合规（小时）	进口成本：单证合规（美元）
东亚和太平洋	54.7	382.2	57.6	109.4	69.2	415.8	57	109.5
欧洲和中亚	22.1	157.5	24.3	97.9	21.1	162.3	24.7	93.9
拉美和加勒比地区	61.9	529.8	52.5	110.4	62.6	647.2	79.1	116.3
中东北非	58	442.4	67.9	244.6	105.4	536	75.5	269
OECD 高收入国家	12.5	139.1	2.4	35.2	8.5	100.2	3.4	24.9
南亚	62.9	347.2	74.1	160.3	95.8	504.6	100.8	276.7
非洲（撒哈拉以南）	97.3	605.8	72.8	168.8	126.3	684.3	97.7	283.5
埃及	48	258	88	100	240	554	265	1000

资料来源：根据世界银行发布的数据整理。

以上数据表明，进口货物到埃及境内是一个十分漫长的过程，从获得相关批文到完成通关，总计耗时超过 21 天。而漫长的商品进口周期，一方面降低了企业应对市场变化做出反应的敏捷度，另一方面则占用了企业大量资金，从而在一定程度上提升了企业的经营风险和成本，不利于国外制造业企业对埃及投资。

其二，执行合同力度有待提高。

在执行合同方面，包括通过法院解决商业纠纷的时间与成本，以及司法程序的质量方面，埃及的表现也是不尽如人意。根据世界银行的数据，在参评的 190 个国家中，埃及执行合同得分位列全球第 160 位，属于执行合同力度最差的国家之一。在埃及，通过法院解决商业纠纷需要花费 1010 天，是中东北非以及撒哈拉以南非洲国家的 1.6 倍。而在用于衡量司法程序效率的司法程序质量指数方面，埃及得分仅为 5.5，也要低于中东、非洲的平均水平（见表 3）。

表 3　埃及与其他地区和国家执行合同力度对比

	执行合同 得分	执行合同 排名	时间 （天数）	成本 （索赔额百分比%）	司法程序质量 指数（0~18）
东亚和太平洋	52.75	104	581.1	47.2	7.9
欧洲和中亚	65.65	51	496.3	26.3	10.3
拉美和加勒比地区	53.39	108	768.5	31.4	8.5
中东北非	55.04	105	622	24.7	6.1
OECD 高收入国家	67.65	45	582.4	21.2	11.5
南亚	43.44	145	1101.6	29.8	7
非洲（撒哈拉以南）	48.87	128	655.1	42.3	6.7
埃及	42.75	160	1010	26.2	5.5

资料来源：根据世界银行发布的有关数据整理。

以上数据表明，在埃及，通过司法途径解决商业纠纷的透明度和公正性有待提高，并且司法流程耗时极长。而合同执行方面存在的上述问题意味着在埃投资的国外企业与其他企业，特别是与埃及本土企业发生的业务交往，很难得到法律的保护，企业在埃及投资需要面对较大的合同违约风险，因而不利于国外制造业企业对埃及投资。

其三，纳税体系有待改善。

埃及的纳税体系，也就是包括利润或企业所得税、雇主缴纳的社会派款和劳务税、财产税、财产转让税、股息红利税、资本收益税、金融交易税、垃圾税、车辆和道路税以及任何其他小额的税或费等各项税款及派费的征收方面，埃及的表现也处于全球下游水平，在参评的 190 个国家和地区中，名列第 159 位，甚至与全球纳税便利度最低的南亚地区和撒哈拉以南非洲相比，仍有一定差距。总体来看，埃及纳税次数和税负负担虽没有优势，但还处于全球中游水平，然而，纳税花费的时间和报税后的流程指数却处于全球垫底水平（见表 4）。

表 4 埃及与其他地区和国家纳税指标对比

	纳税得分	纳税得分排名	纳税次数（次/每年）	时间（小时数/每年）	税及派款总额（占利润百分比%）	报税后流程指数（0~100）
东亚和太平洋	72.98	88	21.2	180.9	33.5	56.42
欧洲和中亚	75.8	72	16.6	214.8	32.3	64.41
拉美和加勒比地区	60.49	126	27.1	330	46.7	47.04
中东北非	74.52	83	17.7	196.7	32.7	50.08
OECD 高收入国家	83.32	40	11.2	159.4	39.8	84.41
南亚	60.02	132	27.6	274.8	43.5	41.78
非洲（撒哈拉以南）	57.52	129	37.4	280.6	46.8	54.63
埃及	52.73	159	29	392	46.4	36.54

资料来源：根据世界银行发布的有关数据整理。

首先，埃及年纳税时间是 392 小时，较南亚地区平均水平高 42.6%，较撒哈拉以南非洲平均水平高 39.7%。而与纳税时间长相比，埃及报税后流程的便利程度对埃及营商环境的负面影响要更大一些。报税后流程主要评估两项指标：一是企业采购大型设备的增值税进项税超过了企业的销项税，各经济体是否允许纳税人申请增值税留抵退税以及取得退税所需时间；二是企业所得税申报截止日后发现申报错误导致少缴税款，主动纠错补税所需的时间，包括可能引发税务稽查的时间。而在该项指标上，埃及得分仅为36.54，较该项指标平均得分最低的南亚地区还要低12.5%。而报税后流程指数偏低，意味着在埃及经营的企业并不一定能够享受到增值税减免等政府划定的税收优惠政策，同时也存在因企业疏忽或与征税部门发生争议而遭受罚款的可能。因此，从纳税便利性来看，由于埃及征税体系的透明度和便利性有待提高，企业很难预判和控制在埃及投资的税负成本，因此不利于国外制造业企业对埃及投资。

其四，财产登记便利度有待改善。

尽管埃及登记财产的便利程度整体要好于南亚地区和撒哈拉以南非洲地区，但与其他地区相比仍有巨大差距。土地管理质量指数是影响营商环境的重要指标，用于评估有关土地产权和边界的信息可靠性、土地所有权信息透明度、土地所有权登记和地籍测绘的地理覆盖面、对土地争议实施的保护力度等方面的内容。埃及尽管在该项指标得分高于南亚和撒哈拉以南非洲平均水平，但在参与该项评比的187个国家中，仅位列第131位，处于全球下游水平（见表5）。

表5　埃及与其他地区和国家登记财产指标对比

	登记财产得分	登记财产排名	登记财产所需手续（项）	登记财产所需时间（天）	登记财产成本（财产价值百分比%）	土地管理质量指数（0~30）
东亚和太平洋	57.56	97	5.4	72.6	4.5	16.3
欧洲和中亚	75.57	49	5.3	20.3	2.6	19.6
拉美和加勒比地区	55.25	121	7.2	63.3	5.8	11.9
中东北非	62.11	90	5.6	29.7	5.7	14.2

续表

	登记财产得分	登记财产排名	登记财产所需手续（项）	登记财产所需时间（天）	登记财产成本（财产价值百分比%）	土地管理质量指数（0~30）
OECD 高收入国家	77.17	44	4.7	20.1	4.2	23
南亚	46.91	144	6.8	114.1	6.9	8.8
非洲（撒哈拉以南）	52.62	131	6.2	53.9	7.6	8.8
埃及	55	125	9	76	1.1	9

资料来源：根据世界银行发布的有关数据整理。

　　土地是制造业企业开展生产和经营活动的物质载体，而埃及在土地管理方面存在很多弊端，这意味着外国企业在埃及投资有可能会在土地产权问题上陷入纠纷，从而增加了外国企业在埃及投资的风险和成本，因而也不利于国外制造业企业对埃及投资。

　　其五，债务违约风险较大。

　　跨国企业开展海外生产、经营活动无疑要与东道国企业发生很多接触，然而，由于埃及金融体系不发达，破产法及相关规定不健全，企业在埃及投资与当地企业发生债务纠纷时，特别是因当地企业破产引发的债务纠纷中，很难得到有效保护，其主要表现在以下两个方面。一是企业间债务缺乏有效保护。世界银行用合法权利力度指数衡量担保和破产法保护借方和贷方权利并借此为借贷提供便利的程度，埃及该项指标得分在全球参评的 190 个经济体中位列第112 位，位于中下游水平，而埃及该项指标得分较低，表明由于缺乏法律保护，在埃及投资的企业与当地企业发生债务问题时，很可能会陷入债务纠纷。二是企业破产债务回收率低，该回收率是指债权人通过重组、清算或债务执行（抵押物没收或破产接管）等法律行动收回的债务占债务额的百分比，在埃及，企业破产的债务回收率仅为 23.4%，在全球 165 个国家中位列第 131 位，处于下游水平，而企业破产债务回收率低，也在一定程度上增加了外资企业与埃及国内供应商接触的风险。因此，从债务保护角度来看，埃及国内的营商环境也不利于国外制造业企业对埃及投资。

其六，电力供应便利性有待提高。

稳定的电力供给是工业制造业发展的必要保障，而可预期的电价也有助于企业准确评估生产经营成本。世界银行主要是用供电稳定性和收费透明度指标来评估电力供应的便利性，该项指标得分为 0~8，而埃及该项指标的得分仅为 3，在参评 186 个国家中，与 14 个国家并列第 119 位，处于全球下游水平。因此，从电力供应角度来看，潜在的停电风险以及用电成本的不可预期性，都不利于国外企业对埃及投资。

上述关于埃及国内营商状况的数据表明，受货物进出口通关便利程度低、资产和商业活动缺乏法律保护、税收征收和监管不透明、电力供应不稳定等因素影响，企业在埃及投资如没有很强的本地联系，在埃及的生产和经营活动会面临巨大的商业风险，且须承担较大的隐性成本。而较差的营商环境也构成制约外国企业对埃及投资以及埃及工业制造业发展的主要障碍。

2. 埃及缺乏工业制造业发展所需的产业基础

高质量的国内供给对于制造业发展以及吸引外国直接投资都具有非常大的促进作用，然而，以联合国贸易和发展会议发布的贸易数据为基础，计算埃及货物商品的贸易竞争力指数，可以发现，埃及工业基础十分薄弱，其国内供给能力处于较低水平。

贸易竞争力指数，即 TC（Trade Competitiveness）指数，是用来测度特定商品国际竞争力及其相关产业发达程度的常用指标，该值为 -1~1，取值愈高，表明商品的国际竞争力越强，一般而言，该指标介于 0.3~0.6，表明商品具有较强的竞争优势，高于 0.6 则表明具有极强的竞争优势。而 TC 值为负，则表明商品具有竞争劣势，指标介于 -0.3~-0.6，表明商品具有较大的竞争劣势，低于 -0.6 则表明具有极大的竞争劣势。

2017 年，在 256 组货物商品中，埃及出口贸易额超过 1 亿美元且 TC 值大于等于 0.6 的货物商品仅有 13 组，其中 4 组为农产品或资源类商品，而工业制成品仅有 9 组，分别是：肥料（TC = 0.78，出口额为 11.0 亿美元）；未另列明的纺织物服装（TC = 0.61，出口额为 6.1 亿美元）；纺织物非针织或钩编而制成的男装等（TC = 0.68，出口额为 4.6 亿美元）；监视器或投影机以及电视接收设备（TC = 0.76，出口额为 4.5 亿美元）；室内铺地用品等（TC = 0.74，出口额为 3.1 亿美元，表 6 缺此项）；石灰、水泥及人造建筑材料（玻璃及黏土材料除外）（TC = 0.79，出口额为 2.3 亿美元）；未另列明的全部或基本上以纺织原料制成的制品（TC = 0.64，出口额为 2.2 亿美元）；纺织物针织或钩编而制成的男装等（TC = 0.62，出口额为 1.3 亿美元）；皮革（TC = 0.95，出口额为 1.1 亿美元）（见表 6）。

同年，在出口贸易额超过 1 亿美元的货物商品中，埃及还有 10 组货物展现出较强的竞争优势，其中，6 组货物是农产品或资源类商品，而工业制成品仅有 4 组，分别是：切成一定尺寸或形状的纸和纸板及其制品（TC = 0.31，出口额为 3.6 亿美元）；醇、酚、酚醇及其卤化、磺化、硝化或亚硝化的衍生物（TC = 0.42，出口额为 2.7 亿美元）；无机化学元素、氧化物及卤盐（TC = 0.51，出口额为 2.3 亿美元）；玻璃（TC = 0.54，出口额为 1.6 亿美元）（见表 6）。

表 6　2017 年埃及具有国际竞争力货物商品的 TC 指数

出口额单位：亿美元

SITC 编码	名称	TC 指数	出口额
具有极强竞争优势的工业制成品			
562	肥料（第 272 组所列除外）	0.78	11.0
845	未另列明的纺织物服装，不论是否为针织或钩编的	0.61	6.1
841	纺织物非针织或钩编而制成的男装或男童装、披肩、夹克、套装、运动衫、长裤、衬衫、内衣、睡衣和类似物品（第 845.2 分组所列物品除外）	0.68	4.6
761	监视器或投影机；电视接收设备，不论是否装有收音机或录音机或重放装置	0.76	4.5
661	石灰、水泥及人造建筑材料（玻璃及黏土材料除外）	0.79	2.3
658	未另列明的全部或基本上以纺织原料制成的制品	0.64	2.2
843	纺织物非针织或钩编而制成的男装或男童装、披肩、夹克、套装、运动衫、长裤、短裤、衬衫、内衣、睡衣和类似物品（第 845.2 分组所列物品除外）	0.62	1.3
611	皮革	0.95	1.1
具有较强竞争优势的工业制成品			
642	切成一定尺寸或形状的纸和纸张及其制品	0.31	3.6
512	醇、酚、酚醇及其卤化、磺化、硝化或亚硝化的衍生物	0.42	2.7
522	无机化学元素、氧化物及卤盐	0.51	2.3
664	玻璃	0.54	1.6

资料来源：根据联合国贸易和发展会议发布的有关数据整理。

而按照《国际贸易标准分类》（第四版）计算埃及 167 组工业制成品的贸易竞争力指数可以看到，埃及仅有极少数工业制成品具有国际竞争力。2017 年，埃及具有极强竞争优势（TC ≥ 0.6）的工业制成品占比仅为 7.2%，具有较强竞争优势（$0.3 \leq TC < 0.6$）的工业制成品占比低至 2.4%，两者相加不足工业制成品总组数的10%。与之形成鲜明对比的是，2017 年，埃及具有极大竞争劣势（$TC \leq -0.6$）的工业制成品占比高达 64.7%，具有较大竞争劣势（$-0.3 \leq TC < -0.6$）的工业制成品占比也达到 12.6%，两者相加总计占到工业制成品总组数 77.3%。

通过计算埃及工业制成品的 TC 指数，可以看到，埃及工业制造业发展基础十分薄弱，只有极少数工业制成品具有竞争优势。而埃及具有竞争优势的工业制成品又主要是以未经加工或是加工程度低的初级产品为主，此外，还有少数与资源禀赋联系紧密、产业链短的中间形态工业制成品具有国际竞争力。尽管埃及在纺织服装以及电视机生产上也展现出较强的国际竞争力，但在纺织纱、电子元件等上游产品的生产上存在竞争劣势，须大量依赖进口，这也表明，埃及国内供给能力整体处于较低水平，产业链不完整会在很大程度上抵消"人口红利"带来的劳动力成本优势。

二 中国与埃及工业制造业发展的
现状与障碍

尽管从国家层面来看，中国与埃及开展国际产能合作得到了双方政府的高度重视和支持，然而，在实际操作层面，双方合作却开展得并不顺利。由于中国对埃及制造业直接投资的规模十分有限，双方合作至今仍处在较低水平。而双方合作的具体障碍主要来自双方产业链相距较远的现实以及我国在埃及建设的工业园区尚未能发挥出产业投资孵化平台的作用。

（一）中埃制造业产能合作具有很强的政策对接性

由跨国产业投资带动的工业制造业领域的国际产能合作是共建"一带一路"的重要组成部分，也是中国与阿拉伯国家、中国与非洲国家经贸合作的重要内容。我国在 2016 年 1 月出台的《中国对阿拉伯国家政策文件》中明确提出："对接中国产能优势和阿拉伯国家需求，与阿拉伯国家开展先进、适用、有效、有利于就业、绿色环保的产能合作，支持阿拉伯国家工业化进程。"而 2018 年发布的《中国和阿拉伯国家合作共建"一带一路"行动宣言》再次重申，"产能对接"是中阿合作的四大行动计划之一，并提出设立150 亿美元的中东工业化专项贷款用于支持中东北非阿拉伯国家的工业发展。此外，2015 年发布的《中国对非洲政策文件》明确提出，要"将优先支持非洲工业化进程作为新时期中国对非合作的突破口和着力点"。2018 年发布的《关于构建更加紧密的中非命运共同体的北京宣言》也提出，要促进"双方'一带一路'产能合作，加强双方在非洲基础设施和工业化发展领域的规划合作"。

而从埃及方面来看，在经历"阿拉伯之春"政治危机之后，埃及逐渐将促进工业制造业发展看作拉动就业、提高人民生活水平的重要举措。2016 年，埃及出台的《2030 愿景》明确了工业制造业发展在国民经济中的重要地位，并且提出了国民经济发展的具体目标。而在《2030 愿景》公布之后，埃及又发布了《2016～2020年工业和贸易发展战略》，进一步将《2030 愿景》提出的工业发展目标具体化，以竞争优势理论为依托，埃及提出了涵盖基础设施建设、人力资源培训、改善国内营商环境、拓展产业发展外层空间、提升本土供给能力等内容的全方位的工业制造业发展战略。而在工业制造业发展目标落实中，埃及则是将吸引外国直接投资作为带动本国工业制造业发展的重要内容。

从双方合作的具体产业来看，我国国务院《关于推进国际产能和装备制造合作的指导意见》文件中确定的、可依托企业直接投资推动的重点领域很多都属于劳动密集型的产业部门，其中包括棉纺、化纤、家电、食品加工等传统轻纺行业，也包括一些在国际市场频繁遭遇贸易摩擦的新兴制造业部门，如平板玻璃、风电、光伏发电设备、轮胎等能源消耗较大的资金密集型工业制造业。而从埃及的资源禀赋来看，埃及在人力资源方面拥有巨大的"人口红利"，以及埃及通过签订双边或多边贸易协定所获得的优越贸易条件，均使其发展工业制造业拥有巨大的潜在比较优势。

因此，从我国出台的对阿、对非经济合作政策文件和埃及经济发展战略，以及中埃双方经济的具体需求来看，双方在工业制造业部门开展国际产能合作具有非常强的政策对接性。

（二）中国与埃及开展国际产能合作的现状

在工业制造业产能合作领域，尽管中埃双方在机制建设方面取得了快速进展，然而在操作层面，双方合作却未取得实质性进展，至今仍然处于较低水平。

1. 中埃双方已经建立相对成熟的产能合作机制

在工业制造业的产能合作方面，中国与埃及已经在制度框架的建设上取得很大的进展。2014 年 12 月，塞西总统访华，两国领导人提出了开展中埃产能合作的建议。随后双方通过电话会议就产能合作项目清单进行了梳理和磋商。2015 年 6 月，中国中埃产能合作工作组代表团访问埃及，中国国家发改委、中国商务部与埃及贸工部、埃及投资部四部委进行了大组会谈，梳理了优先项目，会议签订了会议纪要，草签了中埃产能合作框架协议，确定了电力、交通和工业领域的 15 个优先项目清单。2015 年 9 月，塞西总统访华，两国四部委正式签署《中埃产能合作框架协议》。《中埃产能合作框架协议》签署后，中埃双方于 2016 年 6 月在开罗召开第二次工作组会议，7 月在北京召开第二次部长级会议；2017 年 7 月召开第三次工作组会议（视频会议）；9 月在北京召开第三次部长级会议。

2016 年 1 月，中国商务部部长高虎城与埃及苏伊士运河经济区总局主席达尔维什分别代表中埃双方在开罗签署《中华人民共和国商务部和阿拉伯埃及共和国苏伊士运河经济区总局关于埃及苏伊士经贸合作区的协议》。根据该协议，中埃双方将共同为苏伊士合作区的建设、招商和运营提供支持和便利。中方将推动有实力、具有科技含量的企业到苏伊士合作区投资发展，鼓励金融机构为苏伊士合作区及入区企业提供融资便利，提供对苏伊士合作区的发展规划咨询和对埃方人员的培训。埃方将对苏伊士合作区提供经济特区的相关政策支持，在公共服务、税收优惠、外国员工比例等方面做出安排。该协议明确在中埃经济、贸易和技术合作混合委员会框架下，中埃两国有关部门将成立苏伊士合作区相关工作机制，协调解决合作区建设运营中出现的问题。协议签署后，中埃双方分别于 2017 年 7 月和 2018 年 12 月，召开了两次机制会议。

2. 双方产能合作实际仍处于较低水平

国际直接投资是国际产能合作的重要载体，其规模和结构能够很好地反映中国与"一带一路"共建国家开展产能合作的密切程度。然而，从中国对埃及投资流量的状况来看，中埃产能合作尚未取得实质进展，双方合作仍处于较低水平（见表7）。

表 7　2014~2018 年中国对埃及直接投资统计

单位：万美元

	2014 年	2015 年	2016 年	2017 年	2018 年
流量	16287	8081	11983	4446	7422
存量	65711	66315	88891	83484	90000

资料来源：根据中国商务部发布的数据整理。

根据中国商务部的统计数据，2018 年，中国对埃及的直接投资流量仅为 7422 万美元，截至 2018 年底，中国对埃直接投资存量仅为 9 亿多美元。如此规模的资金流动水平，不仅在中国对外直接投资中占比极低，在埃及吸引外国直接投资总量中占比也十分有限。根据联合国贸易和发展会议的统计，2018 年埃及吸引外国直接投资流量总计为 67.98 亿美元，而当年中国对埃直接投资流量仅占到埃及吸引外国直接投资总流量的 1.1%。截至 2018 年底，埃及吸引外国直接投资存量总额为 1163.9 亿美元，而中国对埃直接投资存量仅占到埃及吸引外国直接投资存量总额的 0.8%。

中国对埃及直接投资不但资金规模非常有限，而且对埃及的投资也并不是以工业制造业为主，根据中国商务部的统计数据，截至 2016 年底，中国对埃及直接投资存量中的 8.9 亿美元，仅有 12% 流向了制造业部门，资金总额仅为 1.1 亿美元。

观察中国对埃及工业制造业部门的资金流动情况可以看到，由于中国流向埃及工业制造业部门的资金数量非常有限，中埃双方的产能合作实际上并未取得突破，仍处于较低水平。

（三）中国与埃及开展国际产能合作的现实障碍

中埃双方在工业制造业领域开展国际产能合作具有很强的政策对接性，并且双方也已建立相对成熟的组织机制，然而，在操作层面，双方合作的开展却十分缓慢。其主要原因：一是中埃双方产业链相距较远；二是我国在埃及建成的境外园区尚未承担起境外投资孵化平台的作用。

1. 产业链相距较远阻碍中阿产能合作的推进

中国与埃及在工业制造业开展国际产能合作最重要的障碍是双方产业链相距较远的现实。中国工业制造业发展所依托的是以中、日、韩三国为核心的东亚工业供给体系，而埃及则是深嵌于以欧洲为中心的产业供给体系。这两个产业链都十分成熟，基本能够实现地区内供给的自给自足。但产业链距离较远的现实构成了中国与埃及制造业产能合作的障碍。

中国是世界上工业制成品生产大国，也是埃及重要的贸易伙伴。2011年以来，中国始终都是埃及仅次于欧盟的第二大货物进口贸易伙伴。然而，中国对埃及出口的货物商品主要以最终形态工业制成品为主。例如，未另列明的电信设备及其零件是埃及从中国进口贸易额最大的货物商品，2017年，该组商品占到埃及从中国货物进口贸易总额的9.3%。其中，95%以上是以手机、固定电话等通信设备成品的形式进入埃及市场。除电信设备外，服装和机电产品也是埃及从中国进口的主要工业制成品，而其也主要是以最终形态工业制成品的形式进入埃及市场。表8显示了埃及主要中间形态工业制成品的贸易伙伴构成情况。

表8　埃及主要中间形态工业制成品的贸易伙伴构成

	国家 （占比）	国家 （占比）	国家 （占比）	国家 （占比）	国家 （占比）
锭状和其他初级形状的铁或钢；铁或钢的半成品	乌克兰 （43.7%）	俄罗斯 （38.6%）	利比亚 （5.5%）	巴西 （3.8%）	阿联酋 （3.5%）
纺织纱	中国 （44.3%）	印度 （20.2%）	印度尼西亚 （9.0%）	土耳其 （7.6%）	约旦 （5.2%）
非初级形态的其他塑料	沙特阿拉伯 （33.1%）	欧盟 （24.2%）	阿联酋 （18.2%）	韩国 （5.6%）	中国 （4.6%）
未另列明的贱金属制品	欧盟 （37.3%）	中国 （19.8%）	阿联酋 （11.6%）	美国 （11.4%）	土耳其 （4.1%）
纸和纸板	欧盟 （59.3%）	中国 （7.4%）	土耳其 （7.2%）	美国 （4.1%）	俄罗斯 （3.5%）
铁或钢制的管子和中空型材及管子配件	欧盟 （37.6%）	中国 （12.6%）	阿联酋 （10.7%）	土耳其 （8.1%）	日本 （7.7%）
初级形态乙烯聚合物	沙特阿拉伯 （42.5%）	阿联酋 （30.5%）	欧盟 （8.3%）	新加坡 （4.7%）	卡塔尔 （3.2%）
未包覆、未镀或未涂其他材料的铁或非合金钢压延产品	欧盟 （57.8%）	中国 （15.7%）	美国 （6.2%）	马来西亚 （3.4%）	土耳其 （3.4%）
汽车的零件及附件	欧盟 （23.4%）	中国 （15.8%）	泰国 （12.3%）	韩国 （12.2%）	印度 （8.8%）
电路装置、设备、板、盘、台、桌、柜和其他基座	欧盟 （58.6%）	中国 （18.3%）	美国 （3.7%）	土耳其 （3.4%）	韩国 （2.9%）

资料来源：根据联合国贸易和发展会议发布的有关数据整理。

与最终形态工业制成品相比，中国生产的中间形态工业制成品在埃及市场的竞争力并不强，埃及与欧洲、西亚国家的产业链联系要更为紧密。例如，东欧国家所产粗钢在埃及市场具有较强的竞争力，沙特、阿联酋等中东国家所产石化产品在埃及具有较强的竞争力，欧盟所产精钢产品、工业元件在埃及具有较强的国际竞争力。在中国对埃及出口的中间形态工业制成品中，仅有纺织纱在埃及市场具有较强的竞争力，而中国产纺织纱在埃及能有竞争优势主要得益于中国作为全球最大产棉国形成的资源禀赋优势，以及纺织纱自身低廉的国际运输成本。与中国相似，第二大产棉国印度所产纺织纱在埃及市场也占有较大份额。

以上信息也表明，受运费、市场因素的影响，埃及制造业发展与欧洲、西亚地区的联系更为紧密，与中国产业链联系则相距较远，而相对分离的产业链体系意味着中国企业在埃及投资需要离开熟悉的产业链体系，如无法根据埃及所处产业链的特点整合上游供给，将很难借助埃及的"人口红利"和优越的贸易条件降低企业生产成本。

2. 已建成的境外工业园区无力发挥境外投资孵化平台作用

成立于 2008 年的中埃泰达苏伊士经贸合作区（简称中埃泰达）是中国商务部认定的国家级境外经贸合作区，该园区规划是以工业项目为主，也是将推动落实中埃制造业产能合作作为园区发展的重要目标。然而，中埃泰达苏伊士经贸合作区在前期布局上存在两个重要短板，这决定了园区实际上难以担负起国内企业在埃及投资孵化平台的作用。

首先，园区地理位置偏僻，远离人口聚居区，难以借助埃及"人口红利"组织生产。从比较优势的角度来看，埃及工业制造业发展最为重要的支撑便是充足且在价格上具有国际竞争力的劳动力供给。然而，中埃泰达所处的苏伊士省却是埃及人口最为稀疏的省份之一，2015 年，该省总人口仅有 62.3 万人，2014 年，该省居住区人口密度为 68.3 人/平方公里。这意味着中埃泰达在与埃及其他工业园区竞争劳动力资源处于绝对劣势，很难发展劳动密集型工业制造业，这也是该园区雇用本地人员数量一直偏低的重要原因。

其次，该园区管辖法律严格限制园区产品在埃及关税区域内销售，入驻企业无法开拓埃及国内市场。

中埃泰达经贸合作区位于埃及唯一的经济特区——苏伊士经济特区，由于地处埃及经济特区，园区受埃及 2002 年《经济特区法》管辖，该法做出明确规定，对于经济特区内企业生产的产品，只有在经济特区管委会认为符合埃及利益的情况下，才被允许进口至埃及国内，而且管委会对产品进口的范围、数量比例、执行时间做出清晰的规定。埃及人口规模接近 1 亿，本身拥有巨大的市场规模，但对中国企业而言，在苏伊士经贸合作区投资意味着失去埃及巨大的本国市场。从埃及工业制造业发展战略来看，埃及近些年来高度重视国内各省自由区的建设，而自由区享有的投资优惠政策与经济特区相差不大，但在自由区投资的企业可将 50% 的产品销往埃及国内。因此，埃及经济特区享受到的实际政策优惠远不如埃及其他工业园区。

也恰恰是基于上述两个短板，实际上，苏伊士经贸合作区对于入驻企业实力的要求极高，只有那些拥有较强资金和技术实力，其企业产品在欧洲、中东等埃及周边市场具有较强竞争力的企业，在该园区投资才能存活下去，迄今为止，中国也仅有巨石集团在此取得了成功。

三　推动中国对埃及投资
贸易优化升级的策略

综合埃及工业制造业发展特点、中埃产能合作现状与障碍，可重点考虑依托中阿博览会等平台向埃及推介中国优势产品，消除双方信息不对称对双边贸易关系发展造成的障碍。在投资合作方面，则应当将中国具有优势的"短链"工业产品作为对埃及合作的重点产业部门，并着力将其打造成对埃及投资合作的"名片"项目。此外，中埃曼凯纺织产业园在埃及发展面对严峻挑战，必须在争取优惠政策、科学设置主导产业等方面做出妥善应对。

（一）依托中阿博览会及其他展示平台向埃及介绍中国优势产品

从货物商品的出口情况来看，中国对埃及出口仍然是以纺织服装、机电产品、手机和通信设备等最终形态工业制成品为主。双方贸易发展当前存在的主要问题是：中国生产的最终形态工业制成品无法向埃及中高端和高端市场渗透，而中国生产的中间形态工业制成品在埃及市场所占份额十分有限。因此，为推动中国与阿拉伯国家贸易关系发展取得突破，中阿博览会应当将中国具有技术优势、产品质量扎实的中高端消费类产品或定制类消费产品以及参与工业生产再加工的中间形态工业制成品作为对埃及推介的重点产品。

首先，在最终形态的消费商品方面，为将中国服装、家电、通信电子产品向埃及中高端市场推进，中阿博览会可考虑重点引进义乌小商品、佛山小家电企业参加展会，并为其设立专门的展台，帮助参加展览会的埃及和其他阿拉伯国家客商增进对中国小商品、小家电生产能力的直观认识。此外，博览会应设立以小商品、小家电为主要议题的技术宣传和交流活动，增进双方企业界联系，以便中国企业为埃及等阿拉伯客商提供符合阿拉伯国家需求的定制化小商品、小家电产品，以此打开埃及等阿拉伯国家的中高端消费市场。

其次，对于参与工业再生产的中间形态工业制成品而言，化工、有色金属、建材产品等重化工业产品均属于参与国际贸易竞争的大宗产品，产品缺乏差异性，产品质量易于检测和评估，产品的竞争优势主要依赖生产的成本优势，而大宗商品的上述特质决定了只要解决信息不对称的问题，企业之间会自然寻找到商机。因此，为促进中国与埃及等阿拉伯国家在中间形态工业制成品贸易方面的发展，宁夏回族自治区可着重依托中阿博览会或其他商品展示平台，向埃及推介中国具有竞争优势的中间形态工业制成品，通过最大限度地降低中国与埃及商业信息不对称情况，拉动中国对埃及中间形态工业制成品贸易发展的优化升级。

最后，从宁夏自身来看，宁夏具有较强竞争力的货物商品除以枸杞为主的特色农副产品和以羊绒、羊毛为主的轻纺产品外，主要是工业生产所需的重化工业产品。在重化工业产品中，除依托煤化工基地生产的各类基础化工产品具有较强的国际竞争力外，依靠煤炭资源带来的低电价优势，宁夏生产的碳化硅及其下游产品双氰胺以及镁、硅、钽、铌、铍等有色金属及金属制品也具有了较强的国际竞争力。近些年来，在低电价的带动下，宁夏的单晶硅、多晶硅等光伏产业部门和蛋氨酸等饲料添加剂产业，以及轮胎产业都获得快速发展。鉴于宁夏具有竞争优势的货物商品是以参与工业再生产的重化工业产品为主，促进宁夏对埃及贸易优化升级也应当充分利用中阿博览会重点解决双方供需不对称的问题。

（二）科学规划、有序推进对埃及产业投资

结合埃及工业发展基础设施、营商环境、国际贸易环境的特点，以及中国自身的产业发展优势，在当前阶段，为拉动中国对埃及产业投资优化升级，可考虑采取以下策略。

1. 将短链产业作为优先走出去的产业部门

埃及工业基础十分薄弱，国内供给处于较低水平，中国企业与当地企业的商业纠纷很难通过法律途径得到解决，加之埃及所处产业链联系又与中国相距较远，对于中国企业而言，脱离国内熟悉的供应链体系对埃及投资，产业链供给成本的上升，很可能导致企业难以借助埃及"人口红利"和优越贸易条件提升企业竞争力。因此，产业链越复杂的企业，在埃及投资的难度也就越大。目前，国内在埃及取得成功的制造业投资项目，包括巨石玻璃纤维、安琪酵母、新希望饲料等，都具有高度依赖初级原料供给、产业链短的特点。结合宁夏产业发展的自身优势，可将短链产业作为推动宁夏与埃及合作的重点产业部门。

其一，食品添加剂和饲料添加剂。

埃及接近1亿的人口规模对食品加工和农牧产业提出了巨大的发展需求，从埃及工业制造业增加值的构成来看，食品加工业在埃及制造业中居于重要地位，并且占比持续提升。随着人口规模的扩大和生活水平的提高，埃及国内市场对于饲料添加剂、食品添加剂的需求也会快速上涨，而埃及自身在饲料添加剂、食品添

剂方面存在供应短板，需要大量依赖进口。宁夏在食品添加剂、饲料添加剂的生产上已经形成一定规模效应。瑞林化工的双氰胺、伊品生物的赖氨酸、紫光天化的蛋氨酸不但在国内具有很强的竞争优势，而且这些企业也已具备了较强的出口能力。宁夏可考虑依托区内龙头企业，积极推进与埃及在食品添加剂、饲料添加剂方面的国际产能合作。

其二，光伏发电。

埃及所处的北非地区是全球光热资源最为丰富的地区。近些年，得益于光伏产业的快速发展和技术创新，在光热资源较好的地区，薄膜大型地面光伏发电设备的综合发电成本甚至能够优于天然气联合循环发电的综合成本。因此，埃及高度重视光热资源的利用，埃及光伏发电 15 年发展计划提出，到 2027 年将埃及的太阳能光伏发电能力提高到总电力需求的 20% 左右。宁夏的嘉泽新能、银星能源等新能源企业，在光伏发电设备生产、光伏电站建设方面拥有丰富的经验和较强的技术实力，宁夏可依托上述大型企业，深化推进与埃及在光伏发电领域的投资合作。

其三，原料药。

原料药是治疗药品产业链的上游，是保障药品供应、满足人民用药需求的基础。我国是全球重要的原料药生产和出口国，欧洲国家医药产业对我国原料药具有很强的进口依赖。特别是新冠疫情的全球扩散对全球医药产业链的冲击，也让欧洲国家开始重视原料药供应安全。新冠疫情结束后，全球医药供应链极有可能会面临巨大调整，我国对欧洲原料药出口也极有可能需要面对更高的关税和非关税壁垒。而埃及依托与欧盟签署的《地中海联系协定》，对欧出口原料药可享受免关税待遇。埃及原料药生产拥有数十年历史，近些年仿制药产业发展也很迅速，未来必然会成为全球医药产业链调整的重要受益者。而宁夏在原料药生产上具有非常强的国际竞争力，宁夏启元药业是全球最大的四环素生产企业，也是红霉素原料药及其合成产品的世界三大供应商之一。面对全球医药产业链可能出现的结构性调整，宁夏也应提前布局，尝试依托区内龙头企业，在埃及建立原料药海外生产基地。

2. 以成熟工业园区作为产业投资的依托

埃及制造业发展的主要瓶颈在于缺乏必要的"软""硬"基础设施支撑。其中，硬件基础设施短板主要存在于电力供应方面；而"软性"基础设施不足主要与政府服务水平低有关，包括货物进出口便利程度低、土地管理水平质量较低等。鉴于埃及在制造业发展上存在的上述"软""硬"基础设施短板，中国企业在埃及投资应当选择电力供给有保障、进出口手续及通关便利、土地产权清晰及综合发展相对成熟的工业园区作为对埃及投资的主要依托，借助工业园区在有限地理范围内提供的有利条件开展生产和经营活动。

在对埃及投资的区位选择上，如果是利用埃及优越的贸易条件，以欧盟、美国作为主要出口目的地，应当优先选择受埃及2017年《投资法》管辖、入驻企业可将50%产品销往埃及本国市场的享有自由区待遇的成熟工业园区作为依托平台，如十月六日城、斋月十日城、明亚工业园等埃及自主建设的工业园区。而对于蛋氨酸、赖氨酸等食品添加剂、饲料添加剂产业，投资目的是以开拓埃及国内市场为主，为避开埃及对特殊经济区域设置的产品内销比例限制，项目选址应选择在基础条件较好的埃及关税区域内地区。

（三）中埃曼凯纺织产业园的投资挑战与应对策略

中埃曼凯纺织产业园（下文简称"曼凯"）位于埃及国家级工业园——姆努夫省萨达特工业园核心位置，占地 310 万平方米，计划入园企业 568 家。曼凯拟按照"上下游产业链完整、关联产业配套齐全"的总体思路，在充分发挥企业自身纺织服装行业优势以及熟悉并拥有对埃及贸易投资行业经验的优势上，逐步形成纺纱、织布、印染、洗水、成衣制造、绣花、印花、辅料、鞋帽箱包等生产及贸易的产业格局，形成产业集聚。然而，从埃及纺织业发展的国内、国际环境来看，曼凯招商引资以及入驻企业在埃及经营仍将面对多方面的挑战，只有针对相关挑战做出合理应对，曼凯才能在埃及获得生存和发展。

1. 曼凯在埃及投资面临的挑战

结合埃及纺织服装业发展的国际、国内环境，棉花、水资源的供给以及埃及成熟集聚区的竞争都对曼凯在埃及投资经营构成了严峻挑战。

其一，资源获取的挑战。在资源获取方面，产业园须应对棉花获取和水资源获取两个方面的挑战。

首先，园区须应对棉花原料获取的挑战。尽管埃及具有悠久的棉花种植历史，高品质的长绒棉举世闻名，但近些年，受种植成本升高、进口棉花冲击以及埃及政府取消对棉农直接发放补贴的影响，埃及棉花种植面积持续下下降，2016 年，埃及棉花种植面积仅为 5.5 万公顷，创下历史新低；2017 年，受埃镑贬值影响，棉花种植面积快速回升，但仍远远低于历史平均水平（见图 1）。

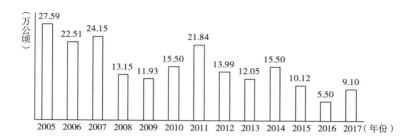

图1 埃及的棉花种植面积

资料来源：根据 WTO 发布的有关数据整理。

受棉花种植面积下降影响，埃及在棉花生产上的竞争优势持续下降。从埃及棉花的贸易竞争力指数来看，2013 年以后，埃及棉花的贸易竞争力指数持续为负（见图2），这也表明，棉花已经不是埃及竞争优势的贸易商品。而埃及棉花生产竞争优势的丧失，必然对纺织园区的资源供给构成约束。

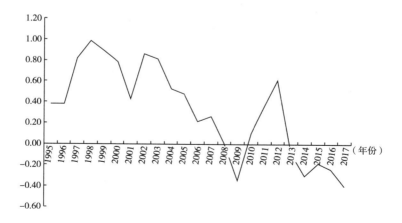

图2 埃及棉花的贸易竞争力指数

资料来源：根据联合国贸易和发展会议发布的有关数据整理。

其次，园区必须面对水资源供给的挑战。萨达特城是埃及近些年开发的新城，深入沙漠地区，纺织业本身就是高耗水、高排放的行业。而园区又是将印染行业作为发展重点，该环节水资源的消耗量要远超纺织品生产的其他环节。我国工信部印发《印染行业规范条件（2017版）》和《印染企业规范公告管理暂行办法》就做出规定，缺水地区原则上不得新建印染项目。埃及对国内企业，特别是外国企业设定的排放标准比我国还要高。因此，对于园区而言，解决园区企业特别是印染项目用水和排放瓶颈，已成为园区实现全产业链投资和发展的关键。

其二，国内竞争的挑战。与埃及国内企业成熟园区相比，曼凯招商引资并不具备优势，而且优惠政策较少也确实导致入驻企业在埃及国内处于竞争劣势。

首先，曼凯地理位置及优惠政策较少导致园区招商吸引力欠佳。在地理位置方面，因为对水资源有巨大的依赖，埃及纺织服装业主要集中于尼罗河三角洲和尼罗河河谷地带，埃及纺织服装产业链结构在这些地区相对完善，并已形成一定的产业集聚效应，而曼凯选址的萨达特城远离埃及现已形成的纺织服装产业集聚中心，想要借助埃及现已形成的上下游供给体系组织生产，需要承担较大的运费成本及关税成本。而且，曼凯入驻企业与享有自由区政策的亚历山大、斋月十日城、舒卜拉海迈的纺织服装企业发生贸易关系，还需要解决货物通关问题，而埃及通关便利程度又居于全球垫底水平，因此，在地理位置方面，曼凯在与埃及国内其他纺织服装产业集聚地的竞争中必然处于劣势。

其次，在优惠政策方面，曼凯未获得"合格工业园区"（QIZ）

资格的现状也使其在招商引资方面处于不利地位。目前，2004 年埃美以三方签订"合格工业园区"（QIZ）协定是埃纺织服装业发展所依托的最为重要的多边贸易协定。根据该协议，含有 10.5% 以上以色列成分的埃及原产的输美产品可获得免关税待遇。因为可以兼顾美国市场，埃及纺织服装业投资大量集中于 15 个"合格工业园区"，特别是产业基础更好、供水供电保障更佳的亚历山大、斋月十日城、舒卜拉海迈、塞得港、纳赛尔城等产业集聚地。而不具备"合格工业园区"（QIZ）资格的竞争劣势意味着曼凯无法借助埃及优越的贸易条件打开美国市场，因此，也使其在与其他园区的竞争中处于不利地位。

最后，埃及国内棉花采购方式导致园区入驻企业在与埃及同类企业的竞争中处于劣势。尽管埃及已经成为棉花净进口国，但在长绒棉等高品质棉花生产上仍具有很强的国际竞争力，然而，埃及棉花生产采取合同销售的方式，也就是棉农需要提前签订棉花销售合同才能获得棉籽和化肥补贴。这种销售模式更有利于在埃及拥有深厚政府背景的国有企业（90% 的产品销售给军方和政府）以及具有很强本地联系的埃及本国以及印度和欧洲、中东国家的棉纺织厂，它们能从当地棉农手中采购优质棉花。而在埃及缺乏历史积累、欠缺当地联系也使曼凯及入驻企业与在埃及经营的同类企业相比处于竞争劣势。

2. 曼凯应对投资挑战的策略

面对资源供给束缚以及埃及成熟产业集聚区竞争带来的挑战，曼凯需要从争取优惠政策、甄选确定主导产业两个方面着手推进在埃及的投资和发展。

其一，将争取"自由区"地位作为园区发展的先决条件。

货物进出口便利化程度低，特别是货物进口便利程度低是埃及营商环境的重要缺陷。进口货物到埃及境内是一个漫长的过程，而漫长的商品进口周期，一方面降低了企业应对市场变化做出反应的敏捷度；另一方面则占用了企业大量资金，在一定程度上提高了企业的经营风险和成本。而得益于政策支持下有限地理范围内营商环境的改良，埃及"自由区"货物进出口的便利程度要明显高于埃及其他地区。因此，曼凯应当将争取"自由区"地位作为在埃及发展的先决条件。

其二，将获得"合格工业园区"资格作为园区扩展的必要条件。

与其他低成本劳动力国家相比，通过双边或多边贸易协定获得的优越贸易条件是埃及纺织服装业发展的重要优势。美国是埃及最重要的纺织服装产品出口目的国，而美国从埃及进口的纺织服装产品90%以上来自埃及"合格工业园区"。而当前，曼凯并未获得"合格工业园区"资格，这就意味着，在曼凯投资的纺织服装企业无法将美国作为主要出口目的国，这也导致曼凯招商引资吸引力明显弱于埃及其他成熟的纺织园区。因此，曼凯想要在埃及发展壮大，必须要将争取"合格工业园区"资格作为园区扩展的必要条件

其三，确定"非棉"产业作为园区主导产业。

鉴于埃及在棉花生产上已经丧失竞争优势，埃及国内纺织企业生产所需的棉花也要大量依赖进口，而埃目前施行的棉花生产和销售模式也不利于新进入的纺织企业在埃及采购到高品质纺织用棉，同时曼凯深入沙漠的地理位置又导致其在用水和排放方面存在严重

短板，因此，园区在发展上可考虑将"非棉"纺织业和服装加工产业作为园区发展的重点。

　　从埃及近些年纺织服装业的发展来看，曼凯将"非棉"产业作为园区发展重点也存在一定的现实基础。这是因为受棉花资源短缺等因素的影响，埃及纺织品的出口竞争优势正在逐渐降低（见表9）。2014～2018年，埃纺织工业品的出口贸易额仅增加了5500万美元，年均增速仅为0.64%，而在纺织工业品中，出口贸易额增加最快的却是"非棉"的人造纤维织物，2014～2018年，埃及人造纤维织物出口贸易增加了8000万美元，年均增速高达21.36%。而同期，服装产业依托国内劳动力资源优势，出口贸易实现年均5.41%的稳定增长，出口贸易额增幅超过3亿美元。

表 9　埃及主要纺织产品及服装的出口贸易额

单位：亿美元

	2014 年	2016 年	2018 年	2014～2018 年 年均增速（%）
纺织纱（丝）、织物、未 另列明的成品及有关产品	13.50	13.17	13.85	0.64
人造纤维织物	0.69	0.79	1.49	21.36
各种服饰及用品	14.25	15.51	17.60	5.41

资料来源：根据联合国贸易和发展会议发布的有关数据整理。

四　以中阿博览会为平台，助力
中埃合作的建议

　　对于中埃合作，埃及对中国最大的期望是借助中国企业投资带动其国内就业，并希望依靠中国投资提升埃及国内基础设施水平。然而，从双方合作的情况来看，在当前阶段，中国在埃及投资建设大型劳动密集型工业制造业，很难确保项目的营利性。而中埃泰达经贸合作区的发展现状也表明，中国在埃及继续投资基础设施，未必能取得很好的效果。因此，对于中阿产能合作而言，与响应埃方需求、盲目推进大型项目相比，借助智库平台推动双方合作将会取得更好的效果。

（一）对接埃及需求的可行性分析

从埃及方面来看，埃及与中国发展经贸关系的期望主要有两点：一是借助中国工业制造业企业的投资带动埃及国内就业；二是借助中国的资金支持发展埃及国内基础设施建设。然而，从双方经济条件来看，完全以埃及的需求为主导落实中埃合作，实际上并不具备可行性。

1. 埃及对于中埃合作的需求

从埃及方面来看，埃及吸引外资的重要诉求便是带动其国内就业，而埃及与中国开展合作最为迫切的需求则是希望得到中国资金支持，以发展和改善其国内基础设施水平。

其一，埃及高度重视外商投资项目的就业带动作用。

对于借助与中国合作带动国内就业，埃及并未向中国提出明确的要求，然而，从埃及国内政策调整来看，带动国内就业实际上是埃及开展国际产能合作的最大诉求。例如，因三星集团在埃及投建的电视机工厂有效带动了当地就业，2015 年，埃及政府专门成立了由埃及海关总署、税务总局和三星集团代表组成的委员会来解决三星集团在埃及投资所遇到的各种问题，为吸引三星集团在埃及投资建设新的生产线，埃及总理马哈利卜还专门组织研究了三星集团提出的法律修改意见。与埃及重视三星集团投资形成鲜明对照的是，由于中埃泰达经贸合作区对于解决当地就业的贡献不大，埃及政府近些年相继降低了园区享有的各项政策优惠。

其二，埃及急需中国资金支持其国内基础设施建设。

对借助与中国合作拉动埃及国内基础设施建设，埃及政府多次明确提出了合作需求。2016 年，习近平主席出访埃及时，双方签署了《中华人民共和国和阿拉伯埃及共和国关于加强两国全面战略伙伴关系的五年实施纲要》，该份文件涵盖了包括新首都建设在内的大量基础设施建设项目。而埃及在 2016 年推出的《2030 愿景》《2016～2020 年工业与贸易发展战略》等战略规划，也都提出了大量交通、能源、工业园区等基础设施建设项目。由于埃及缺乏支持国内基础设施建设的资金，与中国开展合作，获取资金支持，实际上是埃及在经济领域靠近中国的重要目的。

2. 对接埃及需求存在的问题

尽管埃及开展对外经济合作的诉求十分明确，然而，从中埃双方经济条件来看，在当前阶段，如果中国企业完全以埃及的诉求为导向，推进双边合作的发展，不但难以取得成效，反而会造成大量资金浪费。

其一，中国劳动密集型企业在埃及缺乏自生能力。

中国具有优势的劳动密集型企业包括纺织服装等附加值较低的产业部门以及家用电器、通信设备、电子设备等附加值相对较高的制造业部门。然而，埃及纺织服装等低附加值的劳动密集型部门已经拥有非常悠久的发展历史，在很多地方已经形成产业集聚，在欧洲、中东地区有稳定的客户，中国企业家在埃及投资设厂，在人员管理、政府沟通等方面无法与埃及当地企业竞争，也很难在埃及发展壮大。而在家用电器、通信企业、电子设备等中等技术含量的工业制成品生产上，中国企业并不像三星集团那样，站在行业的顶端，在高端产品原材料供给方面具有市场垄断地位，并且在高端市场上具有品牌溢价，中国企业的竞争优势主要来自国内完整产业链带来的成本优势，若是离开国内相对熟悉的产业链环境在埃及投资，原材料供给所带来的成本上升将会大于关税减免带来的收益。综合上述因素，在当前阶段，中国制造业企业的投资很难有效带动埃及国内就业。

其二，中国大规模参与埃及基础设施建设，有可能带来巨大的资金风险。

埃及一直以来都是一个资金缺乏的国家。从主权信用评级来看，穆迪、标普、惠誉等三大评级机构对埃及的主权信用评级均为投机级别（见表10），也就是不具备投资价值，三大机构一致认为埃及还本付息或长期内履行合同中其他条款的保证极小。而从政府财政平衡角度来看，埃及的情况可能还要糟糕，如果用1991年《欧洲联盟条约》确立的财政赤字与GDP之比3%的安全线作为衡量标准，从2005年开始，埃及就已陷入严峻的政府财政失衡困境，并且政府赤字率始终居高不下（见表11）。

表 10　三大评级机构对埃及主权信用风险的评级情况

	穆迪（Moody's）	标准普尔（S&P）	惠誉（Fitch）
埃及	B2	B	B+

资料来源：Sovereigns Ratings List，https：//countryeconomy.com/ratings，2019-11-2。

表 11　埃及政府财政平衡情况

单位：%

年份	1990	1995	2000	2005	2010	2015	2018	2020	2024
埃及	—	—	1.3	-6.7	-7.4	-10.9	-9.4	-7.0	-3.3

资料来源：IMF, World Economic Outlook Database, October 2019, 2019-12-26。

结合埃及主权信用评级和政府财政平衡两方面的情况，埃及实际上并没有能力落实《2030 愿景》等发展战略提出的基础设施建设规划。埃及推出的很多基础设施建设项目更多是以建设—转让（BT）、建设—经营—转让（BOT）、建设—拥有—经营（BOO）、建设—拥有—经营—转让（BOOT）等带资承包的模式发包给建设者。而埃及政府资金束缚也决定了该国未来偿还项目资金存在巨大不确定性，从而给项目参与者带来巨大的资金损失风险。

（三）以中阿博览会为平台，助力中埃合作的建议

鉴于以埃及需求为主导推动中埃合作并不现实，盲目在埃及引进大型工业项目又易造成巨大经济损失，以中阿博览会为平台，助力中埃产能合作更为适宜，即应当以"软"性合作为重点，通过沟通双方资源、深度参与埃及工业制造业发展来带动中埃合作向前发展。

1. 发展与埃及产业集聚区商会关系，理顺投资企业与埃及地方政府关系

埃及经济发展的地区差距明显，产业集聚中心主要集中在开罗省、明亚省、亚历山大省、西部省、东部省、盖里比耶省等少数几个省份。为推动中国对埃及投资优化升级，可考虑重点发展中国与

埃及工业发达地区商会和政府部门的交往，通过组织中国龙头企业赴埃及产业集聚区考察或是其他交流活动，加强中国企业界与埃及当地企业界的交往，理顺企业与地方政府的关系。

2. 依托中阿博览会平台优势，推动落实中阿制造业发展智库合作

根据埃及发布的《2030 愿景》《2016~2010 年工业与贸易发展战略》，埃及工业发展战略旨在通过创造有利于企业竞争力提升的"外部性"条件以及打造外资企业和内资企业相互融合、相互支撑的产业"生态系统"来达到吸引外国直接投资、带动本土企业发展的工业发展目标。然而，在发展规划的具体落实中，埃及在产业园区规划建设、职业教育培训、企业能力提升等方面均存在发展短板。中国可针对埃及工业制造业发展中遇到的问题，依托中阿博览会平台优势，建立面向阿拉伯国家的"中阿制造业发展智库交流平台"，为埃及以及其他阿拉伯国家的工业制造业发展提供智力支持，该项工作开展具体可采取下述策略。

其一，在"中阿制造业发展智库交流平台"下，设立中阿工业园区智库合作项目。

中阿博览会可考虑联合同济大学、东南大学等具有工业园区设计能力的高校，苏州工业园区、广州经济技术开发区等国内成熟园区、中国社会科学院、北京大学等产业经济学研究机构，设立中阿工业园区智库合作项目，为中国企业在埃及以及其他阿拉伯国家工业园区建设、升级改造提供设计援助。在该项目下，借助双方交流合作获取埃及以及其他阿拉伯国家制造业发展政策、制造业发展比较优势、竞争优势等重要信息，用于指导国内企业对埃及以及其他阿拉伯国家的投资活动。

其二，在"中阿制造业发展智库交流平台"下，设立中阿职业教育发展智库合作项目。

中阿博览会可考虑与国内纺织、服装、食品加工、玩具、汽车等劳动密集型产业部门的龙头企业，深圳职业技术学院、南京工业职业技术学院等合作，在中阿博览会下，设立中阿职业教育发展智库合作项目，为埃及以及其他阿拉伯国家发展职业教育提供技术援助。在该项目下，也可借助双方合作，帮助国内劳动密集型企业加深对埃及以及其他阿拉伯国家劳动力市场和劳动力素质的了解，助力其制定对阿投资策略。

其三，在"中阿制造业发展智库交流平台"下，设立中阿制造业技术交流项目。

中阿博览会可根据埃及以及其他阿拉伯国家的具体需求，与国内相关企业协会、深圳职业技术学院、南京工业职业技术学院等合作，设立中阿制造业技术交流项目，为埃及以及其他阿拉伯国家中小企业提供技术援助。该项目实施也将有助于向埃及以及其他阿拉伯国家推广中国具有优势的生产技术和装备设施，引导埃及以及其他阿拉伯国家向中国产业供给系统靠近。

第九章

对接阿联酋经济发展战略，
拉动中国对阿经济合作优化升级

阿联酋是典型的油气资源国，自 20 世纪 80 年代实行多元化发展战略以来，单一石油经济面貌取得了可喜变化。近几年，阿联酋碳化氢收入占国内生产总值的比重保持在 60% 以上，作为地区贸易、金融、物流中心的地位也进一步加强。为促进国民经济发展，阿相继出台了阿联酋《2021 年愿景》、迪拜《2030 工业发展战略》、阿布扎比《2030 规划》等多份重要的政策文件，旨在促进阿联酋经济发展的可持续性和多样性。

一 阿联酋工业制造业发展的潜力与障碍

能源资源禀赋、优越的国际贸易条件和名列前茅的营商环境是阿联酋发展工业制造业的巨大优势。然而，人力资源短板和极为薄弱的工业制造业基础却构成阿联酋发展道路上的重要障碍。

（一）阿联酋工业制造业发展的优势

在工业制造业发展方面，阿联酋的发展潜力主要体现在能源资源禀赋、优越的贸易条件以及名列前茅的营商环境等三个方面。

1. 资源禀赋

根据美国咨询公司 Lazard 2018 年 11 月发布的报告，在不考虑联邦政府税收优惠的情况下，美国各类能源发电的全生命周期平准化成本（LCOE）最低的电力来源分别是：风力发电，29～56 美元/兆瓦时；薄膜大型地面光伏，36～44 美元/兆瓦时；晶硅大型地面光伏，40～46 美元/兆瓦时；天然气联合循环，41～74 美元/兆瓦时。[①]该数据表明，在传统能源领域，天然气是发电能最低的能源品种，而在资源储量较好的地区，大型光伏发电场能将可再生能源成本压低到传统能源的价格水平。阿联酋丰富的天然气和光热资源，为其提供了充足的能源供给，为其发展能源消耗较大的重工业和化工业提供了巨大的潜在优势。

首先，在天然气资源储量和天然气产量方面。根据 BP 的数据，截至 2018 年底，阿联酋天然气探明储量为 5.9 万亿立方米，占到全球常规天然气探明储量总额的 3.0%。2018 年，阿联酋天然气产量为 647 亿立方米，占到全球天然气总产量的 1.7%。根据联合国贸易和发展会议数据，2018 年阿联酋天然气出口贸易额为 50 亿美元，占到全球天然气出口贸易总额的 2.4%（见表 1）。总体来看，阿联酋天然气资源丰富程度尽管远不如石油，但基本能够实现自给，并能保证一定规模的出口量。

其次，在可再生能源资源方面。阿联酋所处的西亚北非地区是全球光热资源最为丰富的地区。阿联酋自身光热资源也十分丰富，

---

① https://www.lazard.com/media/450784/lazards-levelized-cost-of-energy-version-120-vfinal.pdf.

国内大部分地区每千瓦光伏电池板平均年发电量高达1900度以上。而丰富的光热资源也为阿联酋发展光伏发电产业提供了重要的能源保障。

表1　2018年阿拉伯主要天然气资源国天然气储量、产量及出口情况

	储量（万亿立方米）	储量全球占比（%）	产量（亿立方米）	产量全球占比（%）	出口额（亿美元）	出口额全球占比（%）
巴林	0.2	0.1%	148	0.4%	—	—
伊拉克	3.6	1.8%	130	0.3%	—	—
科威特	1.7	0.9%	175	0.5%	—	—
阿曼	0.7	0.3%	360	0.9%	37	1.8
卡塔尔	24.7	12.5%	1755	4.5%	357	17.6
沙特阿拉伯	5.9	3.0%	1121	2.9%	2	0.1
叙利亚	0.3	0.1%	36	0.1%	—	—
阿联酋	5.9	3.0%	647	1.7%	50	2.4
也门	0.3	0.1%	6	0.0%	4	0.2
阿尔及利亚	4.3	2.2%	923	2.4%	128	6.3
埃及	2.1	1.1%	586	1.5%	7	0.3
利比亚	1.4	0.7%	98	0.3%	9	0.4
总计	51.1	25.9%	5983	15.5%	594	30.9

资料来源："BP Statistical Review of World Energy 2019," June 2019, http://www.bp.com/statisticalreview; UNCTAD, UNCTADSTAT, http://unctadstat.unctad.org/wds/ReportFolders/reportFolders.aspx, 2019-11-16。

2. 贸易条件

根据国际贸易理论，自由贸易所带来的贸易成本降低能够进一步凸显要素禀赋的重要性。而国际贸易的实践也表明，贸易条件与其他物质、人力资源相似，也是一种重要的资源禀赋，国际贸易条件的改善可有效拓展国家产业发展的外层空间。

在拓展产业发展的外层空间方面，阿联酋所在的海湾阿拉伯国家合作委员会在经济一体化方面取得巨大进展。2003 年 1 月 1 日，海合会六国建立关税同盟；2005 年，关税同盟全面启动；2008 年 1 月 1 日，海湾共同市场正式建立。地区经济一体化建设取得的成果，也让阿联酋获得了人口规模超过 5000 万人的地区市场，在一定程度上改变了自身规模有限所带来的发展障碍。

此外，阿联酋也是全球签署避免双重征税协议第二多的国家。丰富的海外投资经验以及处于欧、亚、非三大洲交汇地带的有利地理位置，使其能够同时兼顾欧洲、非洲和南亚市场，并在发展金融、商贸等服务业上具有其他国家难以比拟的优势。

3. 营商环境

根植性是指企业在经济、社会、文化、政治等方面具有很强的本地联系，根植性的主要特征包括：相互信任、丰富的信息交换、共同解决问题的制度安排等。对于跨国投资而言，"根植性"要求意味着企业赴东道国投资需要一个相对熟悉的经营环境，并且要建立较强的当地联系。对于跨国投资企业而言，如果东道国营商环境较好，就意味着外国企业可以按照国际通用规则开展投资和经营活动，建立本地联系的成本降低，更有利于企业竞争力的提升。也正是基于此，跨国公司选择投资目的国时，往往会倾向于选择营商环境较好的国家进行投资。

近些年，恰恰是因为认识到营商环境对于吸引外国直接投资和工业制造业发展的重要作用，阿联酋高度重视国内营商环境的改善。根据世界银行发布的《2019 年世界营商环境报告》，阿联酋营商环境排名为全球第 16 位，名列西亚非洲国家前茅。而优越的营商环境也意味着，外国企业在阿联酋经营存在较少的隐形约束，更有利于企业按照国际通行的商业规则在阿联酋开展生产与经营活动。

（二）阿联酋工业制造业发展的障碍

在工业制造业发展方面，人力资源供给短板和产业链不够完整，构成了阿联酋工业制造业发展的巨大障碍。

1. 人力资源供给短板

在人力资源供给方面，由于阿联酋国内老龄化加速发展以及存在教育赤字，阿联酋在工业制造业发展上并不具备人力资源优势。

首先，阿联酋已步入老龄化社会，劳动力供给存在短板。国际上通常用年龄中位数指标作为划分人口年龄构成类型的标准，具体划分为：年龄中位数在 20 岁以下为年轻型人口；年龄中位数在 20~30 岁为成年型人口；年龄中位数在 30 岁以上为老年型人口。而根据世界银行公布的数据材料，2018 年，阿联酋人口年龄中位数介于30~34 岁，已经步入老龄化社会。[①] 阿已不具备工业制造业发展所需的"人口红利"，在人力资源方面存在供给短板。

其次，阿联酋劳动力素质低于同等收入国家，劳动力供给存在教育赤字。对比阿联酋人均 GDP 全球排名与平均受教育年限的全球排名，便可以发现，阿联酋人均 GDP 的排名要明显高于平均受教育年限的全球排名。2018 年，阿联酋人均 GDP 约为 40711 美元，全球排名第 25 位，而其人均受教育年限仅为 11.8 年，全球排名第

---

① World Bank, WDI Database, http：//databank. worldbank. org/data/reports. aspx？ source = world-development-indicators.

37 位，人均 GDP 排名比人均受教育年限排名高出 12 位。两者形成强烈的对比反差意味着，阿联酋劳动力供给存在教育赤字问题，阿联酋的劳动力素质要低于同等收入水平的国家，劳动力供给质量缺乏国际竞争力。

2. 产业供给体系短板

贸易竞争力指数，即 TC（Trade Competitiveness）指数，是用来测度特定商品国际竞争力及其相关产业发达程度的常用指标，该值介于 -1~1，取值愈高，表明商品的国际竞争力越强，一般而言，该指标介于 0.3~0.6，表明商品具有较强的竞争优势，高于 0.6 则表明具有极强的竞争优势。通过计算《国家贸易标准（修订3）》中 167 组工业制成品的贸易竞争力指数，可以看到，阿联酋的工业基础普遍十分薄弱，在 167 组工业制成品中，阿联酋仅有 3 组工业制成品表现出极强的竞争优势，另外还有 5 组工业制成品表现出较强的竞争优势。

根据竞争优势理论，"弹性专精"生产条件所带来的高生产效率、低生产成本、专业化的劳动力市场以及市场创造效应和生产的创新性所呈现的产业集群效应，是产业发达国家的核心特征。而通过计算阿联酋的贸易竞争力指数可以看到，该国工业制造业基础仍十分薄弱，而薄弱的工业制造业基础意味着阿联酋在工业制造业发展上缺乏必要的上下游支撑。

---

① IMF, World Economic Outlook Database, October 2019, UNDP, 2019 Human Development Data, http：//hdr. undp. org/en/data.

二 中国与阿联酋工业制造业发展的现状与障碍

尽管从国家层面来看，中国与阿联酋开展国际产能合作得到了双方政府的高度重视和支持，然而在实际操作层面，双方合作的开展却并不顺利。从实际情况来看，中国对阿联酋制造业直接投资的规模十分有限，双方合作至今仍处在较低水平。双方具体合作的障碍主要来自双方产业链相距较远的现实，以及中国在阿联酋建设的工业园区尚未能发挥出产业投资孵化平台的作用。

（一）中国与阿联酋开展国际产能合作的现状

在工业制造业的产能合作领域，尽管中阿双方在机制建设方面取得了快速进展，然而在操作层面，双方合作却未取得实质性进展，仍然处于较低水平。

1. 中阿双方已经建立相对成熟的产能合作机制

在工业制造业的产能合作方面，中国与阿联酋在合作机制框架建设上取得很大进展。2015 年 12 月 14 日，在中阿两国领导人见证下，中国国家发改委主任徐绍史与阿联酋国务部长苏尔坦签署了关于设立中国—阿联酋共同投资基金（以下简称中阿基金）的备忘录，标志着中阿基金正式设立。随后，中国国家开发银行、国家外汇管理局和阿联酋穆巴达拉发展公司签署了相关法律文件。中阿基金总规模为 100 亿美元，一期规模 40 亿美元，双方各出资 50%。中阿基金按照商业原则运作，投资方向为传统能源、基础设施建设和高端制造业、清洁能源及其他高增长行业。投资地域以中国、阿联酋以及其他高增长国家和地区为主。设立中阿基金是中阿双方在新的历史条件下不断加深和紧密两国经济合作的重大举措，对进一步深化中国与阿联酋等海湾国家务实合作、配合"一带一路"共建、促进国际产能和装备制造合作具有重要意义。

2017 年 5 月，中国与阿联酋在北京正式签署《关于加强产能与投资合作的框架协议》，协议指出双方要在平等互利的基础上，根据各自国内法律，遵循商业原则，加强在油气加工、有色金属、建材、通信、可再生能源与新能源、轻工纺织以及双方同意的其他领域进行产能与投资合作。

2. 双方产能合作实际仍处于较低水平

国际直接投资是国际产能合作的重要载体，其规模和结构能够很好地反映中国与"一带一路"共建国家开展产能合作的密切程度。尽管阿联酋是中国在阿盟最大的对外直接投资目的国，2018 年，中国对阿联酋直接投资流量为 10.81 亿美元，2018 年底，中国对阿联酋直接投资存量高达 64.36 亿美元。然而，中国对阿联酋的直接投资并不是以工业制造业为主。

根据中国商务部的资料，在双向投资方面，中国对阿联酋直接投资仍主要是以能源和基础设施建设项目为主，目前，中国在阿联酋投资的主要大型项目有：阿布扎比国家石油公司（Adnoc）和中石油合资成立的 Al Yasat 石油作业公司，其中，中石油占股 40%；中石化冠德控股有限公司（占 50%）与新加坡宏国能源有限公司（38%）、阿富查伊拉酋长国政府（12%）在阿联酋富查伊拉投资建设的石油仓储合资项目——富查伊拉石油仓储公司；中远海运收购阿布扎比哈利法港 2 号码头运营权；中石油和华信能源各获得阿布扎比陆上石油区块 8% 和 4% 的股份权益；中石油获得阿布扎比海上石油区块中两个区块各 10% 股份权益。[①]

与中国对阿联酋直接投资相比，阿联酋对华直接投资规模更为有限。根据中国国家统计局数据，2018 年，阿联酋对华直接投资流量仅有 2568 万美元。不过，与中国对阿联酋投资相比，阿联酋对华投资却主要是以工业制造业为主。根据中国商务部资料，阿联酋对华投资规模最大的公司是阿石化企业博禄公司（Borouge）。2008 年 12 月，该公司投资 2980 万美元在上海奉贤区海港开发区建立工程塑料生产基地，年产复合树脂 5 万吨。2010 年 5 月，博禄与广州市南沙区政府签署协议，在广州南沙建立生产工厂，该工厂于 2012 年中期建成，设计年产复合聚丙烯树脂 10.5 万吨。

（二）中阿工业制造业发展的障碍

尽管中阿双方在工业制造业领域开展国际产能合作具有很强的政策对接性，并且双方也已建立相对成熟的组织机制，然而在操作层面，双方合作的开展却十分缓慢。主要原因在于双方产业链相距较远，双方非关税壁垒较高和中国在阿联酋兴建的园区尚无法发挥产业投资促进平台的作用。

1. 产业链相距较远阻碍中阿产能合作的推进

中国与阿联酋在工业制造业开展国际产能合作最重要的障碍是双方产业链相距较远的现实。中国工业制造业发展所依托的是以

[①] 中国商务部：《对外投资合作国别（地区）指南：阿联酋》（2019 年版），http://fec.mofcom.gov.cn/article/gbdqzn/upload/alianqiu.pdf，第 30 页。

中、日、韩三国为核心的东亚工业供给体系，而阿联酋则是深嵌于以欧洲为中心的产业供给体系。这两个产业链都十分成熟，基本能够实现地区内需求的自给自足。产业链距离较远的现实构成了中国与阿联酋制造业产能合作的障碍。

从阿联酋所处的海合会情况来看，尽管自 2007 年以来，中国一直都是海合会国家仅次于欧盟的第二大货物进口贸易伙伴，但总体来看，海合会从中国进口的工业制成品主要是以最终形态工业制成品为主。未另列明的电信设备及其零件是海合会从中国进口贸易额最大的货物商品，2018 年，该组商品占到海合会从中国货物进口贸易总额的21.2%，而其绝大部分是以手机、固定电话等通信设备成品的形式进入海合会市场。[①] 除电信设备外，海合会国家从中国进口数额较大的货物商品还有纺织服装、IT 产品、家电产品等最终形态的工业制成品。但是，通过计算海合会国家主要中间形态工业制成品的贸易伙伴构成，可以发现，中国生产中间形态工业制成品在海合会市场的竞争力要远远低于最终形态工业制成品，海合会国家的工业生产主要依靠欧盟的上游供给（见表 2）。

表 2　海合会国家主要中间形态工业制成品的贸易伙伴构成

	国家或地区 （占比%）	国家或地区 （占比%）	国家或地区 （占比%）	国家或地区 （占比%）	国家或地区 （占比%）
非电动发动机及马达；上述发动机和马达未另列明的零件	欧盟 （50.9）	美国 （36.3）	香港 （3.3）	新加坡 （2.0）	中国 （1.4）
铁或钢制的管子和中空型材及管子配件	欧盟 （23.2）	中国 （22.5）	日本 （10.4）	韩国 （6.8）	印度 （6.7）

---

① UNCOMTRADE, UNCOMTRADE Database, August 24, 2019, https：//comtrade. un. org/data.

续表

	国家或地区 （占比%）	国家或地区 （占比%）	国家或地区 （占比%）	国家或地区 （占比%）	国家或地区 （占比%）
铜	刚果（布） （24.9）	阿联酋 （21.8）	刚果（金） （11.3）	俄罗斯 （6.8）	欧盟 （6.3）
加热和冷却设备及其未另列明的零件	欧盟 （25.4）	中国 （24.9）	美国 （9.4）	泰国 （7.7）	韩国 （7.7）
电路开关或保护用电器或连接电路用电器；电阻器；印刷电路；保护或连接电路、控电或配电的装置的板、盘（包括数字控制盘）、台、桌、柜和其他基座	欧盟 （42.8）	中国 （12.0）	美国 （8.8）	阿联酋 （6.8）	韩国 （5.8）
未另列明的测量、检验、分析及控制用仪器和器械	欧盟 （38.9）	美国 （24.6）	中国 （6.7）	阿联酋 （6.6）	新加坡 （3.3）
泵（液泵除外）、空气或其他气体压缩机和风扇；配有风扇的通风或循环罩，不论是否装有过滤器；离心机；过滤或净化装置及其零件	欧盟 （37.9）	中国 （18.0）	日本 （6.3）	韩国 （3.6）	阿联酋 （3.2）
管子、锅炉外壳、槽、桶及类似物品用的龙头、旋塞、阀门及类似器具	欧盟 （47.4）	美国 （14.4）	中国 （13.8）	印度 （5.6）	韩国 （3.8）
未另列明的钢铁或铝结构物及其部件	韩国 （27.4）	欧盟 （17.6）	阿联酋 （13.8）	中国 （13.8）	沙特 （5.1）
未另列明的配电设备	欧盟 （17.3）	沙特 （17.1）	中国 （14.6）	韩国 （11.3）	韩国 （6.8）

资料来源：根据联合国贸易和发展会议 2019 年发布的数据整理。

以上信息表明，受运费、市场因素的影响，包括阿联酋在内，海合会国家制造业发展与欧盟的联系十分紧密，而与中国产业链联系相距较远，而相对分离的产业链体系意味着中国企业在阿联酋等海合会国家投资需要离开熟悉的产业链体系，如无法根据东道国产业链特点整合上游供给，将很难借助东道国能源资源优势提升企业竞争力。

2. 投资壁垒较高不利于双向投资

中阿在工业制造业产能合作方面迟迟未能取得突破，除双方产业链相距较远外，还与双方相对较高的关税壁垒有关。阿联酋投资壁垒主要来自商业代理制和公司法对本国关税区域的保护。中国投资壁垒则是来自对石化部门的严格保护，以及在相关部门设置的外商投资项目严格审批制度。

从阿联酋方面来看，尽管其奉行贸易自由的政策，国内关税水平低，也基本没有采取过贸易救济措施，但与其他海合会国家一样，阿联酋对外国企业在本国关税区域内从事贸易活动、开展投资经营做出了严格的限制。首先，"阿联酋商业代理法"规定，在阿联酋没有设立股份公司、有限公司及分支机构等经营实体，但希望从事贸易活动的外国公司必须通过指定阿联酋本国的代理人或经销商的方式进行贸易活动，代理协议必须在阿联酋本国的商工部进行登记。从事代理业务的主管人员或代表必须是阿联酋本国人，禁止由外国委托人直接或间接掌握代理权的"借壳代理"（shell agent）。其次，阿联酋的公司法规定，外国企业不得在阿联酋关税区域内设立独资公司，与阿联酋人或阿联酋企业成立的合资公司，阿联酋企业的持股比例不能低于51%。而阿联酋为外国公司在本国开展贸易和投资活动树立的上述市场壁垒，无疑也给包括中国企业在内的外国企业在阿联酋开展投资、经营活动带来巨大不便。

从中国来看，国家对资源密集型工业制造业部门，特别是石化部门高度保护，在很大程度上限制了阿联酋对华工业投资。从工业制造业发展的竞争优势来看，得益于资源禀赋，与其他海合会国家相似，阿联酋在发展石化产业方面拥有巨大优势，并且在炼铝等资金密集型工业制造业部门也积累了丰富的发展经验。然而，化工产业以及其他高资金密集型的产业部门在中国却受到高度保护，根据世界银行的资料，2015 年，中国发起的反倾销调查的货物商品有丙烯酸纤维（日本、韩国），冷压薄板电工钢（日本、韩国、欧盟），铁基非晶合金带（日本、美国）和未漂白纸袋（欧盟、美国、日本），几乎都是资金密集型工业制造业的产品。而恰恰是出于保护本国资金密集型工业制造业，特别是石化工业的需求，中国与海合会有关自贸区的谈判迟迟未能得到有效推进，中国与阿联酋以及其他海合会国家的投资合作也始终处于较低水平。

3.已建成的境外工业园区无力发挥投资孵化平台作用

国家发改委明确认定，全国首家"一带一路"产能合作园区——中国阿联酋产能合作示范园是目前我国在阿联酋投资建设的最为重要的工业园区。该园区的投资开发和运营管理是由中江国际集团联合江苏省海外合作投资有限公司具体负责，后者是由苏州工业园区和江宁、扬州、海门等 4 个国家级开发区共同组建的。园区管理服务中心大楼已于 2019 年 6 月竣工，首批制造业企业也已开工建设。然而，由于园区产业布局过于分散，且与阿联酋国内园区（见表 3）相比，实际上处于竞争劣势，该园区目前很难发挥中国企业在阿联酋投资孵化平台的作用。

首先，园区产业布局过于分散导致难以形成产业集聚。阿联酋工业基础十分薄弱，仅在少数工业制成品的生产上展现出较强的竞争优势，而受产业链不完整的限制，阿联酋能够支撑起的产业部门十分有限。而中阿产能合作示范园确立了铝材、食品、光伏、生物医药、石化等多个缺乏相互联系的制造业部门作为园区主导产业。园区布局过于分散带来的影响便是园区无法集中优势为特定产业创造发展所需的"软""硬"基础设施，更难以建立有利于提升园区入驻企业竞争力的"弹性专精"生产条件。

表 3　阿联酋主要工业园区发展情况一览

所处酋长国	工业园区名称	建设年份	主导工业制造业
阿布扎比	哈里发港口与工业区	2010	炼铝业、食品与饮料、制药
	阿布扎比工业城	2004	油气化工、钢材、玻璃、纺织、建材、医药等
	经济特区高级公司	2004	汽车制造、轻功制造、纸和木材、食品加工等
迪拜	杰贝尔·阿里	1985	食品饮料、汽车制造、化工、制药、轻工等
	迪拜工业城	2004	食品饮料、机械设备、化工和矿产品等
沙迦	哈姆利亚	1995	建材、食品制造、包装等
哈伊马角	哈伊马角投资管理	2015	水泥、陶瓷、制药等
阿治曼	阿治曼	1988	食品加工
富查伊拉	富查伊拉	1998	纺织业、塑料制造业

资料来源：王兴平主编《中东及西亚产业园发展与规划》，江苏人民出版社，2019。

其次，园区在阿联酋面临激烈竞争，实际处于竞争劣势。为实现经济多样化，阿联酋各酋长国从 20 世纪 90 年代前后，就已高度重视工业园区的发展。截至 2017 年，阿联酋已建成的各类经济园区有 46 个，在建园区 10 个，其中，很多园区都将工业制造业作为重点发展领域。在工业制造业发展方面，阿联酋的短板并不是基础设施，实际上，得益于石油美元创造的巨大财富，阿联酋基础设施建设水平位居世界前列。例如，在《2019 年世界营商环境报告》

排名中，阿联酋的电力供应便利性排名全球第一位。因此，阿联酋各酋长国建立的工业园区基础设施非常完善，很多园区已成为重要的产业集聚地。例如，迪拜的杰贝尔·阿里已吸引全球各地数千家企业投资，阿布扎比工业城已有处于全球领先水平的化工厂和炼铝厂，而沙迦的哈姆利亚、哈伊马角的哈伊马角投资管理工业园区也已在建材等工业品生产上形成一定的产业集聚效应。

中国阿联酋产能合作示范园与阿联酋其他工业园区在产业布局上高度重合，而其发展，无论是从资金支持力度，还是从东道国政府支持、产业集群效应来看，都无法与阿联酋成熟工业园区相比。与阿联酋其他工业园区相比处于竞争劣势的现实，也在很大程度上限制了该园区在阿联酋的发展空间。

三 推动中国对阿联酋投资
贸易优化升级的实施路径

按人均 GDP 衡量，阿联酋是阿拉伯国家中除卡塔尔之外最为富裕的国家，2019 年，阿联酋人均 GDP 高达 39342 美元，居全球第 26 位。1973 年之后，得益于石油美元带来的巨额收入，阿联酋也已成为全球重要的投资者。与很多阿拉伯国家不同，阿联酋与中国开展经济合作，并不是希望获得中国投资，而是希望能够进入中国市场，在中国获得投资机会。从双方合作来看，阿联酋通过其"商业代理法""公司法"设置的高市场壁垒意味着国内企业在阿联酋投资很难确立"标志性"投资项目。因此，推动中国与阿联酋投资贸易优化升级应当以利用政策优势、吸引阿联酋对华投资为主。

（一）阿联酋与中国合作的优势

阿联酋与中国开展合作的优势主要来自该国资金优势和丰富的海外投资经验。

1. 阿联酋与中国开展合作的资金优势

尽管海合会国家通常被视为拥有丰富石油资源的富裕国家和海外投资大国，但在低油价市场环境下，也只有阿联酋等少数海合会国家仍具备海外投资能力。2014 年第三季度，国际油价暴跌，并陷入持续低迷后，很多石油生产国的国家主权信用评级大幅下降，并且面临十分严重的政府财政危机。面对严重的外部经济冲击，阿联酋经济却表现出极强的抗逆性。首先，在国家主权信用评级方面，根据穆迪、标准普尔、惠誉等三大评级机构对海合会所做的风险评级，在海合会国家中，目前只有阿联酋、科威特、卡塔尔为中上级，表明其国家信用质量很高，有较低的信用风险。沙特主权信用评级下降十分明显，其偿债能力较易受外在环境及经济状况变动的不利因素影响，未来存在还本付息能力下降的可能。根据三大评级机构的评级，阿曼和巴林已不具备投资价值（见表 4）。

表 4　三大评级机构对海合会国家主权信用风险的评级情况

	穆迪	标准普尔	惠誉
阿联酋	Aa2	AA	AA
科威特	Aa2	AA	AA
卡塔尔	Aa3	AA−	AA−
沙特阿拉伯	A1	A−	A
阿曼	Ba1	BB	BB+
巴林	B2	B+	BB−

资料来源：Sovereigns Ratings List，November 2，2019，https：//countryeconomy.com/ratings。

在政府财政平衡方面，2010 年所谓的"阿拉伯之春"爆发之后，随同民生支出的增加，大多数阿拉伯国家的财政平衡状况开始恶化，特别是在 2014 年以后，国际油价下跌并进入低位之后，很多阿拉伯产油国也开始出现十分严重的财政赤字问题。如果用 1991 年《欧洲联盟条约》确立的财政赤字与 GDP 之比 3% 的安全线作为衡量标准，实际上，近些年来，也仅有卡塔尔、科威特、阿联酋三个石油富国将政府赤字控制在警戒线以下，而沙特、阿曼、巴林等国已陷入十分严重的政府财政危机。

结合海合会国家主权信用评级及政府财政平衡的状况，面对低油价的冲击，海合会国家中仅有阿联酋、卡塔尔和科威特具有较强的国际投资能力。

2. 阿联酋具有丰富的海外投资经验

就海外投资的经验与能力而言，阿联酋要明显高于科威特、卡塔尔两国，而其优势最为直观地表现在该国对外直接投资规模上。根据联合国贸易和发展会议发布的资料，截至 2018 年底，阿联酋对外直接投资存量高达 1395.3 亿美元，占到海合会国家对外直接投资存量总额的 38.2%，分别是卡塔尔、科威特对外直接投资存量的 2.5 倍和 4.2 倍。因此，如果以吸引阿拉伯国家对华投资作为开展合作的主导方向，阿联酋理应成为中国与阿拉伯国家开展合作的重点国家。

其一，阿联酋具有极强的海外金融服务能力。

石油美元催生中东金融中心崛起，并对英国和亚洲迅速发展的金融中心形成补充。由于东有中国香港、西有英国伦敦这两大国际金融中心，在海湾地区设立金融中心，可填补东方股市收盘和西方股市开盘之间的空缺，连接英国伦敦、美国纽约、日本东京、中国香港的金融市场，成为国际 24 小时资本市场上的一个环节，其能够面向西亚、北非、南亚和中亚的众多国家提供金融服务。经过多年的发展建设，阿联酋已经成为阿拉伯地区最为重要的金融中心。

首先，相对成熟的迪拜国际金融中心（DIFC）已经成为全球重要的国际金融中心以及地区金融服务的领跑者。根据 2019 年 9 月由英国智库 Z/Yen 集团与中国（深圳）综合开发研究院共同编制的第 26 期《全球金融中心指数报告》，迪拜国际金融中心在全球 115 个金融中心中列第 8 位，成为中东、非洲和南亚地区唯一进入全球前十的金融中心。

其次，近些年，阿布扎比金融服务业也开始迎头赶上，2019年，阿布扎比国际金融中心被伦敦的 Capital Finance International（CFI. co）评为"2019 年最佳国际金融中心（欧洲、中东和非洲）"，以表彰阿布扎比国际金融中心在促进欧洲、中东和非洲地区资本市场和金融生态系统方面发挥的重要作用。

从阿联酋金融产业的发展来看，其已成为整个中东、非洲和南亚地区最大、最发达的金融技术生态系统所在地，可为投资者提供辐射全球的金融服务和金融支持。

其二，阿联酋主权财富基金拥有丰富的国际投资经验。

阿联酋拥有世界上最大规模和最多数目的主权财富基金。根据美国主权财富基金研究所的统计，2017 年，阿联酋主权财富资金规模高达 1.3 万亿美元，占到海合会国家主权财富基金（见表5）总额的 45.3%。阿联酋主权财富基金除规模庞大的阿布扎比投资局和穆巴达拉（Mubadala）外，还有迪拜投资公司、沙迦资产管理公司等多个主权财富基金。

表5　中东产油国主权财富基金状况

	资产（亿美元） 2010 年	资产（亿美元） 2017 年
阿联酋	6739	13065
沙特	4444	6970
科威特	2028	5240
卡塔尔	850	3200
巴林	91	106
阿曼	82	240
海合会总计	14234	28821
其他中东国家	986	1655

资料来源：USA，Sovereign Wealth Funds Institute，Dec 2010，October 2017。

阿联酋主权财富基金均由职业经理人负责管理，投资有高度独立性，与阿布扎比投资局有业务关系的银行估计，阿布扎比投资局最近三十年的年化投资收益率为 10%～20%。阿布扎比投资局自成立以来，一直是股权和固定收益市场上的一支重要力量，也是对冲基金与私人股权投资基金的重要机构投资者，但由于它行事低调，并不为世人所关注。不过，从阿联酋主权财富基金的行动来看，阿联酋主权财富基金投资活动也会兼顾国家战略的需求，例如，阿联酋主权财富基金收购奥地利北欧化工的行动便在很大程度上提升了本国发展石化工业的技术实力。

（二）宁夏与阿联酋深化合作的重点领域

阿联酋是海湾国家中投资能力较强、海外投资经验最为丰富的国家，也是中东、非洲、南亚地区金融服务业最为发达的国家。结合中国与阿联酋经贸合作现状，宁夏回族自治区与阿联酋的经贸合作应以吸引阿联酋企业来华合作为主，借助"内陆开放型经济试验区"的政策优势以及中阿博览会的平台优势，与阿联酋深化在石油化工、金融服务领域的合作。此外，阿联酋是海合会国家营商环境最为优越的国家，同样也是吸引高科技投资最多的阿拉伯国家。因此，宁夏也可考虑依托中阿博览会的平台优势，积极推进宁夏与阿联酋在高科技领域的交流合作，打通阿联酋商会渠道，助力国内中小企业在阿联酋设厂、开拓海合会国家消费市场。

1. 石油化工

阿联酋是全球重要的油气资源国，为提升油气资源的附加值，阿联酋高度重视石化产业发展。目前，阿联酋石化生产重点企业有两家，即位于阿布扎比的鲁维斯肥料工业公司（Ruwais Fertilizer Industries）及阿布扎比聚乙烯公司（Abu Dhabi Polymers Company Ltd.），简称博禄公司（Borouge）。这两个公司均为合资企业。其中，鲁维斯肥料工业公司是阿布扎比国家石油公司（ADNOC）与法国道达尔菲纳埃尔夫集团（Total Fina Elf）成立的合资公司，博禄公司则是 ADNOC 与奥地利北欧化工公司（Borealis）成立的合资公司。两家公司不但在石化部门的发展上拥有雄厚的资金实力，而且得益于与世界石化巨头的合作，掌握了具备全球领先地位的先进技术。同样，得益于宁夏回族自治区内丰富的煤炭资源，以及低廉的电力供给价格，宁夏煤化工及其下游产业也已形成巨大的产业集聚效应。而结合双方比较优势的特点，宁夏可将吸引阿联酋石化企业来宁投资作为双方合作的重点。

2. 金融服务

阿联酋金融业高度发达，是中东、非洲、南亚地区最为重要的国际金融中心。根据我国央行出台的"征求意见稿"，国家极有可能会在近期放松外国银行的进入门槛，具体包括允许外国银行在中国境内同时设立分行和外资法人银行，取消外国银行来华设立营业性机构需要满足的总资产等要求。面对即将放松的国内金融环境，宁夏可考虑依托中阿博览会平台优势，通过与阿联酋金融机构合作，在与阿拉伯国家的金融合作中抢得先机。

3. 高新技术

极为优越的国际营商环境和大量印度高科技人才的涌入，为阿联酋高新技术发展提供了有力支撑，也让阿联酋成为全球高新技术投资热土。2019 年 1~9 月，仅迪拜酋长国就吸引了 90 个高科技领域投资项目，总价值 175 亿迪拉姆（约合 47.7 亿美元），2018 年《外国直接投资（FDI）》杂志在机器人领域项下发布的人工智能最佳目的地及最具投资吸引力城市排名中，迪拜在中东和北非地区城市排名中居首位，列全球城市排名第三位。而在高新技术领域，中阿双方共同签署了《中华人民共和国科学技术部与阿拉伯联合酋长国总理办公室人工智能办公室关于人工智能科学技术合作的谅解备忘录》，为两国科技创新合作注入新的动力。因此，宁夏应借助中阿博览会平台优势，着力推动宁夏与阿联酋在高新技术领域的合作。

4. 海合会消费市场

2003 年 1 月 1 日，海合会六国建立关税同盟，2005 年，关税同盟全面启动。2008 年 1 月 1 日，海湾共同市场正式建立。地区经济一体化建设取得的成果，也让阿联酋获得了人口规模超过5000万人的海合会市场，在一定程度上改变了自身规模有限所带来的发展障碍。而在海合会国家中，阿联酋的营商环境最为优越，受其吸引，大量南亚、中东、非洲、欧洲以海合会为主要消费市场的企业云集阿联酋杰贝尔·阿里等主要工业园区。但从阿联酋杰贝尔·阿里等主要工业园区外资企业的构成来看，在该地区投资的企业仍主要是以中小企业为主。宁夏得益于煤化工产业的发展以及具有竞争力的电力供给价格，在化工、金属加工下游部门拥有大量具有竞争力的中小企业，因此，宁夏可将推动化工、金属加工等部门中小企业对阿投资，作为推进与阿联酋投资贸易优化升级的重点领域。

（三）推动宁夏与阿联酋经贸合作优化升级的实施策略

为深化宁夏与阿联酋经贸合作的优化升级，宁夏应当凭借"内陆开放型经济试验区"的政策优势以及中阿博览会的平台优势，积极吸引阿联酋到宁夏来投资高端石化项目，打造中海（中国与海合会）自贸区先行试验区，并且与阿联酋开发范围广泛的金融合作，同时加强与阿联酋商会的联系，增进双方科技合作。

1.借助政策优势，吸引阿联酋在宁夏投资高端化工项目，打造中海自贸区先行试验区

2004年7月，中国与海合会签署《中国—海合会经济、贸易投资和技术合作框架协议》，协议签署后，中海（中国与海合会）双方宣布启动中国—海合会自贸区谈判。中海自贸区谈判启动至今已有16年时间。其间双边贸易关系发展十分迅速，但自贸区谈判

的进展却十分缓慢。而中国与海合会自贸区谈判迟迟未能得到推进，主要是与国内化工企业担心自贸区建立后海合会产品会对我国形成冲击，导致我化工企业出局并带来严重失业有关。

从制造业产业格局来看，宁夏的产业结构与阿联酋有一定相似性，得益于区内丰富的煤炭资源，宁夏在煤化工及其下游产业已经形成巨大的产业集聚效应。因此，宁夏可考虑结合自身产业优势，依托"内陆开放型经济试验区"的政策优势和中阿博览会的平台优势，在国家加大对外开放的实施力度以及中国与阿联酋元首外交取得积极成果的大背景下，建立专门面向阿拉伯国家、确保园区供给所需上游产品可以自由进口的、以化工产业为支柱的工业园区。

为减少与阿联酋开展合作的阻力，园区主导产业可定位于国内进口需求较大的中高端石化产品，阿联酋得益于收购北欧化工等国际化工巨头，已在中高端石化产品生产上具有全球领先的技术优势。因此，宁夏也可考虑与阿联酋博禄或其他重点企业合资建设工业园区。

2. 借助政策优势，与阿开展金融合作的实施策略

2019 年以来，国务院金融稳定发展委员会、央行、银保监会、证监会等陆续发布金融业扩大开放政策，从国家经济改革的方向来看，进一步扩大包括金融业在内的服务业对外开放，也是未来国家继续深化对外开放的重点领域。因此，宁夏应抓住机遇，与阿布扎比国际金融市场、迪拜金融监管局等阿联酋金融管理机构合作，利用宁夏"内陆开放型经济试验区"的政策优势和中阿博览会的平台优势，推出服务于各类企业对宁夏投资以及国内企业在阿投资的金融服务项目。

其一，筹划与阿联酋主要金融机构设立"飞地"银行，壮大宁夏回族自治区金融实力。

面对即将放松的国内金融环境，宁夏应及时与阿联酋金融监管机构或主要金融机构进行接触，尝试依托宁夏银行等自治区金融实体，在中阿博览会平台下，提前设计与阿联酋金融机构建立合资银行的预案。考虑到合资银行开展业务的便利性，可将银行总部设在京、沪、广等具有丰富资源的国内主要金融中心。

其二，与阿联酋金融机构合作设立国内企业境外项目融资平台。

从企业融资成本来看，中国国内融资成本显著高于国际市场，而且，由于缺少必要的配套机制，国内企业在国际金融市场为项目投资筹集资金并不容易。因此，宁夏可考虑与阿联酋金融管理机构合作，利用"内陆开放型经济试验区"的政策优势和中阿博览会平台优势，向国家争取必要的政策支持。以宁夏银行等区内金融机构为主体，联合国内其他龙头金融机构与阿布扎比金融监管局等阿联酋资金实力雄厚的金融机构合作，设立为国内企业在阿联酋投资提供国外融资、国内担保，按照商业模式操作的"金融+产业"服务平台，为国内企业在阿拉伯国家建设的大型基础设施、工业项目提供金融服务咨询及融资服务。

3. 以中阿博览会为平台，助力中阿合作的建议

阿联酋资金实力雄厚，具有丰富的国际投融资经验，其国内大型企业使用设备和技术处于全球领先水平，自由区营商环境和设施极佳，而关税区域内市场壁垒极高，上述因素决定如果以市场为导向，很难推动我国大型制造业和基建项目对阿联酋投资合作。而在

跨境电商等服务业部门，阿联酋龙头企业已与阿里巴巴等国内重要的互联网企业进行接触，可供中阿博览会发力的空间也不大。因此，以中阿博览会为平台，助力中阿合作应当以国内中小企业为主要服务对象，以促进民间交往为主要服务方向。

其一，以中小企业作为服务主体。

尽管总体来看，阿联酋工业制造业基础还较为薄弱，但得益于资源禀赋优势，阿联酋在石化、炼铝等重化工业部门已经具备了极强的国际竞争力，也能为相关下游企业提供"质优价廉"的上游产品，而受其吸引，许多南亚、中东、非洲的相关企业大量集中于杰贝尔·阿里等阿联酋主要工业园区开展生产经营活动。而海合会超过5000万人的市场规模也吸引了全球很多消费类商品企业在阿联酋主要自由区投资设厂。然而，从杰贝尔·阿里等主要工业园区外资企业的构成来看，在该地区投资的企业仍主要是以中小企业为主。因此，为助力中国对阿投资合作取得突破，中阿博览会应当以国内、自治区石化产品加工、金属加工、日用消费品、食品加工等产业部门的中小企业为重要服务对象。

其二，与阿联酋当地商会建立沟通渠道。

从国家政治体制来看，阿联酋是一个联邦制国家，阿联酋联邦最高委员会由7个酋长国的酋长组成，是最高权力机构。国内外重大政策问题均由该委员会讨论决定，并负责制定国家政策，审核联邦预算，批准法律与条约。但在经济领域，各酋长国拥有相当大的独立性和自主权。这一现状也就决定了阿联酋各酋长国投资法规和招商引资政策有着很大差别。与在阿联酋投资的南亚、中东甚至非洲企业家相比，国内中小企业家普遍缺乏海外投资经验，很难摸清阿联酋复杂的投资环境。

从阿联酋各酋长国的具体经营环境来看，阿联酋各地商会对于本酋长国招商引资政策、资源条件十分清楚，并且对具体项目的落地有着重要影响。鉴于此，中阿博览会如能与阿联酋各酋长国商会建立密切沟通交流机制，既能推动双方企业交流，也能帮助国内有对阿联酋投资意向的中小企业熟悉阿联酋投资环境，并能甄选出一些营利性较强的中小型投资项目，将其发展成扶持中小企业发展、协助中小企业扩展外层发展空间的"标志性"工程。

其三，深化中国—阿联酋科技合作。

在高新技术领域，阿联酋与中国相比并不处于劣势，宁夏与阿联酋科开展科技合作并非对阿联酋实施技术转移，而是要强调双向交流与合作。中阿应在"中国—阿拉伯国家技术转移与创新合作大会"机制下，加强科技创新合作，鼓励双方杰出青年科学家到对方国家开展短期科研工作，深化中国—阿联酋技术转移中心合作，推进人工智能、5G、工业互联网、远程诊疗等先进适用技术的示范与推广。

第十章
利比亚乱局趋于"叙利亚化"

2019 年 4 月 4 日，利比亚东部武装力量"国民军"首领哈夫塔尔在距离首都的黎波里以南大约 90 公里的盖尔扬举兵，突然对国际社会承认的民族团结政府发动名为"flood of dignity"的军事行动，声称要在 48 小时内把首都"从恐怖分子手中解放出来"。起初，"国民军"势如破竹，8 日即兵临的黎波里城下，但随着民族团结政府调兵遣将、奋力抵抗，"国民军"的地面攻势呈现疲态，冲突双方围绕首都及周边地区的争夺逐渐陷入胶着，战火至今仍未平息，已造成上千人死亡，十余万人流离失所。外部势力趁机插手，分别加大对东西阵营的支持力度，甚至或明或暗直接派兵参战，令利比亚局势空前复杂，甚至出现了"叙利亚化"的趋势。

一 再次爆发内战

利比亚东西分立始于 2014 年，是其国内政治力量失衡、权力分配不均的必然结果。2012 年 7 月，利比亚举行推翻卡扎菲后的首次选举，成立了临时议会"国民大会"（General National Congress，GNC）和临时政府，前者以伊斯兰势力为主，后者则多为亲西方的世俗精英。由于府、会之间矛盾尖锐，民兵武装趁机大打出手，争抢地盘和石油资源，导致国家安全局势恶化、经济严重倒退，2013 年甚至出现 13.6% 的负增长，利比亚不得不于 2014 年 6 月再次举行选举，结果世俗派大胜，成立了名为"国民代表大会"（House of Representatives，HoR）的新议会。但同年 8 月，以米苏拉塔民兵为主的武装团体"利比亚黎明"占领了的黎波里，扶持任期已经结束的原临时议会"国民大会"复会，并自行成立了"救国政府"（National Salvation Government），拒绝交出权力。"国民大会"和"救国政府"得到了西部米苏拉塔民兵等武装组织的支持，控制了首都的黎波里，被称为西部议会和西部政府；新选出的"国民代表大会"和原来的"临时政府"被迫迁往靠近利比亚与埃及边境的东部城市图布鲁格，被称为东部议会和东部政府，主要依靠哈夫塔尔领导的国民军和西部的津坦民兵武装。自此，利比亚形成了东西"两个议会、两个政府"的政治格局。

在国际社会推动下，冲突各方于 2015 年 12 月 17 日在摩洛哥斯希拉特达成《利比亚政治协议》，2016 年 1 月在突尼斯成立"民族团结政府"（Government of National Accord，GNA），法耶兹·萨拉杰出任总理。但不幸的是，民族团结政府如同一个早产儿，自降生之日起就存在诸多先天不足，不但未能弥合东西阵营分歧，反而埋下了当前内战的隐患。

一是外部力量急功近利，在矛盾并未得到根本解决的情况下强行捏合各方勉强达成一致。2014 年 9 月联合国着手推动东西方会谈，先后提出五个协议草案，多次宣布"最终截止日期"，但因冲突双方互不退让，直到 2015 年 11 月联合国利比亚问题特使莱昂离职都没有达成任何结果。2015 年 11 月 13 日，法国巴黎发生重大连环恐袭，造成 130 人死亡、350 人受伤，欧洲国家受到极大震惊，解决利比亚国内政治动荡以遏制、缓解欧洲面临的恐怖威胁的动力骤然增大。在这种情况下，12 月 13 日，意大利外长真蒂洛尼与美国国务卿克里联袂主持罗马部长级会议，与会 17 国与联合国、欧盟、阿盟、非盟代表发表共同宣言，威胁将停止与任何"非法势力"的官方接触，承诺将为未来的联合政府提供财政、军事援助。在外部的强压下，利比亚东西两方不得不于 12 月 17 日仓促达成了政治协议。

二是协议有名无实，并未得到各方切实认可和执行。只有东部议会 188 名成员中的 80 人及西部议会 136 名议员中的 50 名代表签署了该协议，大量实权人物对协议持反对态度，其中包括东、西部议会议长，他们均称前往签字的议员没有得到议会授权，纯属个人行为，不具备合法性。而被联合国及国际社会选中的政府首脑法耶兹·萨拉杰籍籍无名，他 1960 年生于的黎波里的一个富裕家庭，自小接受良好教育，2011 年"革命"前一直从事建筑业，2014 年当选议员后才步入政界，几乎没有任何势力或影响，2015 年 12 月却出人意料地被授命组建民族团结政府。萨拉杰的任命遭到了东西两方的抵制。根据协议，联合国和国际社会承认东部议会"国民代表大会"是唯一立法机构，西部议会则改组为"最高国家委员会"（The High Council of State），是新政府的咨询机构。但是，2016 年 1 月、3 月，萨拉杰连续两次组阁都未能获得东部议会的认可，乃至其 3 月 30 日出任总理也未获承认。西部的"救国政府"同样不欢迎他，多次关闭领空，宣布进入"国家紧急状态"，以阻挠萨拉杰从突尼斯返回的黎波里任职，迫使萨拉杰走了12个小时的海路才抵达的黎波里，抵达后又被西部议会领导人哈利法戴上"偷渡"的帽子，要求他："要么自首，要么哪儿来的回哪儿去。"①出于安全考虑，萨拉杰不得不在的黎波里附近的一座海军基地里办公。更麻烦的是，根据协议，西部政府、东部议会均是合法机构，两方因此各自坚持"正统地位"，在法理上很难做出让步。

此后，国际社会多次推动各方执行协议。2017年联合国提出"三步走"路线图方案，2018年5月在法国召开巴黎和解会议，同年11月在意大利召开巴勒莫国际会议，2019年2月达成阿布扎比协议。但因双方要价过高，协议始终难以落实，议会和总统选举日期从最初不晚于2018年12月，被推迟至2019年中。

三是"弱中央、强地方"格局加剧东西方综合实力对比失衡。这种由外力推动的所谓"平衡政体"从一开始就重心不稳。一方面，民族团结政府缺乏施政基础和民意支持，各政治派别拒不交权，基至公开与政府对抗，民族团结政府始终不能统一领导、有效施政。例如，尽管"救国政府"2016年4月5日宣布解散、停止所有机构的运行，但其麾下的民兵武装2017年多次与民族团结政府的武装发生激烈冲突。由于萨拉杰政府权威不足，协议中关于解散武装组织、收缴武器等规定无法得到执行，反而其还不得不依靠民兵武装维持政局，但西部阵营派别林立，如一团散沙，2018年8～9月的黎波里曾爆发民兵大混战，民族团结政府对此束手无策。可以说，萨拉杰政府只是徒有其表，实际上是无军队、无财源和无

---

① 王云松、刘皓然：《利比亚首都两位"总理"共存或引发武装冲突》，新华网，2016年4月1日，http://www.xinhuanet.com/world/2016-04-01/c_128855072.htm。

议会的"三无政府"，唯一政绩是其刚成立就即刻"邀请"美欧派兵打击"伊斯兰国"，令利比亚局势保持了"稳定中的不稳定"[①]。另一方面，军阀哈夫塔尔则强势崛起。1943 年出生的哈夫塔尔曾是卡扎菲麾下干将，但在 1987 年入侵乍得的战争中落败被俘后，因卡扎菲对战俘见死不救，两人从此恩断义绝。此后哈夫塔尔流亡美国，获得美国公民身份，据称还曾受过中情局培训。2011 年回国参与倒卡战争，但并未成为主要领导人，在战后新政府权位争夺中也颇为失意，直到 2014 年 2 月才崭露头角，以反恐为由对东部的伊斯兰势力发动军事打击。2015 年 3 月，迁至东部的"国民代表大会"议长萨拉赫正式任命哈夫塔尔为"国民军"（the Libyan National Army，LNA）最高指挥官，负责"保卫利比亚边境安全、领土完整、公民尊严和国家尊严"，从而让其获得了官方身份。2016 年 9 月，哈夫塔尔夺取了位于中东部、被称为"石油新月地带"的苏尔特湾，控制了利比亚的重要油港；2017 年 7 月，占领利比亚第二大城市、东部重镇班加西；2018 年 6 月，从宗派势力手中夺取德尔纳后，全面控制了利比亚东部地区；2019 年 3 月占领了利比亚南部地区。两相对比，东西阵营的军事平衡出现了严重偏移：哈夫塔尔完成了内部统合，萨拉杰阵营仍群雄并立；哈夫塔尔的势力范围不断扩张，"拥有了利比亚 90% 的领土"，从东、南两面对的黎波里构成合围，萨拉杰政府则局限在西部少数地区，权威不断降低。在这种情况下，哈夫塔尔 4 月发动武力逼宫是势在

---

① Jonathan M. Winer, "Libya: Maintaining a Stable Instability in 2018," Middle East Institute, December 17, 2018, https://www.mei.edu/publications/2018-year-review-conflicts-khashoggi-and-maximum-pressure.

必得。

回顾利比亚的二次内战，有两点需要特别强调。

其一，此次内战爆发于利比亚东、西方两大阵营之间，表面看似乎是利比亚东西双方传统矛盾的延续，但实际上很难从"历史恩怨"角度简单地加以分析。诚然，过去很长时间里，利比亚东、西两方确实互不统属。土耳其奥斯曼帝国统治时期，该地区被分为昔兰尼加（以班加西为中心的东部）、的黎波里塔尼亚（以的黎波里为中心的西部）和费赞（南部沙漠地带）三个相互独立的省份。19世纪后期，意大利殖民者入侵，至一战结束奥斯曼帝国解体后，该地区沦为意大利殖民地，被称为"意大利北非"，彼时也是由两位意大利总督分管东、西两地，直到1934年才被强行捏合到一起。1951年，利比亚独立，成立三省联合王国，但当时的伊德里斯王朝只是想谋求东部独立，后在英美支持下才将另外两地纳入利比亚范围。因此，尽管定都的黎波里，国王却始终坐镇东部。1969年卡扎菲上台后则"重西轻东"，对东部的亲王室反政府武装一直严加防范，并通过经济、安全等手段人为制造东西方差异。2011年初，利比亚爆发"革命"，东部城市班加西率先发动起义，西部米苏拉塔、津坦等地也纷纷涌现反政府武装，最终合力推翻卡扎菲政权，但并未形成真正意义的东、西阵营。相反，"革命"后的利比亚分崩离析，更多体现为地方割据、军阀乱斗，全国各地形形色色的民兵和部落武装为争权夺利、抢占地盘不断爆发武装冲突，而不是出于历史上的东西方对立，更没有组织提出"独立""建国"等口号。即便当前的冲突也很难从历史角度用"东西对决"来形容：一是"国民军"领导人哈夫塔尔及多数高级军官均出身位于西部的费尔詹部落，反而与传统的东部势力有一定疏离感，以至于2018年4月哈夫塔尔疑似中风被紧急送往法国治疗后，外界普遍担心"国民军"将就此陷入分裂和动荡；二是此次围攻的黎波里的重要力量之一"津坦民兵"同样来自西部，另外，哈夫塔尔还获得了南部费赞地区部落武装的支持。

其二，内战具有意识形态冲突的色彩，但不能简单地归结于教俗对立，而是集中体现了世俗力量针对穆兄会的打压。一方面，"阿拉伯之春"后，"政治伊斯兰"曾在地区多个国家异军突起，利比亚亦不例外。1949年成立但从未有过任何实质动作的利比亚穆兄会，在卡扎菲被推翻后组建"公正与建设党"，参加选举并赢得10%的席位，成为"国民大会"的第二大党，尽管并非多数，但2013年后伊斯兰主义者通过与独立人士结盟逐渐把持了议会，先后通过旨在清洗前政权人士的"政治隔离法"和要在利比亚推行沙里亚法的决议，从而招致包括哈夫塔尔在内的世俗力量的强烈反对（"国民军"的很多骨干都是卡扎菲时期的军官，如负责内部安全的领导人奥恩·非尔加尼就是前情报部门高官），哈夫塔尔遂于2014年2月宣称"接管国家"，同伊斯兰武装开战。另一方面，哈夫塔尔反对的只是以穆兄会为代表的政治伊斯兰力量和盘踞在利比亚东部的"伊斯兰教法支持者"等极端暴恐组织，并没有排斥其他伊斯兰势力。相反，其"国民军"吸纳了相当数量的、被称为"麦德哈里主义者"的萨拉菲分子。萨拉菲是伊斯兰教中的极端保守派，拉比·麦德哈里（Rabi al-Madkhali）则是来自沙特的神职人员，双方结盟，哈夫塔尔支持其在东部传播教义，但不得参政，后者则发布法特瓦赋予哈夫塔尔合法性。2020年初向"国民军"倒戈的苏尔特守军同样是萨拉菲武装。因此，此次哈夫塔尔围攻的黎波里，打出的旗号是要从"恐怖分子"手中夺回首都，指责萨拉杰是穆兄会成员，而并非向伊斯兰势力宣战。

二　外部势力插手

利比亚本轮冲突的爆发，固然是国内形势发展变化推动所致，但同时更是与外部势力的介入直接关联。正如联合国利比亚问题特使萨拉姆所说，"6~10个国家插手"，让利比亚成为"外国干涉的教科书"[①]，令利比亚问题的复杂性和解决难度空前加大。根据各自站队，大体分为三个阵营：东部阵营获法国、俄罗斯、沙特、阿联酋、埃及、苏丹等国支持，西部政府则有土耳其力挺和卡塔尔声援，美国、意大利和阿尔及利亚、突尼斯等国相对中立。

东部阵营中，法国是最支持哈夫塔尔的国家，自2015年以来一直与其保持密切的经济和安全合作。一方面，是为保证法国在利比亚东部的油气投资，另一方面，则是法国认为只有哈夫塔尔才能稳定利比亚局势。非洲萨赫勒地区是法国的反恐重点，为此部署了3000名士兵。为了防止"圣战"分子和乍得叛军从利比亚南部渗透，军事强人哈夫塔尔及其亲密盟友乍得总统代比明显比萨拉杰政府更受法国青睐。相反，法国多次指责萨拉杰没有对恐怖分子采取足够的行动。因此，尽管法国官方层面承认民族团结政府，但实际

---

① "UN Envoy: 'Libya a Textbook Example of Foreign Intervention'," Al-jazeera, May 24, 2019, https://www.aljazeera.com/news/2019/05/envoy-libya-textbook-foreign-intervention-190523164926246.html.

上一直对哈夫塔尔鼎力支持。2016年7月，一架法国军事直升机在东部城市班加西附近坠毁，3名法国士兵死亡，事件曝光后，巴黎第一次被迫承认有法军在利比亚行动，媒体披露法国还向哈夫塔尔提供了重要的后勤支持。[①] 2017年哈夫塔尔占领班加西后，法国公开表示祝贺。2018年7月，哈夫塔尔的军事基地中出现了法国从美国购买的导弹，法国政府辩称是"丢失"，但拒不说明丢失的方式和时间。法国的"偏心"招致了西部政府的强烈不满。2019年4月冲突爆发后次日，萨拉杰立即召见法国驻利比亚大使，措辞强硬地谴责法国为争夺能源利益而给哈夫塔尔的军事行动开绿灯，5月又扬言要关闭法国石油公司道达尔在利比亚的业务。正是在法国的反对下，欧盟未能通过谴责哈夫塔尔的声明。对法而言，只要哈夫塔尔能建立稳固统治，继续支持法国的石油利益及在北非和萨赫勒地区反恐，法国并不反对其以武力统一全国。

哈夫塔尔宣称，"除穆兄会外，什么都可以谈"，其立场深得反穆兄会的埃及、阿联酋和沙特三国的欢心。阿联酋强调，"打击极端主义和恐怖主义"是阿拉伯国家支持哈夫塔尔的最主要原因，但土耳其外长恰武什奥卢直言不讳地反驳说："一些海湾国家相信自己有钱，相信自己得到了美国和以色列的全力支持，于是它们就可以改变一切，可以收买国家，可以改变任何国家的政权。它们相信阿拉伯国家出现民主是对其政权的最大威胁，这才是它们支持哈

---

① "Stopping the War for Tripoli," Crisisgroup, May 23, 2019, https//www.crisisgroup.org/middle-east-north-africa/north-africa/libya/b09-stopping-war-tripoli.

夫塔尔军事夺权的原因。"① 据《华尔街日报》披露，就在 2019 年 4 月 4 日发动进攻前数日，哈夫塔尔访问了沙特，获得了数千万美元资助。② 阿联酋则向哈夫塔尔"定期提供武器，甚至毫不掩饰"③。利比亚英文报纸《先驱报》称，2015 年 4 月，阿联酋向哈夫塔尔提供了数架米-35 武装直升机；联合国 2017 年报告称，阿联酋在利比亚东部的哈迪姆修建了一座空军基地，向哈夫塔尔提供了数架武装直升机和 600 多辆军车。④ 2019 年 11 月联合国发布的另一份报告称，阿联酋向哈夫塔尔提供了俄罗斯制造的铠甲 S-1 防空系统。⑤ 来自阿联酋的空中支援至关重要，为"国民军"统一利比亚东、南部的军事行动发挥了重要作用。进攻的黎波里的行动受阻后，阿联酋直接派出无人机参战。

除穆兄会外，安全原因是促使埃及支持哈夫塔尔的最重要因素。埃及西部与利比亚东部接壤，边境线长达 1100 公里，特别是 2014 年"伊斯兰国"在利比亚建立分支后，埃及安全威胁大增，当年 7 月 20 日，两国交界处发生一起恐袭，造成 22 名埃及军人死

---

① Patrick Wintour, "Libya Arms Embargo is a Joke, Says UN Envoy as Ceasefire Talks Continue," *The Guardian*, February 16, 2020, https//www.theguardian.com/world/2020/feb/16/libya-arms-embargo-is-a-joke-says-un-envoy-as-ceasefire-talks-stall.

② Jared Malsin and Summer Said, "Saudi Arabia Promised Support to Libyan Warlord in Push to Seize Tripoli," *The Wall Street Journal*, April 12, 2019, https://www.wsj.com/articles/saudi-arabia-promised-support-to-libyan-warlord-in-push-to-seize-tripoli-11555077600.

③ "UAE, Sudan, Jordan, 'Break Arms Embargo to Back Haftar'," Al-jazeera, November 10, 2019, https://www.aljazeera.com/news/2019/11/uae-sudan-jordan-turkey-break-arms-embargo-hafta-191109181202823.html.

④ Aidan Lewis, "Covert Emirati Support Gave East Libyan Air Power Key Boost: U.N. Report," Reuters, June 10, 2017, https://ca.reuters.com/article/topnews/idCAKBN1902KO-OCATP.

⑤ https://www.securitycouncilreport.org/atf/cf/%7B65BFCF9B-6D27-4E9C-8CD3-CF6E4FF96FF9%7D/S_2019_914.pdf.

亡，2015 年 2 月，21 名埃及科普特基督徒被"伊斯兰国"斩首。为了将极端分子御于国门之外，埃及总统塞西公开称东部政府才是利比亚唯一合法代表，向哈夫塔尔提供了大量武器（包括五架米格-21 战机）、帮助其训练军队，还多次要求安理会取消对利比亚的军事禁运，力挺哈夫塔尔武力统一全国。西部政府内政部部长巴沙瓦称："与埃及接壤是哈夫塔尔的最大底气，漫长的边境成为其物资来源的最重要渠道。"①

苏丹参与利比亚内战，更多是出于经济利益考虑。联合国专家小组在向安理会提交的长达 376 页的报告中表示，至少有 3000 名支持哈夫塔尔的苏丹雇佣军人在利比亚战斗，不少人是苏丹前总统巴希尔的反对者，主要来自达尔富尔地区，他们为了赚钱来到利比亚，以便回国后继续进行反政府斗争。这些苏丹雇佣军在争夺"石油新月"地带的战斗中发挥了很大作用，还在利比亚从事走私和非法移民等活动，以牟取暴利。联合国报告还称，应哈夫塔尔的请求，2019 年 7 月 25 日，苏丹"快速反应部队"指挥官达加洛也向其支援了 1000 名战斗人员，驻守在南部的朱福拉地区。在罢黜前总统巴希尔后，达加洛成为苏丹过渡军事委员会中的二号人物，位高权重，手握重兵，是哈夫塔尔的重要盟友。②

此外，据传约旦也是东部政府的支持者，经常向其提供武器。

俄罗斯认为利比亚乱局是北约不负责任、胡乱干涉的典型案

---

① "Point Blank：Egypt, Russia and UAE Sent Arms to Libya's Haftar," Al-jazeera, November 13, 2019, https://www.aljazeera.com/news/2019/11/point-blank-egypt-russia-uae-arms-libya-haftar-191112084552422.html.

② Jason Burke and Zeinab Mohammed Salih, "Mercenaries Flock to Libya Raising Fears of Prolonged War," *The Guardian*, December 24, 2019, https://www.theguardian.com/world/2019/dec/24/mercenaries-flock-to-libya-raising-fears-of-prolonged-war.

例，长期以此敲打西方，但较长时间内俄并未在利比亚问题上发力，直到 2015 年 10 月军事介入叙利亚后，俄在中东的影响力大涨，从此被利比亚、埃及、沙特等不少地区国家视为"麻烦解决者"，并主动拉近与俄关系。哈夫塔尔曾三次访俄寻求武器支持，"国民军"发言人 2018 年 11 月在意大利巴勒莫国际会议上公开呼吁，希望俄罗斯和普京总统亲自介入利比亚局势，帮助清除外国干预者。双方一拍即合，利比亚很快成为俄中东政策的重要组成部分，俄的出发点：一是获取经济利益，主要为石油资源和军火贸易；二是扩展势力范围，通过移植叙利亚的成功模式，成为利比亚的"kingmaker"，进而逐渐在中东重建控制区。其做法基本上是叙利亚干预模式的翻版：俄先是与哈夫塔尔签订原油采购协议，后帮其印制价值数百万美元的纸钞，2018 年底派遣了数名军事顾问，内战爆发后俄军事人员直接参与了战争。2019 年 11 月初，美国非洲司令部发言人首次确认，有 200～1400 名"俄罗斯雇佣军"在利比亚西部战斗，他们大多来自普京密友叶夫根尼·普里戈金（Yevgeny prigozhin）所创建的瓦格纳集团（Wagner Group），该集团是俄在叙利亚的主要作战部队。《纽约时报》评论称，鉴于地面战场的业余程度，俄罗斯专业狙击手的到来打破了双方的胶着状态。

西部阵营里，土耳其支持萨拉杰政府，最初这是同埃及、阿联酋、沙特等国争夺地区影响力的延续，换言之，土耳其在利比亚问题上发力，主要是出于地缘政治考虑，是土耳其总统埃尔多安"新奥斯曼主义"的一部分。土前总理达武特奥卢曾多次表示，土西南部最大城市安塔利亚距利比亚比距安卡拉还近，通过利比亚，土在地中海具备了同法国持平的国际地位。[1] 美国《国际利益》杂志主编萨迪·哈马迪称，土耳其"要确保地中海地区的任何谈判都有安卡拉一席之地，一些邻国正试图将土耳其排除在外。如果哈夫塔尔胜利，那将意味着土耳其对阿联酋等国的失败，土耳其的海上利益就要受制于阿联酋、埃及和希腊"[2]。自 2015 年民族团结政府成立后，土耳其就予以坚定支持。内战爆发后，土从幕后走向前台，向萨拉杰政府提供了大量军用车辆及战斗机、军舰和无人机等，特别是空战，基本上可以说是在土耳其和阿联酋两国之间进行。战场上发现俄罗斯雇佣军的身影后，土耳其的介入力度随之增大。2019 年 12 月，土耳其招募了 1250 名叙利亚自由军武装人员分批赴利比亚，协助西部政府作战，据称之后还有 2000 人准备前来。其薪酬极具诱惑力，普通士兵每月 2000 美元（在叙利亚时仅 50 美元）、军官 3000 美元，战斗机飞行员 6 个月后可获得土耳其国籍。[3]12 月 21 日，土进一步与西部政府达成了军事合作协议，承诺共享情报并提供武器，并可在受邀时组建"快速反应部队"进入利比亚行动。仅仅十余天后，土耳其议会即批准政府向利比亚派兵。尽管埃尔多安声称所派士兵并非战斗人员，但其指标意义重大，是土军事介入利比亚内战程度的实质性升级。与此同时，双方还就重新

---

[1] C. Akça ATAÇ, "Pax Ottomanica No More! The 'Peace' Discourse in Turkish Foreign Policy in the Post-Davutoğlu Era and the Prolonged Syrian Crisis," *Digest of Middle East Studies*, October 30, 2018, https://onlinelibrary.wiley.com/doi/pdf/10.1111/dome.12152.

[2] Ramy Allahoum, "Libya's War: Who is Supporting Whom," Al-jazeera, January 9, 2020, https://www.aljazeera.com/news/2020/01/libya-war-supporting-200104110325735.html.

[3] Khaled al-Khateb, "Syrian Mercenaries Fight Turkey's Battles in Libya," Al-Monitor, February 5, 2020, https://www.al-monitor.com/pulse/originals/2020/02/syria-opposition-fighters-deploy-libya-turkey-offer.html#ixzz6Eh8b8RCr.

划分地中海东部专属经济区达成一致。按照协议，土扩大了海上管辖权，将与利比亚在东地中海区域开展联合勘探，土还可在利比亚大陆架上进行钻探。鉴于西部政府早已丧失海上管辖权和经济开发能力，该协议实质上是利比亚以海洋经济权益换取土军事支持，单方面赋予土在东地中海和利比亚沿海开采能源的权利。2010年以来，地中海海域相继发现多个大型气田，引发周边国家激烈争夺。2017年底，塞浦路斯、希腊、意大利、以色列四国签署共建海底管道备忘录，拟绕开土将天然气输往欧洲；2019年初，塞、希、以、意、约旦、巴勒斯坦、埃及等组建"东地中海天然气论坛"，号称是继欧佩克之后的全球第二大油气联盟，又把土耳其排挤在外。土耳其对此早有不满，加之因本币贬值，能源进口成本飙升，对近海天然气资源渴求更甚。利比亚则成为土耳其地中海战略的重要一环，若土耳其在利比亚站稳脚跟，则可依托利比亚及"北塞浦路斯"构建战略三角，进可控制地中海东、北部大片区域，退可卡死通往欧洲的天然气管道。土耳其的强硬举措引发了利比亚东部政府的强烈反弹，哈夫塔尔下令驱逐控制区内的土耳其商户，议会一致通过决议与土耳其断交。

与土耳其相比，卡塔尔对西部政府的支持更多体现在外交领域，而且远不如土耳其高调。

在第三阵营中，意大利是利比亚前殖民宗主国，利益集中在利比亚西部地区，且在民族团结政府协助下成功遏制了移民潮，也因此遭到了东部政府的抵制，但实际上，意在整个冲突中总体上严格保持中立，始终强调尊重国际社会承认的执政当局，呼吁在联合国主导下实现政治过渡。其反对法国干涉是出于经济或商业原因，担心影响到意大利石油巨头埃尼石油公司在利比亚的独占地位。阿尔及利亚和突尼斯在利比亚问题上不断发声、发力，更多是担心利比亚战火外溢，认为外部力量的插手已经危及其安全。因此，两国在承认民族团结政府的同时，也认可哈夫塔尔为利益攸关方，明确反对任何形式的军事干涉，拒绝土耳其军队从其两国发起进攻。阿尔及利亚总统特本划定"的黎波里为一条红线"，认为一旦哈夫塔尔攻下首都，利比亚局势必将大乱，为此阿尔及利亚在边界地区部署了大批导弹和坦克，称有权采取自卫行动。突尼斯则更担心受到难民潮的冲击。[①] 美国在 2011 年的倒卡战争中发挥过主导作用，后在萨拉杰政府要求下派兵进入利比亚打击"伊斯兰国"。但特朗普上台后不愿卷入麻烦，称美在利比亚的角色仅限于反恐，不会参与国家重建，内战爆发后美立即宣布撤军，随后又与哈夫塔尔通电话，赞扬其"在打击恐怖主义和保护利比亚石油资源方面发挥了重要作用"。不少分析认为，美国的利比亚政策显示了极强的实用主义。

三　调解难度增大

2011 年，西方国家声称为"防止人道主义灾难"，推行新干涉主义，推翻了卡扎菲政权，最终却打开了"潘多拉魔盒"，让利比亚陷入无休止的动荡和混乱之中。尽管法国总统马克龙和美国总统奥巴马都公开承认当年的军事行动犯下了大错，但域外国家别有用

---

① Ramy Allahoum, "Libya's War: Who is Supporting Whom," Al-jazeera, January 9, 2020, https://www.aljazeera.com/news/2020/01/libya-war-supporting-2001041103 25735.html.

心的干预活动非但没有停止，反而愈演愈烈，令利比亚国内军阀、派系的权力斗争越来越多地向一场地区代理人战争转变。

作为利比亚政治和解的最大外部推动者，联合国苦于权威不足，有心而无力。最为讽刺的是，2019 年 4 月哈夫塔尔发动攻势当天，联合国秘书长古特雷斯正在利比亚访问，古特雷斯当面劝哈夫塔尔收手却未成功，凸显联合国在利比亚问题上的困境。由于安理会相关国家各怀心思、互相掣肘，直到 3 个月后联合国才首次一致通过声明，谴责的黎波里附近难民收容所遭空袭，呼吁各方紧急推动冲突降级并达成停火协议。

随着局势升级，相关国家纷纷加大调解力度，但目标从过去的推动和解、组建过渡政府一路下滑至实现停火乃至外部力量"不干涉""不提供武器"。然而，由于参与各方既是球员又是裁判，对国际调解普遍阳奉阴违，即便如此之低的诉求也难以实现。2020 年 1 月 12 日，俄土达成休战协定，但至 1 月底即发生 110 多次交火。1 月 19 日，俄、美、土、埃等 12 国领导人及联合国、欧盟、阿盟、非盟的高级代表在柏林召开利比亚国际大会，最终达成一份包含 55 点成果的文件，强调必须遵守联合国的武器禁运决议。但"柏林文件"很快成为一纸空文，联合国利比亚问题特使萨拉梅说，"外国赞助商继续向交战各方提供大量武器、装备和战机，肆意违反军火禁运和在柏林做出的承诺"，同时外国战斗人员"成千上万地飞往前线""的黎波里沿海出现了外国的军舰"。2020 年 2 月 12 日，安理会以 14 票赞成、1 票弃权（俄罗斯）通过英国提出的一项决议，呼吁国际社会无条件地立即停止向利比亚交战双方提供武器，但联合国"有罪不罚"的做法令决议毫无威慑力，土耳其和阿联酋对此置若罔闻，阿联酋短短两个月就向哈夫塔尔提供了 5000 多吨武器，以至于联合国利比亚问题副特使斯蒂芬妮·威廉姆斯称："武器禁运已经成为一个笑话。"[①]交战各方有恃无恐，哈夫塔尔甚至下令禁止联合国人员登陆。3 月 2 日，联合国利比亚问题特使萨拉梅以"健康原因"愤而辞职。

利比亚正在成为第二个叙利亚。就交战双方而言，哈夫塔尔大兵压境，获多国支持，似乎距离胜利仅一步之遥，不会轻易罢手；萨拉杰政府有联合国合法性认证，与米苏拉塔民兵等"土著"武装利益绑定，又获得土耳其力挺，也难有退让余地。因此，双方一边隔空喊话、漫天要价，一边无视国际呼吁，抓紧寻求外部武器和雇佣军支持。在一定程度上，交战双方身不由己，已经很难从战乱中抽身，未来局势走向将更多取决于外部力量的对决：其一是土耳其、卡塔尔和沙特、阿联酋、埃及两大阵营基于意识形态斗争的对峙；其二是土耳其、俄罗斯两国从叙利亚一路翻滚而来争夺地区影响力的"缠斗"；其三是土耳其同希腊、塞浦路斯等欧洲国家对地中海战略资源和势力范围进行重新划分。三组矛盾中，土耳其都是主要角色。一方面，土耳其的军事介入，产生了深远影响：一是改变了战场上的实力对比，令冲突加剧，加大了政治解决的难度；二是致土耳其与欧盟和北约关系恶化，与东地中海沿岸国家矛盾激化；三是强化了利比亚的代理人战争。另一方面，尽管土耳其声称通过"以战促和"，让其国际地位看涨，所有有关利比亚的大会上都能看到其身影，但土耳其现有的军事实力难以支撑其在叙、利两

[①] Patrick Wintour, "Libya Arms Embargo is a Joke, Says UN Envoy as Ceasefire Talks Continue," *The Guardian*, February 16, 2020, https：//www.theguardian.com/world/2020/feb/16/libya-arms-embargo-is-a-joke-says-un-envoy-as-ceasefire-talks-stall.

线投入，颇有战略透支之虞，其外交政策仍在延续叙利亚问题上"先跳再想"（Jump first, think later)[①] 的冒进模式，一旦伤亡人数增加，土耳其将进退维谷。

总而言之，从长远看，在外部势力的干预下，利比亚很难迎来真正的和平，局势反而可能进一步升级和恶化。若内乱长期持续，与之伴生的恐怖主义和难民问题将严重危及利比亚及其邻国乃至欧洲国家的安全和稳定。

[①] Semih Idiz, " Erdogan's Libya Strategy: Jump First, Think Later ", *Al-Monitor*, January 23, 2020. https://www.al-monitor.com/pulse/originals/2020/01/turkey-libya-erdogan-jump-first-think-later-tactic-will-fail.html.

附录
古代阿拉伯编年体史书提要[*]

　　编年体是古代阿拉伯史书的主要体裁之一。其基本形式是以时间为经，以史事为纬，记载特定时期内发生的重要历史事件。海塞姆·本·阿迪（al-Haytham ibn 'Adī，公元 732~822 年）以《编年史》（*Al-Tārīkh 'alā al-Sinīn*，已佚）开启了这种体裁史书编纂的发展历程。约百年后，泰伯里（al-Tabarī，公元 839~923 年）凭借《历代民族与帝王史》（*Tārīkh al-Umam wa-al-Mulūk*）奠定了编年体在阿拉伯史学园林中的地位。此后直到马穆鲁克王朝（公元 1250~1517 年）灭亡，阿拉伯史学走向衰落，史学家们撰著的编年体史书浩如云烟。其中幸存至今且具有较高参考价值的作品包括以下数十部。

　　伊本·亥雅特（Ibn Khayyāt，公元 777~854 年）的《哈里发·本·亥雅特史》（*Tārīkh Khalīfah ibn Khayyāt*）。这部著作经伊本·亥雅特的学生、安达卢西科尔多瓦学者巴基·本·马赫拉德（Baqī B. Makhlad，公元 816~889 年）的转述才得以幸存至今。它

　　*　本文系 2018 年度国家社科基金青年项目"古代阿拉伯史学史研究"（批准号：18CSS012）的阶段性成果。本文作者：梁道元，宁夏大学中国阿拉伯国家研究院讲师；韩忠真，约旦大学历史系博士生；赵悦清，西北大学外国语学院讲师；王明珠，西北大学中东研究所硕士生；黄晓雷，临夏现代职业学院阿拉伯语教师。

是流传至今最古老的阿拉伯编年体史书,虽然相对简略,但被史学家普遍认为比较可靠地记载了公元 622~847 年(伊历 1~232 年)的重要史事。

泰伯里(al-Tabarī,公元 839~923 年)的《历代先知与帝王史》(Tārīkh al-Rusul wa-al-Mulūk),或名《历代民族与帝王史》(Tārīkh al-Umam wa-al-Mulūk),又名《泰伯里史》(Tārīkh al-Tabarī)。该书首先论述时间、夜晚与白天,再从创世写到穆罕默德迁徙麦地那(公元 622 年)。作者在叙述了伊斯兰历的创制和使用情况后,开始逐年记录历史,直至公元 915 年(伊历 302 年)。他全面汇总前人的著述,重视历史和时间的关系,以严谨细致的伊斯纳德(音译,意为"传述世系")、翔实可靠的史料、客观中立的叙述、优雅美妙的文辞和人类历史的视野,使这部书成为阿拉伯史学史上划时代的作品。他因而被推崇为"阿拉伯历史学的奠基者",被中国著名的中东史专家彭树智称为"阿拉伯的司马迁"①。

伊本·巴泰利格(Ibn al-Batrīq,公元 877~940 年)的《串珠》(Nazm al-Jawhar),又名《伊本·巴泰利格史》(Tārīkh Ibn al-Batrīq)。该书是作者为他弟弟尔撒写的世界通史,从人祖亚当写到公元 938 年。全书主要分为上古史、教堂史、基督教时代以来的统治者史以及伊斯兰教时代的哈里发史等部分。作者按照编年体史书的基本顺序编写,站在基督教史学家的角度勾勒了当时作者所知的世界历史的发展脉络。

艾布·扎卡利雅(Abū Zakarīyā,公元? ~945 年)的《摩苏

---

① 彭树智:《两斋文明自觉论随笔》第 2 卷,中国社会科学出版社,2012,第 779 页。

尔史》（*Tārīkh al-Mawsil*）。该书是第一部摩苏尔志，原稿分三卷，现仅存第二卷。残卷从公元719年（伊历101年）编到839年（伊历224年），其中缺742年（伊历124年）和769年（伊历152年）的内容。这部编年体城市志除了记载每年发生的重要事件和辞世名人的信息外，还重点详述或分析重大事件的来龙去脉。

阿利卜·本·萨阿德（'Arīb B. Sa'd，公元？~979年）的《泰伯里史续编》（*Silah Tārīkh al-Tabarī*）。该书是《泰伯里史》的续作之一。作者不仅模仿《泰伯里史》的编撰方法，记载了公元904~932年（伊历291~320年）阿拔斯王朝的重要史事，还增加了对北非和安达卢西地区历史和人物的特别关注。

伊本·扎卜尔（Ibn Zabr，公元911~989年）的《学林生卒史》（*Tārīkh Mawlid al-'Ulamā' wa-Wafayātihim*）。辞世录（al-Wafayāt）是一种专门收录已故人物信息的集体人物志。《学林生卒史》是这类阿拉伯史书的早期代表作之一。它逐年记载了在公元622~968年（伊历1~357年）辞世的人物名单，为后来学者编写该时期的人物传记提供了简明有序的线索。

穆萨比希（al-Musabbihī，公元977~1029年）的《埃及纪》（*Akhbār Misr*）。该书原稿约26000页。其第四十卷的残存部分记载了公元1023~1025年（伊历414~416年）的史事。1978年，开罗美国大学阿拉伯研究中心的米尔沃德（W. G. Millward）校勘出版了西班牙埃斯科里亚尔修道院图书馆藏残卷，即《埃及纪（伊历414~415年）》（*Akhbār Misr fī Sanatayn* 414-415 *H.*）。该残卷除了记载每月发生的事件外，还收录了15位诗人的诗作。

米斯凯韦（Miskawayh，公元932~1030年）的《各族经验与活力赓续》（*Tajārib al-Umam wa-Ta'āqub al-Himam*）。该书是一部富含朴素历史哲学思想的编年体世界通史。作者以《泰伯里史》为基本参考文献，从"砍树建屋第一人"、波斯王胡山（或译作"乌尚吉"）开始叙事。前伊斯兰时期的部分是古代列王纪。伊斯兰时期的部分按照先知穆罕默德和历任哈里发的先后顺序叙述，直到公元 980 年（伊历 369 年）。作者非常注重分析重要历史事件发生的原因，时常显露出朴素的历史哲学元素。

希拉勒·萨比（Hilāl al-Sābī，公元 969~1056 年）的《萨比史》（*Tārīkh al-Sābī*）。该书是《泰伯里史》的续作《萨比特·本·希南史》（*Tārīkh Thābit Ibn Sinān*）的续编，原稿共四十卷，记载了公元 970 年末至 1056 年初（伊历 360~447 年）的史事。幸存至今的第八卷记载了公元 999~1003 年（伊历 389~393 年）的史事。仅从该残卷来看，这部巨著具有较高的史料价值。

叶哈雅·安塔基（Yahyā al-Antākī，公元？~1066 年）的《安塔基史》（*Tārīkh al-Antākī*）。该书是《伊本·巴泰利格史》的续编，从公元 938 年（伊历 326 年）编到 1034 年（伊历 425 年）。它的价值主要体现在三个方面：第一，记载了东西伊斯兰世界的风云变化；第二，描绘了拜占庭帝国与伊斯兰世界的关系图景；第三，讲述了保加利亚、罗斯、乔治亚以及亚美尼亚等民族的历史。

阿卜杜·阿齐兹·卡塔尼（'Abd al-'Azīz al-Kattānī，公元 999~1074 年）的《学林生卒史续编》（*Dhayl Tārīkh Mawlid al-'Ulamā' wa-Wafayātihim*）。该书是上述伊本·扎卜尔《学林生卒史》的续作，从公元 949 年（伊历 338 年）编到 1070 年（伊历 462 年），共收录 351 位辞世人物的名字、辞世时间和地点以及供后来人进一步研究这些人物的线索。

鲁兹拉瓦利（al-Rūdhrāwarī，公元 1045～1095 年）的《各民族经验续编》（*Dhayl Tajārib al-Umam*）。该书是上述米斯凯韦《各族经验与活力赓续》的续作，从公元 980 年 7 月（伊历 369 年 12 月）编到 999 年（伊历 389 年）。

哈马扎尼（al-Hamadhānī，公元 1071～1127 年）的《泰伯里史增补》（*Takmilah Tārīkh al-Tabarī*）。该书是上述《泰伯里史》的续作之一，原稿共两卷，仅存的第一卷从公元 908 年（伊历 295 年）写到 978 年（伊历 367 年）。

伊本·艾克法尼（Ibn al-Akfānī，公元 1052～1129 年）的《学林生卒史再续》（*Dhayl Dhayl Tārīkh Mawlid al-'Ulamā' wa-Wafayātihim*）。该书是上述阿卜杜·阿齐兹·卡塔尼《学林生卒史续编》的续作，从公元 1070 年（伊历 463 年）编到 1092 年（伊历 485 年），共收录了 63 位已故人物的名字、辞世时间和地点及进一步研究这些人物的线索。

伊本·格拉尼斯（Ibn al-Qalānisī，公元 1077～1160 年）的《大马士革史续编》（*Dhayl Tārīkh Dimashq*）。该书是上述《萨比史》的续作，主要记载了公元 971～1160 年（伊历 360～555 年）在大马士革及其周边地区发生的重要历史事件，特别是记录了关于十字军入侵的细节。作者因该书而成为"第一位抗击十字军战争的阿拉伯史学家"。

阿济米（al-'Azīmī，公元 1090～1161 年）的《阿勒颇史》（*Tārīkh Halab*）。这部编年体《阿勒颇史》简明扼要地逐年记载了公元 622～1144 年（伊历 1～538 年）在阿勒颇及其周边地区发生的重要历史事件。

伊本·焦兹（Ibn al-Jawzī，公元 1116 ~ 1200 年）的《历代帝王与民族通史》（*Al-Muntazam fī Tārīkh al-Mulūk wa-al-Umam*）。该书的绪论部分谈论了历史的重要性和史学家们编纂历史的方法与类型。全书分为三大部分。第一，先知穆罕默德出生之前的历史，按照时间先后顺序叙事。第二，穆罕默德迁徙之前的历史，采用编年体的方法来书写。它被分为两段：自穆罕默德降世至成为"安拉的使者"（即 1 ~ 40 岁），按其年龄的先后顺序记述；自"为使"之年至迁徙（公元 622 年）以前，以"为使"纪年，从"为使 1 年"写到"为使 13 年"。第三，伊斯兰史。这部分是全书的主体部分，从公元 622 年写到 1179 年（伊历 1 ~ 574 年）。每年又被分为两个部分：第一部分记当年的重大事件；第二部分是当年辞世的名人传记。全书共为 4330 位人物作传。它以时间为经线，以人物和史事为纬线，一贯而终。

易玛德丁·艾斯法哈尼（'Imād al-Dīn al-Isfahānī，公元 1125 ~ 1201 年）的《史集万花园》（*Al-Bustān al-Jāmi' li-Jamī' Tawārīkh Ahl al-Zamān*）。该书是一部编年体史纲。作者旨在勾勒出自人类初始至公元 1197 年（伊历 593 年）的历史发展脉络。它虽然简略，但取材宏富，涉及面广，不失为一部较具史学价值的著作。

伊本·艾西尔（Ibn al-Athīr，公元 1160 ~ 1233 年）的《历史大全》（*Al-Kāmil fī al-Tārīkh*）。这部编年体世界通史上起创世时代，下迄公元 1231 年（伊历 628 年）。作者把前人的史著和耳闻目睹的时事熔于一炉，精心甄选史料，用心奋笔书写，力求翔实地记录每年的重大事件，在提到某地执政者和知名人物时，就为其立传，而且在记录每年的重要事件后，通常还为当年辞世的知名人物作传。尤为重要的是，书中关于十字军东侵和蒙古人西征的内容翔实可靠，是现代学者研究这段人类暴力文明交往史的珍贵资料。

伊本·纳兹夫（Ibn Nazīf，卒于公元 1234 年之后）的《曼苏利史》（*Al-Tārīkh al-Mansūrī*）。该书是作者献给当时的霍姆斯城主曼苏尔王的礼物，因而得名《曼苏利史》。它是作者所撰世界史巨著《历代史事释疑》（*Al-Kashf wa-al-Bayān fī Hawādith al-Zamān*，已佚）的节略本。它记载了公元 1193~1234 年初（伊历 589~631 年）的史事。其中对萨拉丁死后的艾尤卜王朝史的记载尤为珍贵。

伊本·艾比·达姆（Ibn Abī al-Dam，公元 1187~1244 年）的《穆扎法利史》（*Al-Tārīkh al-Muzaffarī*）。该书是作者献给哈马的艾尤卜王朝统治者穆扎法尔·马哈茂德一世（公元 1229~1244 年在位）的礼物。《大穆扎法利史》（又名《大历史》）共六卷，已佚。《小穆扎法利史》是前者的缩略本，又名《伊斯兰史》（*Tārīkh al-Islām*）。作者从先知穆罕默德的传记开始下笔，逐年写到伍麦叶王朝（公元 661~750 年）灭亡。

斯卜特·伊本·焦兹（Sibt Ibn al-Jawzī，公元 1185~1257 年）的《精英历史镜鉴》（下简称《镜鉴》）（*Mir'āh al-Zamān fī Tawārīkh al-A'yān*）。这部巨著是作者的外祖父伊本·焦兹所著《历代帝王与民族通史》（下简称《通史》）的扩写改编本。在编纂方法上，《镜鉴》承袭《通史》。在时间跨度方面，《镜鉴》从创世写到公元 1256 年 7 月（伊历 654 年 6 月），比《通史》多写了77 年（即 80 个伊历年）。在史学理论方面，斯卜特的造诣更上一层楼。从《镜鉴》的绪论部分看，他对历史的认知、对世界的理解、对史料的剖析以及对历史哲学的感悟均比其外祖父更为深邃。

蒙兹利（al-Mundhirī，公元 1185～1258 年）的《辞世追录增补》（*Al-Takmilah li-Wafayāt al-Naqalah*）。该书是阿里·本·穆法德勒（'Alī B. al-Mufaddal，公元 1149～1214 年）《辞世追录》（*Wafayāt al-Naqalah*，已佚）的续作，同时也是辞世录类阿拉伯人物志的巅峰代表作。它从公元 1186 年 12 月 27 日（伊历 582 年 10 月 6 日）编到 1244 年 9 月 8 日（伊历 642 年 3 月 26 日），共收录了 3164 位已故名人的传记。与此前的辞世录相比，这部作品有两大突出的特点：其一，对时间的记载更加精确，年月夜（注：伊斯兰历是一种阴历）皆具备；其二，对人物信息的记载更加详细。

艾布·沙玛（Abū Shāmah，公元 1203～1267 年）的《努利亚与萨拉希亚两国纪园》（*Al-Rawdatayn fī Akhbār al-Dawlatayn al-Nurīyah wa-al-Salāhīyah*）。该书是对赞吉王朝和艾尤卜王朝历史的翔实记载，自公元 1147 年（伊历 542 年）开始按编年体形式叙事，直至 1201 年（伊历 597 年）。该书的价值主要体现在三个方面：第一，作者是书中一些重要历史事件的参与者；第二，对史事的记录详细且全面；第三，取材宏富，而且其中的一些参考史籍早已散佚，这使得它更加弥足珍贵。

艾布·沙玛的《六与七世纪人物志》（*Tarājim Rijāl al-Qarnayn al-Sādis wa-al-Sābi'*），即《纪园续编》（*Al-Dhayl 'alā al-Rawdatayn*）。该书是作者《努利亚与萨拉希亚两国纪园》的续作，记载了公元 1194～1267 年（伊历 590～665 年）发生的要事和辞世的名人。

伊本·萨易（Ibn al-Sā'ī，公元 1197～1275 年）的《史传精华

集》（*Al-Jāmi' al-Mukhtasar fī 'Unwān al-Tawārīkh wa-'Uyūn al-Siyar*）。这部编年体世界通史又名《伊本·萨易史》（*Tārīkh Ibn al-Sā'ī*），原稿约二十五卷（或三十卷）。作者在上述伊本·艾西尔《历史大全》等史学名作的基础上，逐年把历史画卷勾勒到阿拔斯王朝都城巴格达被蒙古铁骑践踏的岁月（公元 1258 年/伊历 656 年）。但遗憾的是，该巨著的大部分篇章已不复存在。1934 年，伊拉克巴格达的叙利亚天主教会印书馆出版的伊拉克学者穆斯塔法·杰瓦德（Mustafā Jawād，公元 1905～1969 年）校勘的残存第九卷记载了公元 1199～1210 年（伊历 595～606 年）的史事。

易兹丁·胡赛尼（'Izz al-Dīn al-Husaynī，公元 1238～1296 年）的《辞世追录增补续编》（*Silah al-Takmilah li-Wafayāt al-Naqalah*）。该书是上述蒙兹利《辞世追录增补》的续作，从公元 1243 年 7 月 2 日（伊历 641 年 1 月 5 日）写到 1277 年 4 月 29 日（伊历 675 年 11 月 17 日），共收录了 1242 位人物的传记。

伊本·瓦斯勒（Ibn Wāsil，公元 1208～1298 年）的《艾尤卜人纪事》（*Mufarrij al-Kurūb fī Akhbār Banī Ayyūb*）。该书全面翔实地记录了艾尤卜王朝（公元 1171～1250 年）统治家族的兴衰历程，其主体部分采用编年体形式记载了公元 1083～1263 年（伊历 476～661 年）的史事。作者在继承前辈史学家相关学术成果的基础上，增添了许多自身耳闻目睹的事件，从而大大地提高了该著作的价值，使它成为后来史学家研究艾尤卜王朝史的珍贵参考文献。

伊本·瓦斯勒的《萨里希史》（*Al-Tārīkh al-Sālihī*）。这部编年体简史是作者献给艾尤卜王朝萨里哈王（公元 1240～1249 年在位）的礼物，因而被命名为《萨里希史》。其时间跨度从创世到公元

1239 年（伊历 636 年）。该书简明扼要，作者融合多部前代史籍，博采众长，用史严谨，从而使全书显得内容相当宏富。他不仅记述历史事件，还适当地展露其精妙的评论，时而赋诗吟诵，颇有雅美史家的风采。

伊本·穆盖兹勒（Ibn al-Mughayzil，公元？~1302 年）的《艾尤卜人纪事续编》（*Dhayl Mufarrij al-Kurūb fī Akhbār Banī Ayyūb*）。该书是上述伊本·瓦斯勒《艾尤卜人纪事》的续作，从公元 1264 年（伊历 662 年）编到公元 1296 年（伊历 695 年）。书中记载的事件多为作者的亲身经历或其闻讯的事迹，其中包含了许多其他史书中鲜见的一手材料，比如国王与埃米尔之间的通信原文、攻克城防营垒的详细过程等。

赫津达利（al-Khazindārī，卒于公元 1309 年之后）的《始末奇集史》（*Tārīkh Majmū' al-Nawādir Mimmā Jarā lil-Awā' il wa-al-Awākhir*）。这部编年体世界简史从创世写到公元 1309 年（伊历 708 年），但并非每年均有记载，原稿分四册。2005 年，黎巴嫩贝鲁特现代书店出版的残卷记载了公元 1219~1294 年（伊历 616~693 年）的史事。同年，德国克劳斯·施瓦兹出版社在贝鲁特出版的残卷记载公元 1219~1290 年（伊历 616~689 年）的史事。2008 年，贝鲁特现代书店出版的残卷从创世写到公元 720 年（伊历 101 年）。

伊本·易扎利（Ibn 'Idhārī，卒于公元 1313 年之后）的《安达卢西与马格里布纪奇籍释解》（*Al-Bayān al-Mughrib fī Akhbār al-Andalus wa-al-Maghrib*），或名《安达卢西与马格里布列王纪略奇籍释解》（*Al-Bayān al-Mughrib fī Ikhtisār Akhbār Mulūk al-Andalus wa-al-Maghrib*）。作者把该书分为三册：第一册从公元 642 年（伊历

21 年）开始记载北非的历史进程；第二册从公元 711 年（伊历 92
年）开始记载安达卢西的史事；第三册续写北非和安达卢西的史
事，直到 1269 年 9 月（伊历 668 年 1 月）。作者引材广泛，对历史
事件的记载详略有序，生动形象，对事件原因的分析立足于充分的
历史事实。该书被学者们普遍认为是研究中古时期北非和伊比利亚
半岛历史的重要参考文献。

伊本·福瓦蒂（Ibn al-Fuwatī，公元 1244~1323 年）的《七世
纪万事益历》（*Al-Hawādith al-Jāmi'ah wa-al-Tajārub al-Nāfi'ah fī al-
Mi' ah al-Sābi'ah*）。该书主要记载了公元 1229~1300 年（伊历
626~700 年）在伊拉克巴格达城及其周边地区发生的重要事件。
其中对蒙古人入侵巴格达和阿拔斯王朝灭亡过程的记载具有极高的
文献价值。作者没有对史事加以分析和评论，而是力求真实地把那
个多事的时代记述下来，将分裂、不公、杀戮和腐败等现象留给后
人去评判。

贝伯尔斯·曼苏利（Baybars al-Mansūrī，公元 1247~1325 年）
的《希吉莱史思想精要》（*Zubdat al-Fikrah fī Tārīkh al-Hijrah*）。作
者在其书记官的协助下完成这部编年体巨著。全书共十一卷，写到
公元 1324 年（伊历 724 年）。能够幸存至今的第三卷记载了公元
662~739 年（伊历 42~121 年）的史事，第四卷记载公元 749~866
年（伊历 132~252 年），第五卷记载公元 866~934 年（伊历 252~
322 年），第六卷写到公元 1009 年（伊历 400 年），第七卷记载公
元 1009~1096 年（伊历 400~489 年），第九或第十卷记载公元
1257~1309 年（伊历 655~709 年）。贝伯尔斯凭借该书跻身当时的
一流史学家之列。

贝伯尔斯·曼苏利的《突厥国君珍品》（*Al-Tuhfah al-Mulūkīyah fī al-Dawlah al-Turkīyah*）。该书记载了公元 1249～1312 年（伊历 647～711 年）马穆鲁克军团统治下的埃及历史。它对马穆鲁克王朝早期军事和政治史的记述翔实可靠，而且文辞优雅。更为重要的是，作者亲历了其中一些极大地影响了埃及历史进程的事件。

尤尼尼（al-Yūnīnī，公元 1242～1326 年）的《镜鉴续编》（*Dhayl Mir'āh al-Zamān*）。该书是上述斯卜特·伊本·焦兹《精英历史镜鉴》的续编，写公元 1256～1312 年（伊历 654～711 年）的史事和名人传记。该续作不仅记述政治事件，还关注社会、经济、文化和宗教等方面的状况。晚近一些的史学名家，如扎哈比（al-Dhahabī，公元 1274～1348 年）和伊本·凯西尔（Ibn Kathīr，公元 1302～1373 年）等都认为，尤尼尼很好地续编了《精英历史镜鉴》。

艾布·菲达（Abū al-Fidā'，公元 1273～1331 年）的《人类简史》（*Al-Mukhtasar fī Akhbār al-Bashar*），又名《艾布·菲达史》（*Tārīkh Abī al-Fidā'*）。该书是上述伊本·艾西尔《历史大全》的节略续编本，自创世写到公元 1329 年（伊历 729 年），简述世界各民族和文明史，详谈阿拉伯伊斯兰历史。其严谨的著史风格深受东方学家的青睐。公元 1732 年，该书在英国牛津首次出版，是最早在欧洲出版的伊斯兰史学典籍之一，成为欧洲人研究阿拉伯伊斯兰历史的基本参考书。

努维利（al-Nuwayrī，公元 1279～1333 年）的《文苑观止》（*Nihāyat al-Arab fī Funūn al-Adab*）。该书与欧麦利（al-'Umarī，公

元 1300～1349 年）的《邦国识路》（*Masālik al-Absār fī Mamālik al-Amsār*）和格勒格山迪（al-Qalqashandī，公元 1355～1418 年）的《夜盲之曙》（*Subh al-A'shā*）并称为"马穆鲁克王朝时期的三大百科全书"。作者把全书分为 5 科、25 类、139 门。第一科，天地。其中的第一类包括 5 门，第二类包括 4 门，第三类包括 4 门，第四类包括 7 门，第五类包括 5 门。第二科，人。其中的第一类包括 4 门，第二类包括 5 门，第三类包括 7 门，第四类包括 4 门，第五类包括 14 门。第三科，动物。其中的第一类包括 3 门，第二类包括 3 门，第三类包括 3 门，第四类包括 2 门，第五类包括 8 门。第四科，植物。其中的第一类包括 3 门，第二类包括 3 门，第三类包括 2 门，第四类包括 4 门，第五类包括 11 门。第五科，历史。其中的第一类包括 8 门，第二类包括 7 门，第三类包括 6 门，第四类包括 5 门，第五类包括 12 门。"历史"科约占全书的三分之二，是编年体世界史，自创世写到公元 1330 年 10 月（伊历 730 年 12 月）。

伊本·达瓦达利（Ibn al-Dawādarī，卒于公元 1336 年之后）的《珠玉宝藏与精华荟萃》（*Kanz al-Durar wa-Jāmi' al-Ghurar*）。这部编年体世界通史共分为九卷：第一卷《创世纪高级珠》（*Al-Durrah al-'Ulyā fī Akhbār Bad' al-Dunyā*）；第二卷《古代民族纪珍稀珠》（*Al-Durrah al-Yatīmah fī Akhbār al-Umam al-Qadīmah*）；第三卷《先知与正统哈里发纪宝贵珠》（*Al-Durr al-Thamīn fī Akhbār Sayyid al-Mursalīn wa-Khulafā' al-Rāshidīn*）；第四卷《伍麦叶王朝纪卓越珠》（*Al-Durrah al-Samīyah fī Akhbār al-Dawlah al-Umawīyah*）；第五卷《阿拔斯王朝纪华丽珠》（*Al-Durrah al-Sanīyah fī Akhbār al-Dawlah al-'Abbāsīyah*）；第六卷《法蒂玛王朝纪往昔珠》（*Al-Durrah*

al-Mudīyah fī Akhbār al-Dawlah al-Fātimīyah）；第七卷《艾尤卜列王
纪寻觅珠》（Al-Durr al-Matlūb fī Akhbār Mulūk Banī Ayyūb）；第八卷
《突厥王朝纪纯洁珠》（Al-Durrah al-Zakīyah fī Akhbār al-Dawlah al-
Turkīyah）；第九卷《纳斯尔国王传荣耀珠》（Al-Durr al-Fākhir fī
Sīrah al-Malik al-Nāsir）。其中第三至九卷采用编年体的形式，写到
公元 1335 年（伊历 735 年）。作者从提笔到收笔，共花费了 26 年
时间（公元 1309～1335 年）才写成这部作品，虽然书中掺杂了不
少稀奇古怪的词语和语法方面的失误，但其编撰方法极佳、文献价
值极高。

伊本·杰扎利（Ibn al-Jazarī，公元 1260～1338 年）的《历代
史事与精英辞世信息录》（Tārīkh Hawādith al-Zamān wa-Anbā'ihi
wa-Wafayāt al-Akābir wa-al-A'yān min Abnā'ih），又名《伊本·杰
扎利史》（Tārīkh Ibn al-Jazarī）。这部编年体历史事件和人物传记
集没能完整地流传至今。1998 年，黎巴嫩史学家、校勘学家欧麦
尔·塔德穆利（'Umar Tadmurī）分三卷校勘出版（贝鲁特现代书
店）了该书的残存部分，其中第一卷记载公元 1290～1299 年（伊
历 689～698 年）辞世的 274 名人物传记和 1291～1300 年（伊历
690～699 年）发生的重要事件，第二和三卷记载公元 1325～1338
年（伊历 725～738 年）的史事和公元 1326～1338 年（伊历 726～
738 年）辞世的 1398 名人物传记。

巴尔扎里（al-Barzālī，公元 1267～1339 年）的《两国纪园续
踪》（Al-Muqtafā 'alā Kitāb al-Rawdatayn），又名《巴尔扎里史》
（Tārīkh al-Barzālī）。该书是上述艾布·沙玛《努利亚与萨拉希亚
两国纪园》的续编，共七卷，从公元 1266 年（伊历 665 年）续写

到公元 1338 年（伊历 738 年）。2006 年，黎巴嫩贝鲁特现代书店分四册出版的第一、二卷从公元 1266 年写到公元 1329 年（伊历 729 年）。作者以年、月的先后顺序为主线，把重要历史事件和大量名人传记有序地串联起来，详细、生动且优雅地完成了这部续作。

巴尔扎里（al-Barzālī，公元 1267～1339 年）的《辞世录》（*Al-Wafayāt*）。该书记载了辞世于公元 1267～1338 年（伊历 665～738 年）的名人传记。2005 年，科威特加拉斯出版传媒公司出版的残卷记载了公元 1309 年 6 月至 1319 年 2 月（伊历 709 年 1 月至 718 年 12 月）辞世的 753 位名人。该残卷的特点主要体现为：第一，详细且有序地记载了该时期的名人事迹；第二，为 60 多位女性作传，关注妇女的社会生活地位和影响；第三，描述了该时期埃及和沙姆地区的城市社会状况，包括 60 多所学校，50 多座清真寺，20 多个市场、旅店、广场、墓地以及行政机关，等等。

法希利（al-Fākhirī，公元? ～1344 年）的《法希利史》（*Tārīkh al-Fākhirī*）。该书原稿被分成七或八卷。黎巴嫩史学家、校勘学家欧麦尔·塔德穆利（'Umar Tadmurī）校勘出版（赛达 & 贝鲁特：现代书店 2010 年版）的残卷，选择性地记载了公元 1193～1337 年（伊历 589～737 年）埃及和沙姆地区的统治者、重要历史事件、军事活动、设施建设以及社会状况等内容。该书的价值在于作者除了广泛吸取当时一流史学作品的营养成分外，还充分利用职务之便，大量使用了当时的宫廷文书、官方信函以及档案馆的一手资料。因而，尽管它叙事简略，但仍然具有重要的文献价值。

　　扎哈比（al-Dhahabī，公元 1274 ~ 1348 年）的《伊斯兰史》（*Tārīkh al-Islām wa-Wafayāt al-Mashāhīr wa-al-A ' lām*）。这部巨著又被称为《大历史》，原稿共二十一卷，是伊斯兰史学大师扎哈比最重要的历史作品。全书以伊斯兰历为主线，记述了公元 622 ~ 1301 年（伊历 1 ~ 700 年）影响伊斯兰历史进程的重要事件和辞世的名人传记。作者使用层级传的编纂方法，大体上把 700 年的伊斯兰历史划分成 70 层，即每 10 年为一层，每层先按年份顺序述史事，再按阿拉伯字母顺序记辞世人物情况。该书无论是立传人数、翔实程度，还是依托的史料数量和质量都远超其前辈和同时代阿拉伯史学家的作品，无疑是后来学者研究中古时期伊斯兰国家政治、行政设置、军事活动、经济状况以及思想发展等的珍贵史料。

　　扎哈比的《往事殷鉴》（*Al-'Ibar fī Khabar man Ghabar*）及其续编。该书是作者《伊斯兰史》的简写本，又被称为《中历史》。正如他在该书绪论中所言："此乃编年体简史。吾尽力记要事，述名人。"他的续作《往事殷鉴续编》（*Dhayl al-'Ibar fī Khabar man Ghabar*）接着从公元 1301 年（伊历 701 年）写到 1340 年（伊历 740 年）。

　　扎哈比的《伊斯兰国家》（*Duwal al-Islām*）及其续编。该书是作者《伊斯兰史》的精简本，又被称为《小历史》，从先知穆罕默德时期写到公元 1314 年（伊历 714 年）。后来，他把这部作品续写到公元 1343 年（伊历 744 年）。

　　欧麦利（al-'Umarī，公元 1300 ~ 1349 年）的《邦国识路》（*Masālik al-Absār fī Mamālik al-Amsār*）。该书与上述努维利《文苑观止》和格勒格山迪的《夜盲之曙》并称为"马穆鲁克王朝时期的三大百科全书"。欧麦利把他的巨著分成两大部分：第一部分记载山川地理；第二部分讲述人文历史。其中关于伊斯兰历史的部分使用编年体的形式简述公元 622~1343 年（伊历 1~744 年）的重要事件。

穆萨·尤素斐（Mūsā al-Yūsufī，公元 1296~1358 年）的《纳斯尔国王传观览》（*Nuzhah al-Nāzir fī Sīrah al-Malik al-Nāsir*）。该书原稿约十五卷，从马穆鲁克王朝第七任素丹盖拉温时期（公元 1279~1290 年）写到公元 1354 年（伊历 755 年），现仅存公元 1332~1338 年（伊历 733~738 年）的部分。它以马穆鲁克王朝素丹和王侯的事迹为主要写作对象，兼及臣卿信息和名人传记。书中对当时埃及和沙姆地区政治、社会、经济和文化生活的记载具有较高的史料价值。

伊本·阿萨勒（Ibn al-'Assāl，卒于公元 1358 年之后）的《伊本·阿米德史后续正道绝珠》（*Al-Nahj al-Sadīd wa-al-Durr al-Farīd fī-mā ba'd Tārīkh Ibn al-'Amīd*）。该书是伊本·阿米德（Ibn al-'Amīd，公元 1205~约 1273 年）《全史》（*Al-Tārīkh al-Jāmi'*）的续编，从公元 1260 年 10 月（伊历 658 年 11 月）续写到 1341 年 6 月（伊历 741 年 12 月），为后来学者研究该时期伊斯兰世界的政治、军事、经济、自然环境、建筑、社会关系以及文化生活等提供了一部极具参考价值的文献。

伊本·沙奇尔（Ibn Shākir，公元 1282~1363 年）的《历史精粹》（*'Uyūn al-Tawārīkh*）。该书是一部编年体文史巨著，原稿二十八卷，自先知穆罕默德时期写到公元 1359 年（伊历 760 年）。其手抄本散落于中东和欧洲的多个地方。1980 年，埃及复兴书店出版的第一卷是"先知传"，从先知穆罕默德的族谱写到公元 635 年（伊历 13 年）。1984 年，伊拉克文化信息部出版的第二十一卷记载了公元 1272~1288 年（伊历 671~687 年）的重要史事和辞世名人。1996 年，贝鲁特文化出版社出版了记载公元 834~864 年（伊历 219~250 年）的部分。

伊本·哈姆扎（Ibn Hamzah，公元 1315~1364 年）的《扎哈比殷鉴续编》（*Dhayl al-'Ibar li-l-Dhahabī*）。该书是上述扎哈比《往事殷鉴续编》的续编，从公元 1340 年（伊历 741 年）续到 1363 年（伊历 764 年），在编撰方法上基本沿袭扎哈比。

雅菲易（al-Yāfi'ī，公元 1298~1367 年）的《天堂镜鉴与警醒教训》（*Mir'āh al-Jinān wa-'Ibrah al-Yaqzān fī Ma'rifah mā Yu'tabaru min Hawādith al-Zamān*）。这部编年体简史是雅菲易最重要的历史著作，记载了公元 622~1349 年（伊历 1~750 年）的国家纪事、政治事件和名人信息。

伊本·拉菲阿（Ibn Rāfi'，公元 1305~1372 年）的《辞世录》（*Al-Wafayāt*）。该书是上述巴尔扎里《两国纪园续踪》的续作，按照年、月、日顺序收录了辞世于公元 1336 年 8 月至 1372 年 12 月（伊历 737 年 1 月至 774 年 6 月）的 953 位名人信息，包括他们的名字、别号、族谱、生平简介、社会关系及辞世时间和地点等。

伊本·凯西尔（Ibn Kathīr，公元 1302~1373 年）的《始末录》（*Al-Bidāyah wa-al-Nihāyah*）。这部编年体通史巨著从创世写到公元 1373 年（伊历 774 年），仅自创世至公元 1367 年（伊历 768 年）的部分幸存至今。其残卷共分为四个部分：第一部分写创世和诸先知故事；第二部分是先知穆罕默德的传记；第三部分逐年记载自四大正统哈里发时期至马穆鲁克王朝时期的阿拉伯伊斯兰历史和名人传记；第四部分探讨末世论。作者把《古兰经》中的历史故事、经注和圣训研究的考证功力、前辈史学名家的著作精华熔于一炉，著述严谨，用料扎实，给后人留下了一部不可多得的传世史著。

哈桑·伊本·哈比卜（al-Hasan Ibn Habīb，公元1310～1377年）的《突厥王朝线珠》（*Durrah al-Aslāk fī Dawlah al-Atrāk*）。该书逐年记载了公元1250～1376年（伊历648～777年）的马穆鲁克王朝政治军事史和名人传记。作者的儿子托希尔·伊本·哈比卜（Tāhir Ibn Habīb，公元1339～1406年）把该书续写到公元1400年（伊历802年）。

哈桑·伊本·哈比卜的《曼苏尔及其子嗣时代警醒实录》（*Tadhkirah al-Nabīh fī Ayyām al-Mansūr wa-Banīh*）。作者以统治马穆鲁克王朝的盖拉温家族为主要的叙事对象，逐年编写了公元1279～1368年（伊历678～770年）的重要史事和名人传记。该书考究精细、引证翔实、体大思精，选录的人物极具时代普遍性，从而成为后来学者研究盖拉温时期马穆鲁克王朝史的基本参考文献之一。

伊本·弗拉特（Ibn al-Furāt，公元1335～1405年）的《哈里发与国王传记知识直通坦途》（*Al-Tarīq al-Wādih al-Maslūk ilā al-Ma'rifah Tarājim al-Khulafā' wa-al-Mulūk*），又名《列国诸王史》（*Tārīkh al-Duwal wa-al-Mulūk*），亦称《伊本·弗拉特史》（*Tārīkh Ibn al-Furāt*）。这部巨著的底稿约百卷，写到公元1401年（伊历803年）。作者本人誊清了其中的二十卷，现仅残存约十卷。笔者

目前见到的校勘印刷本主要有：第四卷第 1、2 分册（巴士拉：现代出版社 1967~1969 年版），写公元 1168~1203 年（伊历 563~599 年）的历史事件和辞世名人传记；第五卷第 1 分册（巴士拉：现代出版社 1970 年版），写公元 1203~1219 年（伊历 600~615 年）；第六卷第 1 分册（贝鲁特美国大学出版社 1961 年版），写公元 1262~1266 年（伊历 660~664 年）；第七卷（贝鲁特美国大学出版社 1942 年版），写公元 1273~1283 年（伊历 672~682 年）；第八卷（贝鲁特美国大学出版社 1939 年版），写公元 1284~1297 年（伊历 683~696 年）；第九卷第 1、2 分册（贝鲁特美国大学出版社 1936~1938 年版），写公元 1387~1397 年（伊历 789~799 年）。该书鲜明地体现了当时阿拉伯编年体史书的一个特点，即对史事和时间的记录特别精细，不仅记年、月、日，甚至还记时。

伊本·甘福兹（Ibn Qunfudh，公元 1339~1407 年）的《辞世录》（*Al-Wafayāt*）。该书大体上按时间顺序简要地记载了辞世于公元 632~1405 年（伊历 11~807 年）的圣门弟子、乌勒玛、圣训学家、经注学家和著述家的基本信息。值得一提的是，其中部分学者来自马格里布地区。

伊本·杜格玛格（Ibn Duqmāq，公元 1349~1407 年）的《伊斯兰历史万物逸步》（*Nuzhah al-Anām fī Tārīkh al-Islām*）。该书完稿于公元 1377 年（伊历 779 年），共十二卷。1999 年，黎巴嫩贝鲁特现代书店出版了其中记载公元 1230~1261 年（伊历 628~659 年）的史事和辞世名人的部分。从其残卷来看，该书的编撰方法遵循传统，取材广泛，叙事生动，是一部较具参考价值的整体史。

伊本·什哈纳（Ibn al-Shihnah，公元 1348~1412 年）的《始

末知识观园》（*Rawd al-Manāzir fi ' Ilm al-Awā' il wa-al-Awāhir*）。
作者应当时阿勒颇总督易玛德丁·穆罕默德·本·穆萨的要求写下
这部编年体世界简史。它从创世写到公元 1404 年（伊历 806 年），
最后遴选了穆罕默德和一些著名学者的末世言论。

伊本·哈吉（Ibn Hajjī，公元 1350~1413 年）的《伊本·凯西
尔史续编》（*Al-Dhayl 'alā Tārīkh Ibn Kathīr*），又名《伊本·哈吉
史》（*Tārīkh Ibn Hajjī*）。该书是上述伊本·凯西尔《始末录》的续
编。它从公元 1340 年（伊历 741 年）开始按照年、月、日顺序记
载重要史事和辞世名人传记。伊本·哈吉生前未能完成续作，嘱咐
其得意弟子塔基丁·伊本·伽迪·舒哈巴（Taqī al-Dīn Ibn Qādī
Shuhbah，公元 1377~1448 年）完成史业。后者进一步完善恩师遗
作，并把它续编到了公元 1437 年（伊历 840 年），凡七卷。书中记
载的不少史事鲜见于其他同时代的史籍。

伊本·伊拉基（Ibn al-'Irāqī，公元 1361~1423 年）的《往事
殷鉴续编》（*Al-Dhayl 'alā al-'Ibar fi Khabar man Ghabar*）。该书是
作者的父亲栽努丁·伊拉基（Zayn al-Dīn al-'Irāqī，公元 1325~
1404 年）的《扎哈比殷鉴续编增补》（*Dhayl 'alā Dhayl al-'Ibar li-
l-Dhahabī*）的续作，从公元 1361 年（伊历 762 年）续到 1384 年
（伊历 786 年）。

马格利兹（al-Maqrīzī，公元 1365~1442 年）的《法蒂玛人历
任伊玛目纪正统训诫》（*Itti ' āz al-Hunafā bi-Akhbār al-A' immah
al-Fātimīyīn al-Khulafā*）。该书是一部完整的法蒂玛王朝编年史。
作者在书中首先从第四任正统哈里发阿里（公元 656~661 年在位）
开始简要地追溯法蒂玛人的族谱，接着简述他们在马格里布建立政

权及其另立哈里发的历史，然后叙述他们入主埃及的过程，自开罗建城（公元 969 年／伊历 358 年）至王朝灭亡（公元 1171 年／伊历 567 年）的这段历史严格按照编年体的形式进行详述。该书充分吸收前辈史家关于法蒂玛王朝历史的著述精华，其中援引的很多著作早已失传。因而，其文献价值更显珍贵。

马格利兹的《王国知识珠线》（*Al-Suluk li-Ma'rifah Duwal al-Muluk*）。该书是关于中古时期埃及史的良著佳作，主要记载了公元 1181～1442 年（伊历 577～845 年）在埃及发生的重要历史事件、政治格局的演变、自然环境的变化（比如地震和洪水）以及重要人物的传记等。作者采用当时流行的编年体历史传记编撰方法，依托丰富史料，描绘了艾尤卜和马穆鲁克两王朝时期埃及波澜壮阔的历史画卷。马格利兹是当时埃及的顶尖史学家。这部书则是他最优秀的历史著作之一。

塔基丁·伊本·伽迪·舒哈巴（Taqī al-Dīn Ibn Qādī Shuhbah，公元 1377～1448 年）的《伊斯兰史续编》（*Dhayl Tārīkh al-Islām*），又名《伊本·伽迪·舒哈巴史》（*Tārīkh Ibn Qādī Shuhbah*）。作者志在续编上述巴尔扎里、扎哈比、伊本·拉菲阿以及伊本·凯西尔等史学名家的编年体著作。他在其师伊本·哈吉（Ibn Hajjī，公元 1350～1413 年）未完成的编年史续作的基础上追加记载到公元 1437 年（伊历 840 年），凡七卷。1977～1997 年，法国大马士革阿拉伯研究所出版的四册《伊本·伽迪·舒哈巴史》是该巨著的简写本，按年、月、日顺序记载公元 1340～1405 年（伊历 741～808 年）的史事和人物传记。

伊本·哈杰尔（Ibn Hajar，公元 1372～1449 年）的《毕生闻

讯告新学小生》（*Inbā' al-Ghumr bi-Anbā' al-'Umr*）。该书是作者一生见闻的实录，从他的出生年（公元 1372 年/伊历 773 年）写到辞世前三年（公元 1446 年/伊历 850 年），每年先按时间顺序记录历史事件，后按阿拉伯字母顺序收录辞世人物，为后来学者研究这段时期的阿拉伯伊斯兰史提供了无比翔实可靠的参考资料。

伊本·哈杰尔的《隐珠续编》（*Dhayl al-Durar al-Kāminah*）。作者的《八世纪精英隐珠》（*Al-Durar al-Kāminah fī A'yān al-Mi'ah al-Thāminah*）按阿拉伯字母顺序全面收录了辞世于伊历八世纪（公元 1301~1398 年）著名人物的传记。《隐珠续编》则是该书的续作。它采用编年体形式，从公元 1398 年（伊历 801 年）续写到1429 年（伊历 832 年），每年按阿拉伯字母顺序收录辞世人物传记，共收录 639 名人物。

巴德尔丁·爱尼（Badr al-Dīn al-'Aynī，公元 1361~1451 年）的《历史珠珞》（*'Iqd al-Jumān fī Tārīkh Ahl al-Zamān*）。该巨著自创世写到公元 1447 年（伊历 850 年），埃及国家图书馆藏手抄本共三十六卷（编号：1584）。2010 年，埃及国家图书档案馆出版的四册《历史珠珞：艾尤卜王朝时期》（*'Iqd al-Jumān fī Tārīkh Ahl al-Zamān：al-'Asr al-Ayyūbī*），记载了公元 1169~1231 年（伊历 565~628 年）的重要历史事件和辞世名人传记；五册《历史珠珞：马穆鲁克素丹时期》（*'Iqd al-Jumān fī Tārīkh Ahl al-Zamān：'Asr Salātīn al-Mamālīk*），记载公元 1250~1312 年（伊历 648~712 年）的历史事件及人物。作者因这部巨著而被誉为当时的"史家栋梁"。

伊本·塔格利·比尔迪（Ibn Taghrī Birdī，公元 1410~1470 年）的《埃及与开罗列王明星》（*Al-Nujūm al-Zāhirah fī Mulūk Misr wa-al-Qāhirah*）。这部编年体埃及史是比尔迪最著名的历史作品。其涵盖的时间跨度从阿拉伯人征服埃及（公元 641 年/伊历 20 年）到作者辞世前两年（公元 1468 年/伊历 872 年）。作者不仅记述历史事件、收录名人传记、描写城市文明建设，还时常对一些重要事件加以评论。他在书中对尼罗河的关注程度远超前辈编年史家，基本上在每年的末尾都记录当年的尼罗河水位，他因而享有"尼罗河史家"的美誉。

伊本·塔格利·比尔迪的《日月世事》（*Hawādith al-Duhūr fī Madā al-Ayyām wa-al-Shuhūr*）。作者志在续编其师马格利兹的《王国知识珠线》。该续作按伊斯兰历的年、月、日顺序从公元 1441 年 6 月（伊历 845 年 1 月）续到 1456 年 12 月（伊历 860 年 12 月）。它的写作风格类似于《埃及与开罗列王明星》，每年的末尾都特别关注尼罗河事务。

比伽易（al-Biqāʿī，公元 1406~1480 年）的《当代秘露》（*Izhār al-ʿAsr li-Asrār Ahl al-ʿAsr*），又名《比伽易史》（*Tārīkh al-Biqāʿī*）。该书是上述伊本·哈杰尔《毕生闻讯告新学小生》的续编，按年、月、日顺序续写到公元 1466 年 8 月（伊历 870 年 12 月）。1992~1993 年，沙特阿拉伯伊玛目穆罕默德·本·沙特伊斯兰大学的穆罕默德·萨里姆分三册出版了记载公元 1451 年 2 月至 1461 年 10 月（伊历 855 年 1 月至 865 年 12 月）的史事部分。

纳吉姆丁·伊本·法哈德（Najm al-Dīn Ibn Fahd，公元 1409~1480 年）的《麦加纪珍》（*Ithāf al-Warā bi-Akhbār Umm al-Qurā*）。该书是第一部用编年体形式撰写的麦加史，清晰地勾勒了麦加城从公元 622 年（伊历元年）到 1451 年（伊历 885 年）的政治、社会、文化、建筑和经济等方面的发展演变图景，广泛收录了这座城市居民和过客的辞世情况，为后来学者研究这座伊斯兰圣城提供了珍贵史料。

伊本·绥拉斐（Ibn al-Sayrafī，公元 1416~1495 年）的《历史身心逸步》（*Nuzhah al-Nufūs wa-al-Abdān fī Tawārīkh al-Zamān*）。这部编年体大型历史百科全书从创世写到公元 15 世纪。1970~1994 年，埃及史学家、校勘学家哈桑·哈巴什（Hasan Habashī，公元 1915~2005 年）分四册校勘出版了该书记载公元 1382~1446 年（伊历 784~849 年）的重要事件和辞世人物的部分。这部分的每年先按月、日顺序记载事件，然后收录人物，共为 855 位辞世名人作传。

萨哈维（al-Sakhāwī，公元 1427~1497 年）的《珠线续编铸金》（*Al-Tibr al-Masbūk fī Dhayl al-Sulūk*）。该书是上述马格利兹《王国知识珠线》的续编，记载公元 1441~1453 年（伊历 845~857 年）的重要事件和辞世人物。值得一提的是，作者在该书序言中认为，史学是圣训学的一个门类。他还介绍了史料的考证方法和历史学研究的路径。

萨哈维的《扎哈比之伊斯兰国家完续》（*Al-Dhayl al-Tāmm 'alā Duwal al-Islām lil-Dhahabī*）。该书是上述扎哈比《伊斯兰国家》的续编，从公元 1344 年（伊历 745 年）写到 1493 年（伊历 898 年）。该续作基本沿袭扎哈比的编撰方法，即每年先记述重大事件，后收录辞世名人。它虽然简略，但收录的人物多达 2500 多位。

伊本·沙欣（Ibn Shāhīn，公元 1440~1514 年）的《国史得

续》（*Nayl al-Amal fī Dhayl al-Duwal*）。该书是上述扎哈比《伊斯兰国家》的续编，从公元 1343 年 6 月（伊历 744 年 1 月）开始续写，可能写到 1506 年（伊历 911 年）之后，部分内容已散佚。2002 年，黎巴嫩贝鲁特现代书店出版的八册（第九册是总索引）校勘本按年、月顺序记载到公元 1491 年 10 月（伊历 896 年 12 月），收录的辞世人物超过 3600 名。

易兹丁·伊本·法哈德（'Izz al-Dīn Ibn Fahd，公元 1447～1516 年）的《续麦加纪珍》（*Bulūgh al-Qurā fī Dhayl Ithāf al-Warā bi-Akhbār Umm al-Qurā*）。作者志在续编其父纳吉姆丁·伊本·法哈德的《麦加纪珍》，从其父去世的公元 1480 年 11 月（伊历 885 年 9 月）续写到 1516 年 5 月（伊历 922 年 4 月）。次月，作者与世长辞。该续作按年、月、日顺序详细记述麦加及其周边地区的人类活动迹象和自然环境状况，涉及麦加政治、教育、经济、文化和社会等各个方面。

伊本·斯拔特·加尔比（Ibn Sibāt al-Gharbī，公元？～1520 年）的《纪真》（*Sidq al-Akhbār*），又名《伊本·斯拔特史》（*Tārīkh Ibn Sibāt*）。作者把书稿分成两卷，共十一章。第一章可能包括绪论和先知传等内容。第二至十章可能每章分别记百年史事。末章写公元 1495～1520 年（伊历 901～926 年）。令人遗憾的是，该书的第一卷，即从开篇到公元 1131 年（伊历 525 年）间的部分已散佚。1993 年，黎巴嫩史学家、校勘学家欧麦尔·塔德穆利（'Umar Tadmurī）分两卷校勘出版了该书的残存部分。

伊本·伊雅斯（Ibn Iyās，公元 1448～约 1524 年）的《世事玉英》（*Badā'i' al-Zuhūr fī Waqā'i' al-Duhūr*）。这部埃及通史共五

卷，从埃及有史以来写到公元 1522 年 11 月（伊历 928 年 12 月），涉及政治、军事、行政、法律、经济、文化、艺术和建筑等方方面面。作者在历史观念、语言表达能力和文学造诣等方面并非出类拔萃，但他细致入微地描述了王朝更迭和时代变迁的鲜活景象，在该书的最后一卷详细地记述了奥斯曼人摧毁马穆鲁克王朝与建立新政权的过程。此外，他还善于适时地评论史事，不仅时常引用多人对同一事件的说法，还提出自己的看法以及进行适当的分析，从而使得该书成为后来学者研究 16 世纪初埃及历史的主要参考文献。他也成为马穆鲁克王朝史学天空中最后一颗耀眼的明星。

主要参考文献（全部为阿拉伯文）

1. 阿拔斯·阿扎维：《蒙古与土库曼时期的史学家介绍》，巴格达：商务印刷有限公司 1957 年版。

2. 阿卜杜·阿里姆：《穆斯林与历史书写》，赫恩登：国际伊斯兰思想研究所 1995 年版。

3. 阿卜杜·拉哈曼·阿扎维：《伊拉克的历史与史家（945—1055）》，巴格达：公共文化事务出版社 1993 年版。

4. 艾哈迈德·阿里：《编年史的起源及其发展阶段》，《历史与社会研究》2016 年第 12 期。

5. 爱敏·麦达尼：《阿拉伯历史及其史料》，利雅得：驼队出版发行社 2008 年版。

6. 法鲁克·缶兹：《穆斯林的历史编纂》，艾因：扎耶德遗产与历史中心 2004 年版。

7. 弗朗兹·罗森索尔：《穆斯林史学》，萨里哈·艾哈迈德·阿里译，贝鲁特：使命基金会 1983 年版。

8. 杰玛勒·缶兹：《十字军战争时期沙姆地区的历史与史家》，开罗：开罗出版社 2001 年版。

9. 卡尔·布罗克尔曼：《阿拉伯文学史》第 3、6 册，阿卜杜·哈利姆·纳贾尔等译，开罗：知识出版社 1983、1991 年版。

10. 穆罕默德·哈比卜·希拉：《麦地那历史与史家》，麦地那：麦地那研究与学习中心 2015 年版。

11. 穆罕默德·哈比卜·希拉:《麦加历史与史家》,麦加:福尔甘伊斯兰遗产基金会
    1994 年版。

12. 赛义德·阿卜杜·阿齐兹·萨里姆:《阿拉伯历史与史家》,贝鲁特:阿拉伯复兴
    出版社 1961 年版。

13. 沙奇尔·穆斯塔法:《阿拉伯历史与史家》第 1~4 卷,贝鲁特:大众知识出版
    社 1979~1993 年版。

图书在版编目（CIP）数据

阿拉伯国家研究报告. 2019/2020 / 李绍先，张前进
主编. -- 北京：社会科学文献出版社，2020.9
ISBN 978-7-5201-7052-9

Ⅰ.①阿… Ⅱ.①李… ②张… Ⅲ.①阿拉伯国家-
研究报告-2019-2020 Ⅳ.①K370.07

中国版本图书馆 CIP 数据核字（2020）第 146060 号

阿拉伯国家研究报告（2019/2020）

主　　编／李绍先　张前进

出 版 人／谢寿光
责任编辑／张苏琴　仇　扬

出　　版／社会科学文献出版社·当代世界出版分社（010）59367004
　　　　　地址：北京市北三环中路甲 29 号院华龙大厦　邮编：100029
　　　　　网址：www.ssap.com.cn
发　　行／市场营销中心（010）59367081　59367083
印　　装／三河市龙林印务有限公司

规　　格／开本：787mm×1092mm　1/16
　　　　　印张：15.5　字数：180千字
版　　次／2020 年 9 月第 1 版　2020 年 9 月第 1 次印刷
书　　号／ISBN 978-7-5201-7052-9
定　　价／69.00元